Gemeinsame Auszeit

Wenn Mann und Frau aussteigen…
und ankommen…

Norbert Lichtenauer
mit Martina Reif

02.Juli 2013 - 12.April 2014

Russland

Eine Zugreise durch das größte Land der Erde

*Mein ganzer Dank und meine ganze Liebe gilt
meiner Frau Martina,
für das gemeinsame Abenteuer unseres Lebens.*

„Der Zauber bleibt scheu nur dem Staunenden treu!"
(Max Prosa)

Vorwort

Warum das Ganze - warum eine Auszeit nehmen - ja warum ?? Warum eigentlich nicht, fragte ich die Leute zurück, die uns mit dieser Frage im Vorfeld konfrontierten.

Warum eigentlich nicht mal „sein altes Leben" hinter sich lassen und hinausziehen in die große weite Welt? Ganz heroisch und neugierig - so wie es Menschen schon immer gemacht haben um Ruhm, Reichtum oder ein wenig mehr sich selbst zu finden.

Wer aussteigt, muss Familie, Freunde, Wohnung und Arbeit - ein ganzes, sogenanntes Leben - hinter sich lassen.

Ich frage, wird der Mensch nicht gar angetrieben von einer im innewohnenden Neugier und Leidenschaft für das Neue, so dass er eigentlich gar nicht anders kann, als sich für das Unbekannte zu interessieren? Wo wären wir heute, wenn es nicht schon immer Menschen gegeben hätte, die sich für Neues begeistern konnten? Immer noch im afrikanischen Graben oder in der eiskalten Höhle?

Natürlich gibt es viele gute Gründe um nicht wegzugehen! Sei es die Sicherheit der eigenen, kleinen Welt, die einem zu sehr ans Herz gewachsen ist, oder das Gefühl dass Familie, Freunde und Arbeit ausstrahlen und vermitteln und die manche bereits vermissen, wenn sie nur daran denken, dass es für einen kurzen Zeitraum nicht mehr so sein könnte.

„Wer weg geht, ist nicht zufrieden mit dem was er hat!", hörten wir auch immer wieder im Vorfeld von Menschen, die von sich selbst behaupteten,

„zufrieden und glücklich" zu sein.
Ja, auch da mag etwas dran sein. Es gibt schließlich viele Möglichkeiten der Unzufriedenheit in der heutigen Zeit. Beruflich und privat sieht sich unsere Generation, riesigen Veränderungen gegenüber gestellt.
Ich frage aber erneut ganz bewusst - muss man sich stets zufrieden geben mit dem was aktuell ist? Ist die heutige Zeit nicht auch ein Geschenk an all diejenigen, die schon immer von fremden Kulturen geträumt und vom Unbekannten begeistert waren? Lähmt nicht gar die mit der Zufriedenheit oftmals einhergehende Bequemlichkeit, den persönlichen Fortschritt und die eigene Weiterentwicklung?
Um hier mal ganz zu schweigen von den Bürgerrechten und unseren hart erkämpften Menschenrechten. Wo wären diese, wenn es nicht schon immer Leute gegeben hätte, die „unzufrieden waren" mit dem was war? Für mich sind wir dabei in der kulturellen Evolution noch lange nicht an einem Ende angekommen.
Ich frage mich, ob nicht die Angst die Wurzel allen Übels ist? Angst, im Beruf und Familie nicht erfolgreich zu sein, Angst schwächer zu sein als Andere, Angst nicht gut genug zu sein, Angst nicht geliebt und gebraucht zu werden. Verursacht nicht auch die Angst in uns Ressentiments gegenüber Unbekannten und Fremden? Hat diese Angst nicht schon oft genug in kollektiver Vernarrung, absolute Grausamkeit und gar schreckliches in die Welt gebracht? Gerade von uns Deutschen! Man sehe sich nur die beiden Weltkriege an. Ist nicht die Angst das lähmende Gefühl hinter dem Verhalten,

Vorwort

was uns vorsichtig, sicherheitsorientiert und stubenhockerisch macht?
Sind wir nicht alle auch zu ängstlich und egoistisch um Verständnis aufzubringen für die vielen Flüchtlinge vor Europas Toren?

Die Angst wird aber auch von der Politik und den Medien ganz klar geschürt und genutzt. Wer Angst hat, sucht nach Rat, sucht Halt und ist dadurch leichter „führbar" und damit auch manipulierbar!
In unserer heutigen Leistungsgesellschaft sind wir doch alle nur noch ersetzbare Personalnummern in (Wirtschafts-)Unternehmen, Patientennummern bei Krankenkassen, Ärzten und Therapeuten. Nichts als bedauernswerte Kreaturen, die wie Hamster im sprichwörtlichen Hamsterrad ihr Tretmühlendasein fristen bis hin zum Burn Out. Jeder ist ersetzbar und nur durch Leistung bleibt man oben. Das wird einem heutzutage von Kindesbeinen an vermittelt und beigebracht. Auch das macht Angst! Jedoch oft eher unbewusst.
Viele spüren es und können es doch nicht klar fassen warum sie „unzufrieden, oder unglücklich" sind. Ja sie merken manchmal gar nicht warum sie solche ängstlichen Wesen geworden sind. Sollte es uns auch so ergehen?
All der sich in der westlichen Welt etablierte Wohlstand, hat uns nicht die erhoffte und oft genug versprochene Glückseligkeit, sozusagen das Gegenstück zur Angst, gebracht. Zuviel Wohlstand macht abhängig, fördert vielleicht gar die Angst, etwa indem das Hab und Gut auch wieder verlieren

könnte, oder der soziale Abstieg droht, wenn man nicht bis zum Burn Out geht.
Die stetige und beinahe exponentielle Zunahme mancher psychischer Erkrankungen in allen westlichen Ländern beweist diese Fehlinterpretation für mich sehr deutlich. Wohlstand über eine Sicherung der Grundbedürfnisse hinaus, hat wohl so gut wie nichts mit Glück und Zufriedenheit zu tun.

Betrachtet man diese allseits bekannten und so gerne ignorierten Fakten, so ist das einzige was **unserer** Meinung nach bleibt, eben nicht sein ganzes Leben bedingungslos diesem „Sog der Angst" zu unterwerfen. Stop zu sagen! „Gegen den Strom" zu schwimmen und sich dabei und dadurch, seine eigene kleine Welt zu erschaffen. Eine Welt in der man mutig und positiv auf das Leben zugeht, mit dem Vertrauen an sich und an den Menschen gegenüber. Dazu gehört auch das Wissen um die Dinge, die man wirklich braucht!

„Das Gefängnis ist das, was du dir mühsam erbaust!" singt Max Prosa. Und wie Recht hat er doch? Wie viele Menschen rackern sich jahrelang, in Einzelfällen Jahrzehnte oder gar das ganze Leben lang ab, für Beruf und Familie, um dann irgendwann festzustellen, dass sie nur Erwartungen und Hoffnungen erfüllt haben, ohne einmal wirklich an sich selbst zu denken bzw. in sich selbst zu gehen? Und wieder ist da Angst. Angst in mir! Angst etwas zu verpassen, nicht dazu zu gehören, anders zu sein.

Vorwort

Nur Kinder können noch anders sein. Kinder dürfen träumen, dürfen lächeln und ganz klar und ichbezogen formulieren was sie brauchen um „groß" zu werden. Wir können soviel von dieser Unbeschwertheit in unser Erwachsenenleben mitnehmen, wenn wir es nur wollten und zulassen.

Man muss doch nur einmal darüber nachdenken, wie die Welt um uns herum wirklich ist. Nicht aus dem Fernseher, nicht aus Hollywood und auch nicht aus der Zeitung erfahren wir, wie die Welt die uns umgibt, wirklich funktioniert.

Vor allem erfahren wir aber von den Medien nicht, oder kaum, wie wir uns in dieser immer komplexeren Welt selber besser zurecht finden können und dabei unserem „eigenen Ich" näher kommen.

Dabei liegt die Welt doch die ganze Zeit vor unseren Füßen. Es steht uns frei hinaus zu gehen! Lügenpresse hin oder her, wir sind frei uns ein eigenes Bild zu machen, mit unseren eigenen Augen und mit unseren eigenen Erfahrungen die Welt zu „erleben".

Alle Menschen, alle Länder und alle Kulturen können heutzutage so leicht wie nie zuvor, hautnah und ungeschminkt, durch unsere eigenen Wahrnehmungskanäle, durch unsere eigenen Sinne, erlebt werden.

So wie es eben Menschen in der Geschichte schon immer gemacht haben und auch in Zukunft weiter machen werden. Wie früher, so gibt es auch heute

Vorwort

Pioniere, die unbekannte Welten, und sei es nur für sich selbst, betreten.
Ich habe schon immer Menschen bewundert und als Vorbilder zugelassen, die einen eigenen, manchmal vielleicht auch von vielen unverstandenen Weg folgten. Biografien, Dokumentationen und Geschichtenerzählungen zogen mich dabei magisch an!

Ich bin der festen Überzeugung, dass die Erfahrungen die ein Mensch durch so eine Reise gewinnen kann, prägend, ewig und gar monumental für ein Leben sein können, wenn er es denn zulässt.
Als Ergotherapeut in der Arbeit mit alten Menschen höre ich oft, was Menschen auch im hohen Alter noch bewegt. Es ist nicht das Geld und der Ruhm der in der Arbeit erworben wurde! Zumindest bei den allermeisten. Es sind einzigartige Erlebnisse, die meist mit der Familie erlebt wurden, oder eben Reiseerfahrungen.

Sich die großen und kleinen Dinge im Leben selber zu bestimmen, sind für manche Menschen das „wahre Leben". Ist man auf Reisen, was für mich einen fundamentalen Unterschied zu einem Urlaub darstellt, so entscheidet man jeden Tag, jede Stunde über seinen Weg und seine Erfahrungen. Diese sind zudem weitaus weniger vorhersehbar, als im sicheren, normalen Leben zu Hause.

Wer Urlaub macht, klinkt sich ein paar Tage aus und geht wandern oder liegt faul am Strand. Wer

Vorwort

hingegen auf Reisen geht, ist neugierig, will eintauchen in etwas Unbekanntes und ist dafür bereit eine Menge Energie zu investieren und altbekanntes hinter sich zu lassen! Wer Urlaub macht verliert das Altbekannte und Gewohnte nie ganz aus den Augen. Wer reist, ist nur noch interessiert an dem was vor ihm liegt, an dem Neuen.

Für mich war es großartig - und es entzieht sich wirklich jeglicher, sprachlicher Beschreibung diese Erlebnisse zusammenzufassen - mit Menschen in Kontakt zu treten, unbekannte Geschichten zu hören und dabei Dinge zu sehen und kennen zu lernen, die ebenso zu dieser Welt gehören, wie unsere ganz persönliche, eigene kleine Welt.

Natürlich erfordert es ein wenig Mut, Kulturverständnis und Toleranz, den unterschiedlichen Lebensmodellen weltweit zu begegnen. Dies sollten jedoch, wie ich finde, allgemein gültige Werte sein deren Aneignung sich auf alle Fälle lohnt.
Denn eines sei doch gewiss…
Hinter dem (eigenen) Horizont gehts weiter!

Regensburg, Herbst 2015

Russland

Unsere Reise mit der transsibirischen Eisenbahn im größten Land der Erde

(2. Juli 2013 - 30. Juli 2013 = 28 Tage)

<u>Sankt Petersburg</u> *(2.7.2013 - 8.7.2013)*
Welch lange Zeit hatte endlich ein Ende! Die endlose Zählerei der Tage in denen dieser Traum unaufhörlich gewachsen war - endlich hatten sie ein Ende gefunden! Nach über zwei Jahren eisernem sparen von einem mickrigen Gehalt als Ergotherapeuten hatten wir es tatsächlich geschafft die nötige Summe aufzutreiben. Bei 300 Tagen maximal geplanter Auszeit und 40€ geplantem Tagesbudget kamen so 12000€ zusammen, die wir nun zur Verfügung hatten.
Die Arbeit hatte ein Ende - vorerst - und auch das war ein großartiges Gefühl. Endlich mal nicht arbeiten zu müssen und keinen Verpflichtungen nachgehen zu müssen. War der Mensch wirklich nur zum arbeiten geboren? Nur um der eigenen Existenz und dem eigenen Sicherheitsbedürfnis, in irgendeiner Form Rechnung zu tragen? Das galt es heraus zu finden und zu erleben. Es war ein tolles Gefühl, erstmals im Leben „frei" und durch die Ersparnisse auch „unabhängig" zu sein.

Unsere kleine, schmucke, 3,5 - Zimmer - Wohnung in Altötting war bereits im April zu meinem Geburtstag gekündigt worden. Das war fürwahr ein ganz besonderer Schritt, der es fest machte, die Entscheidung zementierte sozusagen, für einen Selbst, aber auch für Andere. Ab diesem Zeitpunkt gab es gefühlt kein zurück mehr.
Nach langen, fast endlosen Verschiebungen und sehr vielen Diskussionen über Werte und Träume im Leben, mit dem Partner und mit Freunden, war es nun soweit.
Dabei war es nicht immer nur ein fröhlicher Austausch über persönliche Ziele und Wünsche, die während unseres großen Traumes erfüllt werden sollten, sondern es ging auch um den eigenen, manchmal vernichtenden Egoismus, in unserer individualisierten, „Verwirkliche dich selbst" und „Lebe deinen Traum" Gesellschaft. Waren wir „Flüchtigen" nicht doch auch nur dem Zeitgeist entspringende Individualisten? War es gar nichts besonderes und wurden wir vielleicht sogar von irgendetwas in unserer Gesellschaft dazu angetrieben?
Bald hatten wir Zeit darüber nachzudenken.
Martina und ich waren uns zum Ende der Gespräche und Diskussionen auf alle Fälle sicher - wir wollten es tun. Und es war der beste Zeitpunkt in unserem Leben um es wirklich zu wagen. Entweder jetzt - so ungebunden ohne Kinder und Haus wie wir waren - oder nie. Das dachten wir.

Was hatten wir dabei nicht alles zu besprechen und zu bedenken? Wann kündigen wir die Arbeit, wem

sagen wir es und wann, aber auch wohin geht die Reise überhaupt und wie ist die Route, was brauchen wir alles in den einzelnen Ländern an Ausrüstung und wie stellen wir unseren Reiseplan finanziell zusammen? Dazu galt es noch den Umzug zu regeln, die Möbel einzulagern, das Auto irgendwo unterzustellen und den Versicherungen und Verträgen über unsere geplante Auszeit Bescheid zu geben.
Dabei sollte möglichst nichts vergessen werden.

Den sogenannten „sicheren Job" im öffentlichen Dienst dafür aufzugeben, gehörte genauso dazu, wie das Organisieren des Umzugs mit Freunden und Familie und das Aussortieren und Unterstellen der Möbel bei Bekannten.
Die Arbeit aufzugeben fiel mir dabei bedeutend leichter als Martina. Es war meine erste Arbeitsstelle nach dem Studium und auch wenn ich wohl die nächsten 30 oder 40 Jahre in dem Job bei „Vater Staat" hätte bleiben können, so war in mir schon lange der Gedanke aufgekommen, dass es das beruflich noch nicht gewesen sein konnte. Ich mochte meine Arbeit, aber sie konnte nicht alles gewesen sein, was mich beruflich in meinem Leben erwarten sollte. Die zunehmende Routine in meinem Job begann mich zu langweilen. War das aber nicht wieder ein Phänomen unserer „Spaßgesellschaft"? Das meine Generation sich allgemein viel zu schnell langweilte? Viele Gedanken gingen mir durch den Kopf.
Martina hingegen hatte ungefähr ein Jahr vor Abreise noch die Abteilung gewechselt, in der sie

sich mittlerweile sehr gut eingelebt hatte und sie sich sichtlich wohl fühlte. Dennoch wollte auch sie nicht ihr ganzes Arbeitsleben in dieser einzigen Einrichtung verbringen. Wir waren uns also einig.

Die letzten Tage in Deutschland waren dann noch mal richtig aufregend und tränenreich.
Das letzte Mal in die Arbeit gehen… Die Abschiedsfeier mit den Arbeitskollegen bei Brotzeit und Bier im bayrischen Wirtshaus… Die ausschweifende Abschiedsparty in unserer schnuckeligen, halb leer geräumten Altöttinger Wohnung mit unseren Freunden…
Das letzte Mal im altbekannten, eigenen Bett schlafen…
Das letzte Mal Freunde und Familie zu sehen und zu wissen, dass man diese Personen die nächsten 9 Monate nicht drücken wird können.
Immer wieder gab es tränenreiche Verabschiedungen und manch schwere, ängstliche und unsichere Gedanken kamen in uns hoch. War es das Richtige was wir taten? War es das alles wert?
Bereits ein gutes Jahr vor der Abreise begannen wir zudem, unseren nicht mehr gebrauchten Krempel bei Ebay zu verkaufen um den Auszug zu erleichtern. Vieles würde uns beim Umzug eh nur stören und nach der Reise nicht mehr gebraucht.
Gemäß der Devise „Alles was man 1 Jahr lang nicht mehr benötigt hat, soll ein Jahr im Keller liegen bleiben und wenn man es dann immer noch nicht benötigte, sollte es entsorgt werden". Ich liebe solche (Grund-)Sätze.

Die wichtigsten und großen Möbel hatten wir glücklicherweise bei Freunden der Familie in einer leeren Garage unterstellen können.

Es war schön zu erleben, wie sich Probleme und schwierige Entscheidungen, in den Planungen und in der Beziehung, die im Vorfeld der Reise auftraten, immer wieder lösten. Das gab uns Zuversicht.

Mal war es ein gemeinsamer Kraftakt von Martina und mir beispielsweise bei der Organisation der Visa. Oder Freunde halfen uns beim organisieren eines Umzugswagens, packten mit an und bekochten uns in den wohnungslosen Tagen während des Um- und Auszuges. Manchmal war es auch eine aus dem Gespräch entstandene Idee, die scheinbar schwieriges und unmögliches, doch noch möglich machte.
Diese Erfahrung, das alles irgendwie weiter geht und schwierige Dinge sich doch als lösbar herausstellen, wenn man sie nur ernsthaft und zielstrebig genug angeht, sollte uns die ganze weitere Reise begleiten.

Ich denke dieser, vielleicht an und ab etwas naive Optimismus das schon alles sich irgendwie ins Gute regelt, hat uns bereits von Beginn an immer viel Mut und Zuversicht gegeben. Oftmals wurde dieser Optimismus auch getadelt im Gespräch mit Freunden und Familie, aber ich denke er war wichtig um sich überhaupt an dieses „Projekt Auszeit" heranzuwagen.

Es waren eine ganze Reihe von wichtigen, lebenswegweisenden Entscheidungen nötig und viele davon kosteten uns Mut sie zu treffen. Ohne Optimismus hätten wir das nicht geschafft.

Diese ganze materielle, physische und psychische Vorbereitung brachte uns, sowohl als Einzelnen, als auch als Paar, immer wieder an die Grenzen.

Aber irgendwann war dann doch alles erledigt, die Visa für unsere ersten beiden Länder, Russland und Mongolei, waren im Reisepass, der Hinflug nach Sankt Petersburg war gebucht und es konnte endlich los gehen.
Dieser persönliche „D - Day", das war für uns der 2. Juli 2013.

<u>Die Landung in Sankt Petersburg</u>
Denn nun waren wir hier - in St. Petersburg. Der zweitgrößten und, wie es im allgemeinen heißt, schönsten Stadt von ganz Russland. Historisch gesehen war die Stadt sogar recht jung und doch von beeindruckendem Weltruf. Mit ihren ca. 5 Millionen Einwohnern im gesamten Stadtgebiet war die Heimatstadt von Wladimir Putin insgesamt erst 300 Jahre alt, gebaut und erdacht von Peter dem Großen. Und doch war Sankt Petersburg bereits so historisch, so monumental.

Wir fuhren von meiner Heimatstadt Passau aus mit dem Zug nach München. Die Verabschiedung von meinen Eltern am Bahnhof war dabei kurz und schmerzlos - so entschied ich es als das Beste für uns Alle.

Erst als wir im knapp 3 - stündigen Flug nach St. Petersburg saßen, wurde ich allmählich ruhiger und gelassener. Es war vollbracht, alles schien erledigt und organisiert zu sein und der Anfang war erfolgreich geschafft. Wie so oft im Leben, war dabei gerade der erste Schritt der schwierigste.

Die innerliche Ruhe währte aber nur solange, bis wir uns im Landeanflug auf die Stadt befanden.

Eine erste Anspannung bei der Einreise nach Russland entwickelte sich mehr und mehr. Wie so oft zerbricht man sich im Vorfeld mit Eventualitäten den Kopf.

Was wenn die russischen Zollbeamten merken, dass wir gar nicht vorhaben uns an die Reisebestimmungen die das Land vorgibt und die durch unseren Visavermittler angegeben wurden, zu halten? Vielleicht bekommen wir ja einen grünen Kopf, sobald der Zollbeamte unser Visa ansieht und er weiß sofort, das wir von der Reiseroute abweichen wollten?

Bereits im Vorfeld, das heißt bei der Visumbeantragung durch die Reiseagentur in Deutschland, musste man sich nämlich entscheiden, in welche Städte in Russland man reisen wollte und wann genau man diese vorhatte zu erreichen.

Dieser geplante Reiseverlauf wurden auf dem Visa bzw. auf einem dazugehörigen Formular penibel genau vermerkt. Daran wollten wir uns zwar im Großen und Ganzen halten, aber wir gaben uns innerlich schon die Freiheit einen Stop länger oder

kürzer ausfallen zu lassen, bzw. einen Stop mehr einzuplanen. Zudem hatten wir und besonders ich nicht vor, wie angeblich vorgeschrieben, uns in jeder Stadt bei der örtlichen Polizei zu melden. Auch wurden immer wieder Gruppenreisen empfohlen, aber das wollten wir ebenfalls nicht.
Wie der Zollbeamte diese Gedanken von unseren Augen hätte ablesen sollen, wussten wir natürlich selbst nicht und so hatte natürlich auch alles reibungslos geklappt, als wir vor dem ersten russischen Beamten standen. Er schnappte sich den Reisepass, sah uns kurz an und gab ihn uns auch gleich wieder zurück. Eine schnelle Abfertigung war uns dabei nur lieb, nur lächeln hätte er etwas mehr können.

Die Realität ist eben doch so ganz anders, als die oftmals angstbesetzte Fantasievorstellung die man so entwickelt. Das sollten wir noch lernen und Gott sei Dank war die Wirklichkeit manchmal viel einfacher und pragmatischer.

Auf dem etwas herunter gekommenen, älteren Pulkovo Flughafen von Sankt Petersburg fand Martina nach der Einreise und unserem ersten Kontakt mit „echten Russen" am Schalter dann auch gleich den Bus der uns zu Moskovskaya Metro Station brachte. Direkt mit der Metro kam man leider nicht vom Flughafen weg. Das war etwas unglücklich geplant von den Russen wie wir fanden. Ich war ja schon sehr gespannt auf Russland und auf den Kommunismus und der erste Eindruck den wir vom Flughafen bekamen war nicht ganz so positiv. Die Durchdachtheit der Verbindungen zum Flughafen enttäuschte uns. Auch wirkte er schon etwas in die Jahre gekommen und hätte wohl mal wieder einer Renovierung bedurft. Schließlich sollten wir doch in der schönsten Stadt Russlands gelandet sein und der Flughafen ist für internationale Gäste stets das erste Aushängeschild eines Landes.

Im Bus zur Metro trafen wir dann im richtigen Moment, wie es noch so oft geschehen sollte die nächsten 9 $^{1/2}$ Monate, Maria, die uns unsere Unsicherheit oder unser Touristendasein irgendwie gleich anzumerken schien. Wir kamen mit ihr ins Gespräch - auf englisch natürlich - und das gab uns gleich eine zweite hoffnungsvolle Zuversicht nach der geglückten Einreise. Wir wussten im Vorfeld nicht genau wie gut die Russen englisch sprachen und es ließ sich auch durch Internetrecherche nicht ganz herausbekommen. Wir recherchierten nur, dass wohl die jüngere Generation vermehrt englisch sprach.

Maria entpuppte sich zu unsere größten Freude, als eine sehr freundliche, hilfsbereite und weltoffene Person und da wir nur ein paar Rubel hatten und es nur für ein Metro - Ticket reichte, zahlte sie spontan mein Metro - Ticket (28 Rubel = ca. 75 cent) damit wir gemeinsam Richtung Innenstadt fahren konnten. Während der Fahrt in der vollen U-Bahn quatschten wir mit ihr und sie erklärte uns nebenbei auch gleich noch etwas das Metro Netz. Nach dem Gespräch wussten wir zumindest so gut

Bescheid, dass wir unsere gesuchte Haltestation vom Hostel auch erreichen konnten.

Von der Metro Station am Nevsky Prospect, der Prachtstraße schlechthin von Sankt Petersburg wie wir noch erfahren sollten, brachten uns ihre Erklärungen nahezu direkt vor unser Hostel. Alles war anfangs so aufregend und abenteuerlich. Wir stiegen am Nevsky Prospekt aus und gingen das erste Mal mit unserem schweren Gepäck eine breite Prachtstraße entlang. Links von uns tauchte ein kolossaler, antik anmutender Bau auf, der wie wir später erfuhren die berühmte Kazan Kathedrale war und gleich ein paar Straßenzüge dahinter lag auch schon das Cuba Hostel im zweiten Stock eines alten Gebäudes aus dem frühen 20. Jahrhundert.

Das Hostel beherbergte uns für 6 Tage und ist wirklich eine Empfehlung wert, denn die Atmosphäre und das Personal, sowie ein funktionierendes Internet, nahmen uns viel Anspannung, die wir zweifelsohne zu Beginn noch mit uns trugen. (www.cubahostel.ru)

Der versteckte, unscheinbare Eingang und der Türcode, der in der Buchungsemail genannt wurde um überhaupt ins Treppenhaus zu gelangen, waren dabei schon eine erste ganz besondere Erfahrungen.

Es wirkte alles so geheim, verschwiegen und konspirativ, dass ich das Bild eines alten KGB - Agenten vor mir hatte, der zu einem verschwörerischem Treffen unterwegs war. Eine belustigende Vorstellung.

Neben der bestimmt 3m hohen, alten schwereren Eingangstür aus dunklem Holz, befand sich nur ein kleines Namensschild unseres Hostels, welches man leicht übersehen konnte. An der Tür war eine Zahlentastatur für den Türcode angebracht und der PIN aus der E-Mail öffnete uns beinahe magisch die Tür. Wir waren stolz wie Oskar überhaupt hierher gefunden zu haben und uns den Zugang zu einem Haus in Sankt Petersburg verschafft zu haben. Ganz alleine! Wir waren gut!!

Im Hostel angekommen sahen wir gleich jede Menge quirlig umherlaufende, englisch sprechende, junge Leute, die auf der Couch saßen oder im Internet surften, so dass wir wussten - ok - mit diesem Equipment und diesen Leuten finden wir uns in der Stadt gut zurecht.
Insgesamt zahlten wir hier 1400 Rubel für 2 Personen pro Nacht was ein bisschen mehr als 34€ entsprach und somit 17€ / Person und Nacht bedeutete. Das war OK, jedoch hatten wir zu Beginn der Planungen gehofft, die Hostels in Russland wären etwas billiger, da wir auf der gesamten Reise von ca. 40€ Tagesbudget pro Person ausgegangen waren. Da wir nahezu die Hälfte unseres Tagesbudgets schon alleine für die Unterkunft ausgegeben hatten, wurde uns schnell bewusst, das wir hier in Russland nicht auf großem Fuß leben können.
Gerade in Sankt Petersburg, und bestimmt auch in Moskau, schien es nicht billig zu sein. Martina und ich hatten zum Glück aber auch gar nicht vor, eine Luxusauszeit zu nehmen. Das war nicht der Sinn unserer Reise. Wir waren hungrig! Hungrig auf die Welt und die Menschen und auf die Erfahrungen

die wir im Rahmen unserer Möglichkeiten machen konnten.
Wir wussten das wir mit unserem Geld gut haushalten mussten und gerade am Beginn der Reise wollten wir nicht in Saus und Braus leben und unser hart erspartes Geld verjubeln. Zudem war uns klar, das in Asien die Lebenshaltungskosten viel günstiger waren und wir dort etwas mehr Annehmlichkeiten erwarten konnten, beispielsweise ein Doppelzimmer. Bis dahin sollten allerdings noch einige Monate vergehen.

Noch aber standen Mehrbettzimmer an und hier im Cuba Hostel buchten wir ein 6 - Bett Zimmer. Das war für uns beide vollkommen in Ordnung, da wir ohnehin nicht viel Zeit im Zimmer verbringen wollten.
Ein wirklich sehr großer Pluspunkt des Hostels war es, dass es sehr innerstädtisch und damit perfekt historisch gelegen war. Es lag direkt hinter der Kazan Kathedrale und somit ca. 200m entfernt von DER Prachtstraße von Sankt Petersburg dem Newsky Prospect. So wie in Frankreich die Prachtstraßen Boulevard oder Avenue heißen, heißen die wirklich großen Straßen in Russland Prospect. Das hatten wir am ersten Tag schon mal gelernt.

Das Hostel war zudem sauber, ziemlich voll mit alternativ wirkenden Leuten die witzige T-Shirts trugen und es gab ein funktionierendes „Free Wi - Fi", ein kostenloses Internet, was wirklich ein gutes Argument war um recherchieren zu können und

teure Telefonkosten nach Deutschland via Skype zu vermeiden.
Das „Free Wi-Fi" Argument sollte im Laufe der Reise auch immer mehr an Bedeutung gewinnen. Wer hätte das in Deutschland gedacht, dass uns solche Werbesprüche mal so wichtig sein würden? Gerade auf das Internet während der Auszeit zu verzichten, was auch ein interessanter Gedanke gewesen wäre, war uns dann aber doch zu mühselig. Es war einfach zu bequem, Züge per Internet zu recherchieren oder Eintrittspreise und Öffnungszeiten nachzulesen.

Unser 6 - Bett Zimmer war spartanisch und praktisch eingerichtet mit 3 Stockbetten und einem kleinen Schrank, den man mit unserem mitgebrachten Schloss gut absperren konnte.
Unsere Reiseplanungen im Vorfeld zeigten ihre erste Wirksamkeit und Nützlichkeit. Ich überließ Martina die Entscheidung wo sie schlafen möchte und bezog daraufhin die obere Kajüte.

Neben den im Hostel arbeitenden, meist relativ schweigsamen und etwas affektflachen Russen, trafen wir dort noch auf Franzosen, Schweizer, Ukrainer, Amerikaner und Mexikaner. Alle Reisenden waren sehr offen und nett zueinander und suchten immer wieder den Austausch mit anderen Reisenden.
Man kam leicht mit ein paar Leuten in der Küche oder beim Rauchen im Treppenhaus ins Gespräch.

Das Rauchen im Treppenhaus am beeindruckenden, hohen Fenster mit den imposanten Rundbögen, bot dabei eine wirklich gute Gelegenheit ins plaudern zu kommen. Dort hörten wir die ersten Geschichten von einem jungen Schweizer Pärchen, welche gerade die transsibirische Eisenbahn in entgegengesetzter Richtung gefahren waren. Die beiden waren die komplette, über 9000 Kilometer lange Strecke von Wladivostok nach Sankt Petersburg gefahren. Unser Plan hingegen war es nur bis zum Baikalsee auf der transsibirischen Strecke zu bleiben und uns dann nach Süden Richtung Ulan Bator auf die transmongolische Strecke zu begeben. Schließlich war die wilde Mongolei unser nächstes Traum - Reiseland.

Wir zogen beide die Informationen des Schweizer Pärchens nahezu magisch in uns auf und notierten uns gedanklich den Tipp viel Tee und Essen für die Zugfahrt mitzunehmen. Meine Vorfreude auf die längste Eisenbahnfahrt der Welt stieg immer mehr und ich war gespannt auf den Ural und Sibirien wie ein kleines Kind die letzten Tage vor Weihnachten.

Die ersten Sehenswürdigkeiten der Stadt
Das Sankt Petersburg eine wunderbare, historische Stadt mit vielen barocken Sehenswürdigkeiten ist, hatten wir ja schon durch die Reisevorbereitungen und den Reiseführer gewusst.

Unser erster, wirklich großer Stadtspaziergang führte uns am nächsten Tag dann schließlich über verschiedene, hübsch angelegte Stadtparks mit

auffallend vielen Statuen und Monumenten zur St. Isaac Kathedrale, einer riesigen Kirche unweit des Newa - Ufers-
Das Panorama auf der Aussichtsplattform der St. Isaac Kathedrale war atemberaubend, wohl auch, weil es das erste Stadtpanorama von oben auf unserer Reise war.
Die Sankt Isaac Kathedrale gilt nach wie vor als die größte Kathedrale Russlands und kann bis zu 10000 Menschen Platz bieten. Sie wird umrundet von unzähligen massiven Granitsäulen die bis zu 114 Tonnen wiegen. Wir waren sehr beeindruckt als wir die Kathedrale von außen umrundeten.

Eine Schalterbeamtin, die leider kein Wort englisch sprach und auch kein Wechselgeld besaß wie sie uns durch gestenreiches artikulieren versicherte, schickte uns fast widerwillig zur Eingangstür für die Aussichtsplattform. Ein in Restauration befindlicher Wendelgang führte uns nach oben und nach dem wir dir die windige Höhe erreicht hatten, bot sich uns ein weiter Blick auf das historische St. Petersburg. Von dort oben hatte man einen herrlichen Blick über die gesamte Altstadt, bis hinunter zum Hafen von Sankt Petersburg mit den vielen Löschkränen die dort noch in den Himmel ragten.
Auch die mächtige Newa war unübersehbar, die breit und gemächlich durch den Stadtkern fließt. Wir sahen den Winterpalast der Zaren mit dem großen, davor liegendem Aufmarschplatz, auch Schloß- oder Alexanderplatz genannt, mit der darauf befindlichen hohen Siegessäule des Zaren

Alexanders. Die Säule war insgesamt 47,5 Meter hoch und wog circa 600 Tonnen. 3000 Männer waren 1834 nötig um Sie ohne jegliche mechanische Hilfe durch Kräne aufzustellen. Sie symbolisierte den Sieg über Napoleons erfolglosen Russlandfeldzug.

Aber auch sonst war der Platz vor dem Winterpalast recht geschichtsträchtig, wie wir aus dem Reiseführer und Informationen beim Besuch des Winterpalastes einen Tag später, erfuhren. Hier war der Ausgangsplatz für die am 25. Oktober beginnende Oktoberrevolution von Lenin im Jahre 1917, die letzten Endes zum Ende der Zarenherrschaft in Russland führte und Lenin als ersten kommunistischen Machthaber der Welt an die Macht brachte. Zuvor gab es diese „Diktatur des Proletariats", wie es zuvor Karl Marx in seinem Manifest gefordert hatte, noch nirgendwo auf der Welt in dieser Form.

Zwischen der Sankt Isac Kathedrale und dem Winterpalast zog sich eine prachtvolle Uferpromenade an der Newa entlang. Diese wurde von einer Parkanlage begleitet, welche sich zwischen Flussufer und der Kathedrale erstreckte.

Geschafft nach dem Fußmarsch und den ersten Eindrücken, lagen wir uns dort nach dem Besuch der Kathedrale, ein wenig in die Wiese. Zum Glück hatten wir unsere Picknickdecke mitgebracht.

Wir ruhten uns aus und lasen ein wenig im Reiseführer und im Kulturschock Russland. Die sehr gute „Kulturschock" Buchreihe bündelte vieles

an Wissen über die Geschichte und die Mentalität dieses Volkes.
Schließlich gingen wir am späten Nachmittag zurück ins Cuba Hostel, kochten uns Nudeln und ruhten uns aus von den letzten, anstrengenden Tagen. Am ersten Abend waren wir noch in den überteuerten Pizzahut gegangen. Die Pizza dort war zwar ganz lecker, aber die Preise lagen dort durchaus auf uns bekanntem europäischem Niveau. Zudem war es auch so ganz und gar unrussisch, wie wir fanden. Wir wollten schon das „echte Russland" kennen lernen, auch kulinarisch, und dies bedeutete vorerst selbst gekochte, russische Nudeln mit Tomatensoße, Zwiebel und Karotten. Das war ein Anfang.

Zur Feier des Tages über unseren erfolgreichen, alleinigen Zugticket Kauf brachten wir auch noch eine Flasche Wein vom Supermarkt zum Abendessen mit, die wir mit den Nudeln genüsslich leerten.
Wir hatten vormittags gleich zu Beginn unseres Stadtspaziergangs nun alle Zugverbindungen bis Irkutsk unter Dach und Fach gebracht, wie es so schön heißt. Auch der Ticketkauf an sich war schon ein großes Erlebnis für uns. Mit Hilfe des englisch sprechenden Hostels suchten wir uns im Vorfeld auf der russischen Bahnseite www.rzd.ru die passenden Streckenabschnitte heraus. Wir notierten uns die Zugnummer, die Abfahrtszeiten und den Preis und gingen damit zu einem Verkaufsschalter der russischen Bahn. Dieser lag nur unweit des Hostels entfernt und nur ein paar

Newa - Kanäle trennten uns davon. Diese angelegten Newa - Flusskanäle zogen sich durch die gesamte Altstadt und waren mit vielen kleinen Brücken für Fußgänger und Radfahrer angelegt. Sankt Petersburg hatte daher auch den Namen „Venedig des Ostens" bekommen, auch wenn der Vergleich unserer Meinung nach etwas zu hochgegriffen erschien.

Mit diesen vorab recherchierten Informationen standen wir im schlichten Bahnhofsgebäude mit einer riesigen Anzeigentafel der abfahrenden Züge, vor einer wiederum nur russisch sprechenden Bahnangestellten, in einer insgesamt noch ziemlich leeren Bahnhofshalle.

Durch aufzeichnen eines Zuges und der dazugehörigen Nummer machten wir der Schalterdame verständlich, wohin wir fahren wollten. Das Datum zeigten wir auf einem bereitstehenden Kalender und auch den Preis schrieben wir auf den Zettel direkt neben unseren gezeichneten Zug und der Nummer. Sogar für die Russin war das ganze Schauspiel belustigend und sie nahm sich freundlicherweise etwas mehr Zeit für uns. Für uns war das Ganze, wieder mal ein erstes, großes Erlebnis.

Gerade die russische Sprache hatte im Vorfeld der Reise ja ein wenig Bedenken in uns ausgelöst, da wir nicht wussten wie weit hier englisch verbreitet sein würde, gerade auch bei offiziellen Stellen wie hier am Bahnhof. Aber auch ohne englische Sprache klappte alles wunderbar und wir waren Stolz wie Oskar nachdem wir unsere Tickets in den Händen hielten. Anschließend gingen wir erstmal einen Döner zu Mittag essen, die übrigens genauso teuer waren wie bei uns zu Hause und aus genau so einer Nische heraus verkauft wurde wie bei uns (120 R. oder ca. 3€). Der Döner schmeckte wie gewohnt.

<u>Der Besuch der Hermitage im Winterpalast</u>
Am 4. Juli, einem Donnerstag, nahmen wir uns als kulturellen Highlight des Tages vormittags den Besuch in der Hermitage vor. Nach dem Louvre galt die Hermitage als zweitbedeutendstes oder auch zweitschönstes Museum in Europa. Die Aufzeichnungen über unseren Besuch entstanden allerdings erst einen Tag später, denn gestern waren wir nach der Rennerei durch die Stadt und dem Abendessen so platt, dass wir nichts mehr in unser Tagebuch schreiben konnten.
Insgesamt war es in Sankt Petersburg im Juli sehr angenehm warm - so um die 25° tagsüber - und damit perfektes Wetter für kurze Hosen. Besonders war, dass es selbst bis Mitternacht nicht wirklich dunkel wurde am Himmel, sondern nur sehr gemächlich etwas dämmerte. Die sogenannten „weißen Nächte", die Sankt Petersburg auf Grund des hohen nördlichen Breitengrades im Sommer genießt, waren dafür der Grund. Aber zu den weißen Nächten später noch etwas mehr.
Der in hellblau und weiß getaufte Winterpalast war alleine von außen schon sehr beeindruckend und alle Fenster und Eingänge waren mit viel Stuck und Goldverzierungen umrandet.

Leider beeindruckte uns auch die Warteschlange die uns Anfangs den Eingang zum Museum gar nicht erkennen ließ. Obwohl wir uns bereits vormittags auf den Weg gemacht hatten, standen wir lange an und die Zeit verging sehr gemächlich. Wir vertrieben uns die Zeit Menschen aus aller Welt zu beobachten, die vor und hinter uns in der Schlange standen. Der Deutung der Sprache nach waren die meisten Russen, aber auch viele Deutsche, Japaner und Chinesen standen hier an. Wir kamen nur sehr langsam voran.
Nach etwa einer Stunde Anstehen waren wir dann endlich am Eingang der Hermitage angekommen und standen vor der KACCA. Als wir bezahlten wollten wussten wir schließlich auch warum schon morgens die Schlange so lange war. Zu unserer eigenen, großen Überraschung war heute nämlich freier Eintritt.

In den prachtvollen Sälen und Gängen des Museums angekommen, die mit einem beeindruckenden Treppenhaus in die eigentlichen, im ersten Stockwerk gelegenen Ausstellungsräume der Hermitage führten, mussten wir uns erst mal wie in einem Labyrinth zurecht finden. Bereits das in weißem Marmor gehaltene Treppenhaus zog uns dabei in seinen Bann. So etwas hatten wir noch nicht gesehen. Alles war mit riesigen Spiegeln und Stuck verziert. Gold und Weiß überschlugen sich, und prachtvolle Blumenkübel die dem Anschein nach gerade eben aus dem antiken Griechenland hierher geliefert wurden, verzierten das Treppengeländer. Die üppigen Blumen erschienen so frisch, als wie wenn sie jeden Tag aufs neue dort hineingestellt wurden. Wir sahen meterhohe Gemälde wichtiger Persönlichkeiten die ernst auf uns Besucher hinunter blickten, die wir aber allesamt nicht erkannten. Wer hier seinen Platz fand musste allerdings von großer Wichtigkeit für das Land gewesen sein. Das Ganze wurde begleitet von einem prachtvollen roten Teppich, der die Marmorstufen hinauf führte und mit einer Messingleiste, die golden blitzte, an den Ecken der Stufen fixiert war.

Natürlich war die Informationsfülle in diesem Museum, genau so wie in allen anderen großen Museen, erschlagend und viel zu viel für unseren ohnehin gesättigten Wahrnehmungsapparat.

Im besonderen wollten wir die Altertümer aus Russland, die Geschichte des Kaukasus und die russische Malkunst, sowie die antike Ausstellung, genauer ansehen.

Vor allem die geschichtliche Darbietung über das Altertum in Russland und hier insbesondere die des Kaukasus, beeindruckte uns sehr. Hier hob sich die Hermitage schon deutlich vom Louvre ab, der doch vor allem abendländische Kunst zeigte. Hier in der Hermitage waren auch sibirische und kaukasische Reliquien, darunter prachtvolles, goldenes Kunsthandwerk, zu sehen. Diese wirkten wirklich nicht mehr europäisch auf uns und sahen viel fremder und interessanter aus.

Wir sahen auf kleinen unscheinbaren Steinen kunstvoll eingeritzte Muster und auch Totenschädel die bunt bemalte Masken trugen.

Der Bereich der russischen Malkunst wirkte hingegen wieder viel vertrauter auf uns und die Portraits und Darstellungen wichtiger Ereignisse, von Königskrönungen bis hin zu Feldzügen, sah unserer Meinung nach sehr europäisch aus.
Auch bei den Marmorskulpturen sahen selbst wir als ungeübte Kunstverständige doch eindeutig Parallelen zu bereits gesehenen Statuen und ein Unterschied zu den sonst üblichen Museumsstücken die man aus Europa kennt, war für uns nicht auszumachen. Die perfekten Darstellungen antiker Helden in unterschiedlichsten Posen waren dabei eine Höchstleistung wie wir fanden. Es ist immer wieder ein Rätsel wie detailliert und glatt die Bearbeitungen des Marmors gemacht werden konnten in so früher Zeit.
Viele internationale Künstler, hauptsächlich aber westliche Maler und Bildhauer, wurden in diesen Räumlichkeiten der Hermitage ausgestellt. Auf die oft in den Medien gestellte Frage ob die russische Kultur nun zu Europa gehörte oder nicht, gab es nach diesem Museumsbesuch und dem ersten Eindruck von Sankt Petersburg, nur eine Antwort für uns. Ganz klar gehört Russland zu Europa. Die Russen fühlen sich kulturell als Europäer und stellen dieses Selbstbewusstsein eindrucksvoll in ihrem berühmten Landesmuseum aus. Auch wenn das Riesenreich sich größtenteils in den asiatischen Kontinent hinein erstreckte, waren die Wurzeln des Volkes doch eindeutig europäisch.
Sie als Asiaten zu bezeichnen oder beispielsweise mit den Muslimen aus dem Iran und Afghanistan zu vergleichen oder gar noch mit den Chinesen

und sonstigen Asiaten in einen Topf zu schmeißen, kam uns gar nicht in den Sinn. Auch äußerlich sahen die Russen uns Europäern eindeutig ähnlich, auch wenn es kleine Unterschiede in den Augen- und Nasenpartien gab.
Lediglich die West- und Mitteleuropäer schienen mit dem Gedanken noch zu fremdeln, dass die Russen auch wirklich zu Europa gehörten. Ein für uns recht befremdlicher Gedanke.

Für uns war diese Frage nun bereits in der ersten Woche klar, denn auch die Kunst und Architektur die uns außerhalb des Museums in Sankt Petersburg begegnete, erinnerte uns stark an typisch, europäische Adelsarchitektur. Der Winterpalast beispielsweise war recht typisch aufgebaut, ähnlich wie Schloss Herrenchiemsee von unserem bayrischen König Ludwig, welches wir in Altötting schon besucht hatten. Alles erinnerte an den griechisch - römischen Stil. Allein die Farbgebung in blau / weiß / gold war andersartig.
Die Unterschiede zu einem indischen Tempel oder der verbotenen Stadt in Peking, was wir ja auch noch sehen sollten, war hingegen überdeutlich und somit ganz klar europäischen Ursprungs.

Wie so oft bei einem Museumsbesuch, waren wir nach 3 - 4 Stunden intensiven Gehens, Lesens (oftmals waren die Informationstafel auch auf englisch vorhanden) und Studierens, richtig platt und so gingen wir anschließend erstmal entkräftet und müde zurück zum Hostel.

Dort aßen wir unsere super günstig eingekauften und gar nicht so geschmacklich schlechten Instandnudeln um zu neuen Kräften zu kommen, ohne zu ahnen, dass uns diese Art Essen noch oft begleiten sollten in den ersten Monaten der Reise. Da die neuen Kräfte jedoch auf sich warten ließen, legten wir uns danach ein wenig hin zur Siesta. Neugierde kann so ermüdend sein.
Die Situation hier in Sankt Petersburg mit den vielen, neuen Reize waren erstmal eine totale Überforderung für unser Gehirn und unser Körper reagiert darauf wohl mit erhöhtem Appetit und erhöhtem Schlafbedarf.

Am Abend rafften wir uns dann noch mal auf, diese wuselige, von wunderschöner Abendsonne beschienene Stadt lebendiger Geschichte erneut unter anderem Licht kennen zu lernen. Wir gingen in Richtung der Peter & Paul Festung, die auf einer Newa Insel gelegen war.

Auf dem Weg dorthin und abermals sehr nah an unserem Hostel gelegen, kamen wir an einer einzigartig verzierten, typisch russisch orthodoxen, Zwiebel - Kathedrale vorbei. Es handelte sich dabei um die „Blutskirche", oder auch Auferstehungskirche genannt. Diese einzigartige Kathedrale oder Basilika, da war sich keine Quelle wirklich sicher was dafür der richtige Name sei, war ähnlich gebaut und mindestens genau so prächtig und einzigartig, wie die mit Sicherheit noch viel berühmtere Basilius - Kathedrale am roten Platz in Moskau.

Die Auferstehungskirche war natürlich dem für die Menschen vergossenen Blut Jesu gewidmet und erhob sich prächtig direkt an einem Newa Kanal ins Stadtbild. Wir konnten kaum fassen, dass diese ebenfalls nur einen Steinwurf weit weg, das heißt ein bis zwei Straßenzüge oder 5 Gehminuten, von unserem Hostel entfernt lag. Die Unterkunft im Cuba Hostel war wirklich ein Glückstreffer für uns.

Die Kathedrale war wahrlich besonders, gerade wenn man wie wir noch nie vor einem solch monumentalen, russisch - orthodoxen Kirchenbau gestanden hat.

Viele, unterschiedlich hohe Zwiebeltürme und -türmchen die an der Spitze mit einem bunten, zum Teil rechteckigen Mosaik aus weiß und grün ausgekleidet waren, stellten das Markenzeichen der Basilika dar. Darüber thronte auf den Türmen ein beeindruckendes goldenen Kreuz der russisch - orthodoxen Kirche, welches einen Querbalken mehr besaß, als unser bekanntes christliches Kreuz.

Es wirkte als wie wenn der Architekt der Basilika sich wohl nicht sicher zu sein schien, wie viele farbige Zwiebeltürme er bauen sollte und so wurden es immer mehr.

Darüber hinaus bot das Gold und Weinrot der Ziegel, als dominierende Farbe der Mauern, zusammen mit den riesigen Mosaikbildern Jesu an den Seitenwänden, ein majestätisches Äußeres. Die prächtigen Christusdarstellungen an den breiten Hausfaden waren dabei fast ausschließlich in Gold gehalten.

Viele Menschen, sowohl Einheimische als auch Touristen, wuselten hier herum. Um die Kirche führte ein kleiner Weg und eine Brücke auf die andere Seite des Newa - Kanals und viele nutzten die Gelegenheit für einen kleinen Spaziergang um die Basilika.

Die Kirche zählte wohl unbestritten zu den beliebtesten Fotomotiven der Stadt, denn überall um uns herum blitzte es im Dauerfeuer.

Zwischen den Touristen nutzten auch Einheimische die dort versammelten Menschenmassen auf Ihre Art. Sie spielten an der Promenade Musik, in der Hoffnung auf einen kleinen Obolus der Vorbeiziehenden. Auch die sogenannten „Street Art - Künstler" waren hier vertreten. Es wurde mit Bällen jongliert und viele versuchten die Aufmerksamkeit der Vorbeiziehenden auf sich zu lenken.

Auch wenn wir jetzt erst ein paar Tage in Russland waren und immer noch eine generelle Anspannung in uns vorherrschte, strahlte dieser Platz bei untergehender Sonne eine besondere Wärme aus.

Wir waren uns sicher, der Start war gut gelungen und Russland lies sich von uns bereisen. Auch ohne Russischkenntnisse. Was uns wohl noch alles erwarten sollte? Das war eine spannende Frage.

Wir setzten schließlich unseren Weg, nach einem ausgiebigen Fotostopp an der Kirche, zur Peter & Paul Festung fort. Direkt hinter der berühmten Auferstehungskirche ging es weiter über eine imposant, gestaltete Kanalbrücke aus Stahl über

die Newa, und man landete direkt in einem Touristenmarkt.
Dieser Markt bildete den Übergang von der Basilika zu einem darauf folgenden kleinen Park.
Während wir über die Newa - Brücke dahin schlenderten, zogen unter uns viele Touristendampfer im Kanal vorbei. Die Passagiere an Deck bestaunten während der Vorbeifahrt die Basilika, machten dabei eifrig Gebrauch von Ihren Fotoapparaten, so das uns das Ganze Schauspiel etwas an die bekannten Flussfahrten auf der Spree in Berlin erinnerte. Auch in Berlin konnte man viele Sehenswürdigkeiten der Stadt per Boot besichtigen.

Wir durchquerten den typischen, ganz auf Touristen zugeschnittenen Souvenirmarkt mit allerlei Babuschka-, Bernstein- und T-Shirt Ständen. Die Babuschkas gab es in allerlei Bemalungen und Größen und viele sahen gar nicht mal so schlecht aus, wenn es dennoch auch sinnloser Kitsch war, der zur Hause nur staubig wurde. Vor allem diese ineinander steckbaren, dicken Omafiguren waren ja ganz typisch für Russland. Sowas kannte man.
Das Überangebot an Bernstein an den Ständen erklärte sich für uns aus dem in der Nähe von Sankt Petersburg befindlichen, weltberühmten Bernsteinzimmer im Katharinenpalast, in Puschkin. Bernstein war berühmt für die Ostsee. Auch der Katharinenpalast stand ja noch auf unsere Wunschliste der sich anzusehenden Dinge in Sankt Petersburg. Das hatte sich bereits im Vorfeld der Reise abgezeichnet.

Auf dem Markt fanden wir auch die obligatorischen Lenin T-Shirts und Sowjet Magneten, sowie Flaschenöffner und sonstiges Allerlei für die Küche zu Hause. In den folgenden Wochen sollten wir dies noch auf Ständen in ganz Russland immer wieder antreffen.

Ging man durch den Markt hindurch, erstreckte sich dahinter das sogenannte „Mars Field", ein großer Park mit einem Monument der ewigen Flamme für alle in sowjetischen Kriegen gefallenen Soldaten, die den Glauben an den Sieg des Kommunismus mit Ihrem Leben bezahlt hatten. Eine ewige Flamme für die Gefallenen. Das hatte was wie wir fanden. Auch das sollten wir noch des Öfteren in Russland sehen.

Wir durchquerten bei sehr langsam verschwindender, goldgelber Abendsonne den Park und gelangten schließlich zu einer sehr langen, mit prächtigen Eisenkonstruktionen am Geländer verzierten, imposanten Brücke, der berühmten Troizki Brücke, wie wir noch erfahren sollten.

Diese Klappbrücke lies sich für durchfahrende, große Schiffe an zwei Seiten nach oben klappen, auch wenn wir leider nicht die Gelegenheit dazu hatten.

Auf der Anderen Newa Seite angekommen hatten wir einen guten Blick auf die sogenannte Haseninsel in der Newa, auf der die Peter & Paul Festung stand und sozusagen den historischen Kern des alten Sankt Petersburgs bildet. Das erste Stadtzentrum wurde hier auf dieser großen Insel errichtet.

Ähnlich wie der Kreml in Moskau war auch dies eine abgeschlossene Regierungsstadt in der Stadt die sich drum herum ansiedelte. Nur war das Ganze nicht von einer hohen Mauer umgeben wie in Moskau, sondern von der Newa mit Wasser umrahmt. Während unserer Zeit hier in Russland sollten wir noch in vielen Städten sehen, dass diese einen Kreml hatten, was ebenfalls für uns neu war. Wir dachten zu Beginn es gäbe nur diesen einen berühmten Kreml in Moskau.

Noch beim überqueren der Brücke sahen wir auf der Insel auch einen kleinen Stadtstrand und mit einer Pizza im Gepäck und direktem Sitzplatz am Newa Ufer hätten wir uns dort sicherlich auch sehr wohlfühlen können. Leider hatten wir aber noch nichts zu Essen aufgetrieben und eine von uns gewünschte Pizza zu finden, stellte sich auf der anderen Flussseite als etwas schwerer heraus.

Endlich an der nächsten Pizzeria angekommen entstanden dann auch noch erste Probleme mit der Kommunikation. Wir verstanden auf englisch, dass sie erst um 23 Uhr schließen würden und wir deshalb noch eine Pizza bekommen würden. Plötzlich hieß es dann, dass sie nun doch gleich schließen würden und wir auch jetzt schon, um kurz nach 22 Uhr, keine Pizza mehr bekommen würden. Das war in unserer hungrigen Situation nicht die Antwort die wir hören wollten. Wahrscheinlich waren das nur die Anfänge von Verständigungsproblemen mit den Russen dachten wir uns jetzt.

Hungrig und entnervt von dem kulinarischen Misserfolg gingen wir so nach einer kurzen ermüdenden Runde durch den anschließenden Park auf der anderen Seite wieder zurück in das uns bekannte Viertel.

Wir beschlossen unseren Hunger im Subway zu stillen, wo wir wenigstens wussten wo er lag, und es diese amerikanische Baguette Kette war hier auch wirklich an jeder Straßenecke zu sehen. Anschließend machten wir uns müde auf den Weg nach Hause. Wir waren einfach zu gesättigt und erschöpft für weiteres Sightseeing und Abenteuer in dieser großartigen Stadt.

Dadurch das eine so wunderschön gelegene Stadt wie Sankt Petersburg soviel zu bieten hat, könnte man fast die ganze Nacht unterwegs. Und dank der weißen Nächte, wird man hier leicht in einen Sightseeing und Freizeit Marathon gedrängt. Die Sonne ging erst spät unter, nach 9 Uhr, und selbst dann wurde es noch lange nicht wirklich dunkel. Bis 24 Uhr war es hier abenddämmrig und selbst dann ging die Sonne nur kurz bis 3 Uhr morgens unter, bis dann schon erneut der nächste Morgen dämmerte.

Wir waren bislang wirklich viel gelaufen in der Stadt. Wie üblich möchte man ja nichts verpassen wenn man schon mal hier war. Aber wir konnten einfach nicht mehr.

Im Subway gab es übrigens beim vegetarischen Sandwich für 100 Rubel nicht wirklich eine gute Beilage, denn außer 2 dünnen Scheiben Käse und etwas Gemüse auf dem typischen Subway Brot war nichts drauf. Martina aß missmutig und launisch ihr Sandwich und wir dachten wieder einmal, dass wir wohl nie so richtige Fast Food Fans werden würden.

Schön war auch noch, dass wir auf dem Nach Hause weg und sogar noch vor dem Essen durch einen anderen Park gingen, der auf zu einer anderen Newa Brücke führte. Hier sorgten zwei Gitarrenspieler mit Ihren netten Gitarrenklängen für Aufmerksamkeit. Auch hier hätten wir ruhig noch ein wenig sitzen können - wären wir nicht schon so müde und hungrig gewesen.

Die Tatsache das so viele Künstler hier öffentlich musizierten, malten oder jonglierten gefiel uns schon sehr gut. Immer wieder sah man eine Person mit einer Staffelei unterm Arm umher gehen oder in einem Park vor einem prachtvollen Gebäude sitzen und malen.
In Sankt Petersburg gibt es einfach Unmengen von besonderen Bauwerken, die man an nahezu jeder Straßenecke bestaunen kann. Oft waren davor zum Teil kleine aber auch größere Vorplätze gelegen, auf denen so gut wie immer eine Statue in einem Grünstreifen auf die Vorbeiziehenden blickte.
In den ersten 10 Statuen sahen noch immer Stalin oder Lenin, aber wir merkten schnell das wir uns irrten. Einmal war es Puschkin, der russische Goethe, also Volksdichter, wie wir erfuhren, oder ein uns unbekannter Künstler oder General bzw. sonstiger Adliger.

Uns fiel es immer noch nicht so leicht die kyrillische Schrift zu lesen und deren Namen zu entziffern, aber es gelang uns doch von Stunde zu Stunde besser. Schließlich sind viele Buchstaben der unseren Schrift recht ähnlich und die Ausnahmen konnten wir uns mit der Zeit immer besser merken.

Was uns ebenso auffiel und nicht minder beeindruckte, war die architektonische Abwechslung von Metrostationen. Wahrhaft futuristische U-Bahn Zugänge sahen wir, beispielsweise wirkte eines wie ein gelandetes lila Ufo am Ende eines Parks. In Sichtweite davon erhob sich dann auch noch eine riesengroße Moschee in das Stadtbild, die bei ihrer Einweihung 1913 mit 49 Metern auch gleich die größte Moschee in ganz Europa war. Größer hätte der Kontrast kaum sein können.

Trotz der Faszination für die Stadt gingen wir aber heim und genossen die weißen Nächte von Sankt Petersburg bislang nur bis 22 Uhr, vor so viel Müdigkeit und gesättigt sein mit Eindrücken von unseren nachmittäglichen Touren.

Entgegen dem allgemeinen Jugendtrend im Hostel, legten wir uns auch gleich zum schlafen hin, während jetzt erst Stimmung in der Bude sein sollte und das Hostel auf Hochtouren lief.
Wir kamen uns alt vor, zumindest älter als der Durchschnitt, was wir zweifelsohne ja auch waren. Wir hatten mittlerweile wohl andere Prioritäten bei einem Städtebesuch entwickelt.

Dennoch wollten wir die weißen Nächte auch einmal erleben. Dafür mussten wir uns tagsüber aber eindeutig ein wenig bei den Aktivitäten einschränken, das stand fest. Ansonsten waren wir einfach zu platt abends.

Der Besuch im Katharinenpalast und im Bernsteinzimmer in Puschkin

Die Nacht endete an diesem Tag um 10 Uhr und die letzte Portion unseres „leckeren" Haferbreis wollte, oder vielmehr sollte verzehrt werden, bevor es losging.

Immerhin machten wir uns so recht gesättigt auf dem Weg zum Schloss von Katharina der Großen oder auch Katharina der II. Katharina war die immer noch von den Russen geliebte, deutschstämmige russische Kaiserin, der übrigens als einzige Herrscherin überhaupt der Beinamen „die Große" gegeben wurde.

Sie war und ist mal ein wirkliches Aushängeschild für uns Deutsche, den die Russen hatten sie als gutmütige und volksnahe Zarin im historischen Gedächtnis und das bis zum heutigen Tage.

Nachdem sie ihren, wie sie wohl dachte, etwas unfähigem Mann, die Herrschaft über Russland abluchste, erlebte Russland großartige Jahre, in denen das Volk und die Kultur laut Büchern wahrlich aufblühte.

Um nach Puschkin, den Ort des Kaiserpalastes, ca. 25 km südlich von Sankt Petersburg gelegen, zu kommen, mussten wir erstmals seit unserer Ankunft die U - Bahn nehmen. Die Rolltreppen die in den

Untergrund führen scheinen hier in Petersburg schier endlos zu sein. Man fährt tief unter der Erde, auffallend tief.

Das Hostel sagte uns die Station, an der wir aussteigen mussten um dann in eine Busverbindung umzusteigen. Leider gab es keine direkte Metro Verbindung nach Puschkin. Die schlechte Infrastruktur die wir schon am Flughafen bemerkten, ließ grüßen. Oder warn wir einfach nur verwöhnt von den deutschen Verbindungen? Irgendwie schien das bei uns zu Hause besser zu funktionieren.

Ganz unsicher wie wir waren, fragten wir natürlich im Vorhinein den Busfahrer auch zweimal, ob wir wirklich ganz sicher nach Puschkin zum Katharinenpalast fahren würden. Er verstand uns nicht wirklich aber Puschkin und Katharinenpalast waren wohl gängige Vokabeln, so dass wir schließlich einstiegen und einfach schauten wo wir ankamen.

Zugegeben, etwas unsicher fühlten wir uns schon auf unserer ersten selbstorganisierten Fahrt mit dem Bus und mit der Metro in Russland. Beim ersten Mal U-Bahn fahren hatten wir ja Maria kennen gelernt, die uns vorzüglich half um zum Hostel zu kommen. Mit dem öffentlichen Bus waren wir bislang noch gar nicht gefahren. Wir liefen bislang

Letzten Endes war alles wieder viel einfacher als gedacht und es klappte wie am Schnürchen Nach gefühlten 30 Minuten konnten wir an der richtigen Haltestelle in Puschkin aussteigen. Auch hier machte man sich mal wieder zu viele Gedanken im Vorfeld über Eventualitäten, ähnlich wie bei der Einreise.

Leider war der Palast aber nach dem Aussteigen erstmal nicht zu sehen und wir mussten noch ein paar mal bei Passanten nachfragen und um 3 Ecken gehen bevor wir die Schilder fanden die zum Palast führten.

In Deutschland wäre auch so etwas wieder einfacher. Wieso sollte man auch die Touristen die mit dem Bus zu einer Sehenswürdigkeit kommen wollen irgendwo an einer Nebenstraße aussteigen lassen, wo es nicht mal Geschäfte oder ähnliches gab? Nein, bei uns in Deutschland wären wir direkt vor den Shop gefahren worden bzw. direkt zum Ticketschalter. Höchstwahrscheinlich.

Im Palast endlich angekommen, war natürlich ähnlich wie im Winterpalast, ordentlich viel los. Die Dame am Ticketschalter wollte 550 Rubel von jedem von uns haben (ca. 12€), was ein ganz ordentliches Sümmchen für unser Tagesbudget bedeutete. Damit der kostbare Holzdielenboden des Schlosses zudem auch schön ordentlich blieb, bekamen wir für das Geld gleich noch Wegwerf - Überziehschuhe gratis dazu.

Wir sahen uns das Schloss gewollt alleine und ohne Reisegruppe an. Zum einen hätte eine Tour noch mal etwas gekostet und wir empfanden es zudem auch als ganz angenehmer, uns die Räumlichkeiten in unserem eigenen Tempo ansehen zu können.

Leider gingen ohne viel schwafelnden Reiseleiter natürlich auch einige Informationen an uns vorbei, die wir uns zwar immer versuchten anzulesen, aber es natürlich dennoch nicht das Gleiche war.

Das Schloss war wahrlich prächtig. Von außen vor allem in blau gehalten mit weiß umrandeten, hervorgehobenen Fenstern die sich synchron und nahezu perfekt an der Fassade hin zu ziehen vermochten. Dazu gab es wieder eine Ecke des Schlosses voller vergoldeter Zwiebeltürmchen was wohl die Hauskapelle des Schlosses darstellen musste.

Im Innenbereich waren die Zimmer prächtigst golden verkleidet und es protzte nur von Details und besonderen Materialien. Viel Barock und Kitsch war zu sehen - so könnte man es auch sagen. Jedoch mit viel Liebe zum Detail.

Leider hatten sie aber für Martina kein Bett aufgestellt in das sie sich so gerne gelegt und es sich bequem gemacht hätte.

Wir waren beide wieder mal müde an dem Tag, aber Martina ganz besonders.

Auf dem Weg durch die vielen Zimmer, staunten wir darüber, wie vielfältig die einzelnen Zimmer eingerichtet waren. Jedes Zimmer hatte sozusagen sein eigenes Thema und seine eigene Farbgebung.

Wir begannen im ersten und ich glaube fast größten Zimmer des begehbaren Touristen Traktes, dem Spiegelsaal. Nicht alles konnte betreten werden.

Ähnlich wie sein Vorbild aus Versailles sollte der Spiegelsaal besonders prächtig sein und so war er voller Kronleuchter, goldener Zierden und unzähligen großen Spiegeln. Mit diesen Spiegeln ließen sich tolle Fotoeffekte vollführen, wie wir uns von anderen Touristen abschauten.

Innerhalb einer genauen, mit einer roten, dicken Schnur abgespannten Route ging es dann weiter zu den einzelnen Zimmern, die jeweils nach einer individuellen Farbe gestaltet waren.

Die dominierende Farbe wechselte dabei nahezu in jeden Zimmer, ebenso die Muster auf den Fliesen und den Möbeln. Alles schien perfekt aufeinander abgestimmt worden zu sein.

Die kostbarsten Dinge waren dabei aus ganz besonderen Materialien hergestellt. Eine menschengroße Anrichte war komplett aus Elfenbein gefertigt und mit so vielen Mustern verziert, dass hunderte, wenn nicht gar tausende Arbeitsstunden dafür nötig gewesen sein mussten. So eine Verschwendung von Elfenbein wäre ja heute undenkbar.

Jedes Zimmer verfügte zudem über einen eigenen Kamin, der mal mehr und mal weniger ins Szene gesetzt war, aber doch immer prächtig wirkte und zum Gesamtbild des Raumes natürlich passte. Meist zog er sich bis zur Decke - und die Decken waren hier gut 5 - 6 Meter hoch.

Manchmal war es schon ein wenig zu kitschig und zu überzogen, Barock eben, und der damaligen Kaiserzeit angemessen. Die Pracht der Königsschlösser war ja auch bei uns in Deutschland sagenhaft überdreht, nur wirkte hier alles ein wenig echter und teurer als wie bei uns.

Schließlich kamen wir zum absoluten Highlight des Schlosses. Das weltberühmte Bernsteinzimmer - the Amber Room. Die deutschen Besatzer hatten dieses Zimmer schon im zweiten Weltkrieg bei der grausamen Belagerung von Sankt Petersburg bewundert und dann wohl auch verschleppt. Lange Zeit galt es deshalb als verschollen und das Original ist noch immer nicht aufgetaucht. Es gibt Vermutungen, die sagen es wurde demontiert und einzeln weiter verkauft, so dass es nie mehr gefunden werden kann. Oder es ist verbrannt bei einer Bombardierung wie es andere Quellen behaupten.
Dieses neue Bernsteinzimmer ist nun ein originalgetreuer Nachbau, welches zur 300 Jahr Feier der Stadt im Jahr 2003 wieder eröffnet wurde. Unser damaliger Kanzler Schröder und bekennender Putinfreund war damals bei der feierlichen Wiederöffnung übrigens vor Ort, auch weil deutsche Firmen den Wiederaufbau zu einem großen Teil mit bezahlten. Der Nachbau erfolgte möglichst detailgetreu und historisch, an alten schwarz -weiß Fotografien angelehnt. Auf den alten Fotos waren allerdings nur Ausschnitte des

ganzen Raumes zu sehen. Eine genaue Konstruktion war somit unmöglich.
Dennoch dauerte der Nachbau über 30 Jahre und fast 10 Tonnen Bernstein wurden dabei verbaut.

Das Bernsteinzimmer war, wie es der Name schon vermuten lässt, nun vollkommen von unten bis oben, mit der dunklen, orangenen Farbe des Bernsteins, ausgekleidet.
Sämtliche Bilderrahmen, Mosaike und Fliesen waren aus unterschiedlichsten großen und anders farbigen Bernsteinen angefertigt. Nur der Boden war aus Holz und die Decke war gestrichen. Das Ganze hatte mit dem Licht der vielen Kronleuchter eine besonders warme Ausstrahlung und auch wenn fotografieren verboten war schafften wir es doch ein paar Bilder im Tumult einer vorbeiziehenden Reisegruppe zu machen.
Natürlich ohne Blitz und geschützt vor den Augen der vielen Aufpasser eher aus der Hüfte heraus geschossen.
Das Schloss gefiel uns gut, so dass wir es inklusive Bernsteinzimmer ein zweites Mal abliefen und noch mal ein paar Fotos machten in weniger Gedränge.

Schon ziemlich am Ende führte uns der Weg schließlich durch eine Fotodokumentation, in der die Folgen des 2. Weltkrieges für den Palast und die Region beschrieben wurden.
Die Entwicklung und das höfische Leben waren anfangs prachtvoll auf Gemälden ins Szene gesetzt, bis dann in der Neuzeit die Angst vor dem

herannahenden zweiten Weltkrieg das Schloss halb demontieren lies. Vieles nahmen die Russen mit, aber das Bernsteinzimmer konnte einfach nicht so leicht abmontiert werden. Es war ja fest verbaut. Als die Deutschen dann kamen fiel ihnen nichts besseres ein und so setzten sie den Palast erstmal in Brand.

Die Deutschen im zweiten Weltkrieg wollten Puschkin und Sankt Petersburg damals dem Erdboden gleichmachen und belagerten die Stadt für ganze 871 Tage, also mehr als 2 Jahre, mit dem Ergebnis das über eine Million Menschen, meist an Hunger, starb.

Die beiden Belagerungswinter 1941 und 1942 mussten zudem sehr kalte Winter gewesen sein, mit Temperaturen von unter Minus 40 Grad und Heizmaterial und Brot waren äußerst knapp in der Stadt. Die Menschen fielen damals einfach auf offener Straße vor Erschöpfung um und aßen die Tapete von den Wänden vor Hunger.

Ein grausames Kapitel gemeinsamer Geschichte, das nun fast 70 Jahre her ist, aber bei uns deutschen Besuchern immer noch ein schales Gefühl verursachte. Zumindest bei uns war das so.

Nach Kriegsende wurde wirklich viel Arbeit hineingesteckt, damit das Schloss wieder so imposant wie vorher aussah. Hier gab es auch deutsche Unterstützung, was uns wieder ein wenig zufriedener und ruhiger macht. Die Deutschen hatten Ihre Schuld bekannt und wirklich gut aufgearbeitet.

Zuletzt sahen wir Fotos berühmter Besucher, wie den damaligen US - Präsidenten Bush mit seiner Ehefrau, oder auch die Clintons und auch unser Alt-Kanzler Schröder mit seiner Frau, sowie die Queen of England, waren hier und flanierten durch das Schloss.
Danach galt die Runde durch den Palast als abgeschlossen.

Bevor man das Gebäude verlassen konnte, wurde man aber wie nahezu immer, noch durch einen Souvenirshop gelotst. Dieses Verkaufsmodell kannte man auch von deutschen Museen. Im Shop gab es wirklich alles aus Bernstein zu kaufen, was man sich nur vorstellen konnte.
Beispielsweise war da ein Schachbrett für mehrere zehntausend Euro, ein Teeservice für mehrere tausend Euros, dazu noch Eierbecher und natürlich Schmuck und Ringe bis zum umfallen. So manches sah schon wirklich gut aus und wirkte wunderbar einzigartig. Vor allem die verschiedenen gold - gelb - orangenen Farbe gefiel uns sehr, auch wenn vieles natürlich gar nicht zu uns passen würde und alles unglaublich überteuert war.

Wir gingen lieber mit einem teuer gekauften Stück Kuchen aus dem angegliederten Cafe in der Hand in den Garten. Dort draußen setzten wir uns auf einer Bank in den penibel ordentlich angelegten Schlossgarten mit einem wunderbaren Blick auf das Gebäude und teilten uns das Tortenstück mit Himbeeren, um wieder etwas zu Kräften zu

kommen und das aufkeimende Hungergefühl ein wenig zu besänftigen.
Wirklich immer hatte man Hunger hier.

Nach der Kräftigung machten wir uns draußen auf den Park zu erkundigen. Von dem weitläufigen Schlosspark machten wir viele Fotos, gingen ein Stück des Weges, kamen dann noch zu einem See und legten uns dort in die Wiese bzw. machten erstmal ein wenig Pause. Am See war es gleich viel ruhiger als im Palast und in Sankt Petersburg und zu allem Glück kam auch die Sonne noch etwas hinter den Wolken hervor. Die kurze Ruhe und die Wärme taten gut.
Eigentlich hatten wir uns vorgenommen den Park noch intensiver zu erforschen, aber wir waren beide wieder mal zu erschöpft. Stattdessen einigten wir uns nach kurzem hin und her doch lieber auf den Heimweg.

Ein Mann mir Querflöte der kurz vor dem Ausgang im Schatten der Bäume um Parkbänke stand, hielt unsere Aufmerksamkeit dabei noch ein letztes mal kurz fest und spielte uns sozusagen aus dem Schloss hinaus.
Problemlos fanden wir dieses mal die Bushaltestelle und der Bus brachte uns wieder zurück nach Sankt Petersburg.
Alles hatte reibungslos funktioniert.

Ein weiterer, anstrengender, unglaublich abwechslungsreicher und faszinierender Tag ging damit zu Ende und wir hatten uns wieder etwas angesehen, was sich die meisten Touristen hier ansahen.

Eine Party hatten wir auch heute nicht gefeiert, machten noch immer keinen drauf, tranken noch immer keinen Wodka, sondern liefen uns lieber unsere Füße für diese beeindruckende Kultur in den Bauch.
Wir wussten damit definitiv - allem Anschein nach werden wir erwachsen. Oder waren wir es gar schon? So richtig spießig?

Mit unseren mehr und mehr angestrengten Beinen gingen wir auch an diesem Tag deutlich früher als der Hostel Durchschnitt ins Bett.
Leider machte es das allerdings auch etwas schwieriger einzuschlafen. Gerade abends war das Hostel immer noch voller pulsierendem Leben. Nur gut, dass wir an die Ohrenstöpsel gedacht hatten. Ach ja - und die Amerikaner im Hostel waren bislang die rücksichtslosesten und dreckigsten Mitbewohner die wir in der ersten Woche hatten, so ganz nach dem Motto „uns gehört die Welt!", dachten wir uns. Irgendwie sind die Amis schon alle sehr selbstgefällig und arrogant in ihrer Kultur und ihrem Auftreten. Oder handelte es sich dabei wieder nur um ein weiteres Male um eine sich selbst erfüllende Erwartungshaltung?

Der Dostojevski Tag in der Heimatstadt
Ein weiteres Highlight unserer Woche in Sankt Petersburg war bestimmt der Dostojevski Tag, der

uns in Bereiche der Innenstadt zog, wo wir noch mal ein ganz anderes Gesicht der Stadt entdecken sollten. In einer englischen Stadtzeitung die im Hostel auslag las Martina von dem Dostojevski Tag der zur Erinnerung an den weltberühmten Schriftsteller und Ehrenbürger der Stadt, jährlich abgehalten wurde.

In dieser Stadt entstand sein Buch „Schuld & Sühne", welches Martina als Reisevorbereitung schon gelesen hatte und ich gerade dabei war es zu lesen. Ein tolles Buch über die menschliche Seele und ein Psychogramm eines eigentlich guten Menschen, der sich in einem bösen Schicksal aus Mord und Habsucht verrennt.

Bereits im Vorfeld der Reise versuchten wir uns mit Tolstoi und Dostjoveski, als Vertreter der russischen Weltliteratur, ein Bild von der russischen Seele zu machen. Wir wollten es eben genauer wissen mit den Russen.

Jetzt hier an diesem Ort in dieser Stadt zu stehen, in der das Buch welches wir gerade gelesen hatten oder lasen, spielte, war etwas ganz Besonderes für uns.

Die Petersburger waren auch heutzutage noch immer sehr stolz darauf, dass Fjodor Michailowitsch Dostojevski ihre schöne Stadt so sehr liebte und ihr dabei gar den Glanz von Moskau vorzog. Ein alter Rivalitäts- und Machtkampf zwischen Moskau und Petersburg, oder Leningrad wie Petersburg früher auch hieß, wurde hier einmal zu Gunsten von Petersburg entschieden.

Für den Stadtspaziergang in die Innenstadt, suchten wir uns den in der Zeitung beschriebenen Platz auf der Karte vom Hostel, fragten uns so gut es ging durch und standen plötzlich in einer Menschenansammlung vor einer großen Statue des literarischen Meisters Dostojevski.

Darum herum gesellten sich festlich elegant gekleidete Schauspieler, deren Kleidung der damaligen Zeit entsprechen sollte. Das Ganze hätte auch wie eine Demonstration oder Kundgebung anmuten können. Ein bärtiger, lauter Mann mit Megaphon schwor die Zuschauer nach einer Ansprache darauf ein ihm anscheinend zu folgen. Das Ganze war sehr interessant und fasziniert auf uns und hatte ein wenig den Charme einer revolutionären Szenerie, was anfangs auch leicht mulmige Gefühle in uns auslöste. Schließlich war Ärger das Letzte was wir bekommen wollten. Nicht das wir noch als subversiv handelnde Agenten des Westen gelten.
Wir beobachteten also weiter das Geschehen und auch wenn wir kein Wort verstanden von dem was hier lauthals russisch in die Welt hinaus gerufen wurde, faszinierte uns das Treiben. An einem Marktstand unweit der Menschenmenge sahen wir dann auch unser erstes „Souvenir" liegen - ein weißes Dostojevski T - Shirt, was uns beiden so gut gefiel und für 7 Euro auch noch erschwinglich war. Wir nahmen also beide eines mit.
Die Menge kam anschließend in Bewegung und wir schlossen uns der Sogwirkung an und wurden mit allen Anderen zu einer prachtvoll mit Fahnen und

Fähnchen geschmückten Straße in eine Fußgängerzone geführt. Dort war ein Freilufttheater mitten in den Gassen der Stadt aufgebaut worden.

Mit passender Musik wurden die Zuschauer dort begrüßt und es dauerte nicht lange bis das Treiben auf der Bühne begann. In einer Art Tanztheater, mit viel bombastisch, hinterlegter Musik und unglaublichem, schauspielerischem Ausdruck in Mimik und Gestik der Gesichter, wurden anschließend verschiedene Theaterstücke von Dostojevski aufgeführt.

Es war kein einzelnes, ganzes Stück, sondern es kamen die Namen vieler Figuren von Dostojevski vor. Das fiel uns auf. Wir erkannten sogar einige Szenen des Schauspiels wieder bzw. bildeten uns ein, dass könnte jetzt diese oder jene Szene sein von „Die Brüder Karamasov" oder „Schuld und Sühne". Die Namen der Protagonisten der verschiedenen Geschichten waren sogar ohne Russischkenntnisse für uns verständlich.

Zudem waren das die beiden berühmtesten Bücher von Dostojevski. Beide sehr lesenswert übrigens, auch „Die Brüder Karamasov" und das wenn sie auch schon fast 200 Jahre alt sind.

Wir lauschten für eine gute Stunde der Musik, sahen dem Theater zu und machten einige Filme mit der Kamera.

Schließlich zog uns der Hunger wieder zurück Richtung Hostel. Zudem wollten wir uns heute nachmittag etwas Kraft aufsparen für den Abend.

Denn der Samstag war damit noch nicht zu Ende und irgendwie war dieser Tag vor allem Martinas

Tag. Dank ihres morgendlichen Zeitung Lesens, sollten wir endlich auch die weißen Nächte einmal etwas ausgiebiger nutzen.

„Feramonz" live in Sankt Petersburg
Neben der Dostojevski Veranstaltung fand sie nämlich noch ein Konzert in der Zeitung, welches uns interessierte und in einem Klub ganz in der Nähe stattfinden sollte. Die russische Band „Feramonz" fand sich an diesem Abend dort ein. (vgl. Youtube).
Von Anfang an interessierte uns beide auch diese etwas andere, kulturelle Seite von Sankt Petersburg. Jedoch kamen wir beim Besten Willen bislang nicht dazu, abseits der typischen Touriziele, die Kraft für Konzerte oder Bars am Abend zu haben.
Und auch das Geld war ein wenig zu fest in unserer Tasche, was ja gut war.
Heute Abend aber beschlossen wir nach einer kleinen Ruhephase auf dieses besagte Konzert zu gehen. Schließlich mussten wir ja auch mal feiern - mit echten Russen in den weißen Nächten!
Wie es sich gehört für ein Punk-Konzert kauften wir uns erstmal ein paar Dosenbier und fanden schließlich nach langem suchen auch den Club. Leider hatte der aber noch geschlossen als wir ankamen.
Es ist wirklich lange hell in dieser Stadt zu dieser Jahreszeit und so saßen wir uns in der Nähe des Clubs auf den Bürgersteig in die Sonne und das obwohl es schon kurz vor 21 Uhr war. Wir leerten unser Dosenbier und gingen anschließend in eine

Bar die über den Club gebaut wurde. Dort tranken wir noch mal ein Bier und warteten auf den ersehnten Einlass zum Konzert der erst um 22 Uhr war wie wir hörten. Eigentlich hätte es ein wenig früher losgehen sollen aber die Leute ließen noch auf sich warten.

Die Bar wirkte vor allem sehr amerikanisch auf uns, mit einer dieser typischen langen Bars mit vielen Hockern davor und den glamourös wirkenden Zapfhähnen zum Bierausschank.

Dazu gab es eine große Whisky und Wodka Auswahl im Hintergrund. Durch die Gestaltung mit Holz hatte es eher etwas von einem Salon aus dem wilden Westen, als von einer russischen Bar. Doch wie war eigentlich eine typisch, russische Bar gestaltet? Wir kamen nicht darauf und fanden an diesem Abend trotz mehrerer Besuche auch in anderen Bars, keine für uns passende Vorstellung einer russischen Bar. Doch irgendwie komisch oder? Eine Bar war eben nicht wirklich russisch. So wie der Espresso sicher italienisch war, war die Bar sicher nicht russisch.

Vieles wirkte oft so modern und austauschbar in der heutigen Zeit, egal in welcher Stadt auf der Welt man sich auch Befand.

Die Bar und der Club in den wir gingen, hätten genau so gut in München oder Nürnberg sein können. Der Unterschied lag aber eindeutig in der Mentalität des Publikums.

Insgesamt fanden wir es aber die ersten Tage im Land doch erstaunlich, wie viel US - Kapitalismus bzw. damit verbundene Unternehmen wie Subway,

Pizzahut und Mc Donalds, sich doch schon hier niedergelassen hatten.

Das alles musste unserer Meinung nach in den 20 Jahren seit dem Zusammenbruch der Sowjetunion und der darauffolgenden GUS passiert sein. Während des kalten Krieges, konnten wir uns solche Einflüsse nicht vorstellen.

Durch den ganz eigenen Weg den Russland in der Geschichte immer gegangen ist, dachten wir uns das Land sei uns viel fremder.

Jetzt aber blickten wir auf eine Stadt, die von den Geschäften, Bars und Restaurants einen äußerst westlichen Eindruck in uns hinterließ.

Klar, da waren die typischen Zeichen des Kommunismus die wir mit der Zeit immer besser verstanden, wie beispielsweise die prachtvollen, öffentlichen Gebäude und die Unmengen von Staatsbediensteten die man sah, wenn man sich aufmachte um z.B mit der Metro oder dem Bus zu fahren.

Dennoch schienen die Unterschiede oftmals nur auf den zweiten Blick erkennbar und wir waren etwas enttäuscht von der „Gleichheit der Kulturen". Wir befanden uns sozusagen inmitten einer „kulturell globalisierten Gesellschaft" und wollten in Russland eigentlich ein Gegenstück zum westeuropäischen Modell kennen lernen.

So gegen 22 Uhr, es war immer noch sehr hell draußen und spürbar kaum mehr Leute waren gekommen, ging es endlich los.

Nachdem wir in der Bar über dem Club unser Bier leer getrunken hatten, mussten wir für das Konzert

in den Keller des Gebäudes. Für 300 Rubel und somit fast 7€, wurde es da unten richtig laut und wild und deshalb war der Preis auch völlig in Ordnung. So laut, verrucht und modrig hatten wir es in dem Keller erwartet.
Die Musik war zwar nach unserer Meinung nicht gerade eine Mischung aus Indie und Alternative wie in der Zeitung beschrieben, sondern entsprach eher einer Mischung aus Punk und Hardcore. Die Atmosphäre in diesem Club mit den niedrigen, alten Kellergewölben hatte aber etwas besonders an sich.
Es war amüsant die Russen beim tanzen, springen und trinken zu beobachten. Ins Gespräch kamen wir leider mit keinem.
Auch dieser Moment bzw. diese Tatsache, dass man jetzt in dieser Sekunde in Sankt Petersburg steht und dieses Konzert erlebt, hatte eine besondere, innewohnende Faszination auf uns. Das war cool. Genau wie den Tag zuvor im Schlossgarten des Katharinenpalastes.

Nach ein paar Stunden im Keller rauchten uns die Ohren von der lauten Musik und da wir nicht mitten in der dunklen Nacht heimgehen wollten in dieser doch noch fremden Stadt, machten wir uns auf den nachhause Weg.
Mittlerweile war es schon um Mitternacht und doch war es erstaunlich hell als wir den Club verließen und uns auf den Rückweg zum Hostel aufmachten. Lustig und angetrunken wie wir waren, kamen wir dort aber nicht direkt an. Es war ja unsere Feiernacht und so kamen wir nicht darum

herum, in einige der vielen Bars am Wegesrand einen Blick zu werfen und auch hinein zu gehen.

So tranken wir an dem Abend noch unseren ersten, allerdings selbst gekauften, Wodka nach ganzen 5 Tage in Russland. Das hätten wir anfangs nicht gedacht. Aber was war eigentlich unserer Vorstellung von den Russen?

Vielleicht, dass diese einem überall und am besten noch auf offener Straße Wodka einflössten, selbst wenn man nicht wollte, musste man sozusagen der Gastfreundschaft wegen erstmal mit allen trinken?

Was war das wieder für ein Klischee! Wir erwarteten wohl, dass uns bereits der Zollbeamte am Flughafen der unser Visa kontrollierte, gleich mal einen einschenkte und zu prostete?

Das war natürlich eine sehr naive Vorstellung von dem Land. Jedoch hörten wir genau diesen Satz im Vorfeld von vielen Leuten. Ach ja, die Russen trinken Wodka, immer und überall. Es sollte noch bis zum Zugfahren dauern, bis wir dem Klischee etwas abgewinnen konnten.

Jedenfalls gingen wir in die verschiedenen Bars auf dem Nachhause Weg und schauten uns dort jeweils nach einem gemütlichen Sitzplatz um.

Irgendwann waren wir in einer nicht ganz so vollen Kneipe gelandet, die zum Einen Platz zum Atmen bot als wir uns an den Tresen setzten und in der zum Anderen eine übriggebliebene und wohl schon stark dezimierte Hochzeitsgesellschaft noch die letzten Reste Vernunft verfeierte.

Ich wurde von denen, warum auch immer, noch zum Tanz aufgefordert, was ich allerdings

widerwillig nur ein wenig bis zum Ende des Liedes mit machte.
Irgendwie war mir das doch alles nicht so geheuer mit den betrunkenen Russen. Ich verstand ja kein Wort von denen, nur die Gesten waren eindeutig das ich mich zu ihnen gesellen sollte und mittanzen sollte.
Zurück am Tresen der Bar war es aber dann soweit. Martina hatte in der Zwischenzeit bestellt und ganz überrascht tranken wir unseren ersten Wodka in Russland, den Martina noch dazu ausgab. Nun - wie war der Geschmack? Na ja, Wodka eben. Wir waren eben beide keine Kenner in dem Getränk.
Auch in dieser Bar stellten wir wieder fest, dass die Bars wohl weltweit alle ähnlich ausschauten und auch ähnliche Musik spielten. Auch hier war für uns nichts eindeutig russisches auszumachen.

Es war jedoch schön und entspannend mit Martina an der Bar zu sitzen und zu wissen, das die erste Woche mit so vielen neuen Erfahrungen so gut geklappt hatte und wir die ersten Herausforderungen, wie das Kaufen der Zugtickets bzw. die selbstorganisierte Fahrt nach Puschkin zum Katharinenpalast, so gut hinbekommen hatten.
Hier war er das erste Mal ganz bewusst - ein Moment des Glücks und der Zufriedenheit auf der Reise.
Das Trink - Klischee bestätigte sich an diesem Abend aber dann doch noch ein wenig. Auf dem Gang nach Hause liefen uns schon einige stark alkoholisierte Russen über den Weg, mit denen man am besten nicht aneinander geraten wollte.

Nachts war die Stadt schon deutlich betrunkener. Wir waren wohl bislang einfach immer zu früh im Bett für solche Beobachtungen.
Dabei fiel noch auf, dass Martina insgesamt in dieser ersten Woche schon deutlich mehr Betrunkene in der Stadt umher laufen sah als ich. Irgendwann sah sie dann auch tagsüber auf unseren Touri-Touren viele Betrunkene und wies mich darauf hin. Sie wurde sensibilisierter als ich.

Ich weiß wirklich nicht ob es schlimmer war als bei uns, oder wir einfach einer Wahrnehmungsverzerrung oder Erwartungshaltung auf den Leim gingen.
Der Reiseführer und das Kulturschock Buch über Russland jedenfalls gab Martina und den in Deutschland gehörtem Klischee eindeutig Recht. Die Russen hatten laut Statistik mehr Alkoholprobleme als die Deutschen.

Der letzte Tag in der Stadt
An unserem letzten vollen Tag in Sankt Petersburg waren wir nach der durchzechten Nacht faul - also so richtig faul!
Das schlafen im 6 - Bett Zimmer, welches während der einen Woche in der wir es benutzten, doch immer unruhiger wurde durch ständig wechselnde Gäste, fordert seinen Tribut.
Natürlich trug die lange Nacht auch dazu bei, das wir kaputt waren, aber insgesamt bewegten wir uns wohl zu viel in dieser Stadt und sahen und erlebten

dabei zu viel. Es war eine ganze Menge was wir bislang gesehen hatten - und das in einer Woche!

Wie immer beim Alkohol trinken schliefen wir beide leider recht unruhig, aber dennoch relativ lange. Nach dem Aufstehen kochten wir uns erstmal Spaghetti. Es war ohnehin Mittagszeit und ein deftiges Frühstück war angesagt.

Uns war es in der ersten Woche auch wichtig gewesen, immer richtig satt aus dem Hostel zu gehen, um nicht ständig auf der Suche nach Nahrung zu sein, wenn wir ein paar Meter unterwegs waren. Was ohnehin noch oft genug vorkam. Ständig suchten wir Supermärkte oder irgendwelche günstigen Essensbuden, kaum waren wir ein paar Meter weit gegangen.

Nachmittags schlenderten wir bei strahlendem Sonnenschein ein wenig durch den Sommergarten von Peter dem Großen, der nahe dem Stadtpark „Mars Field" gelegen war.
Der Garten des Zaren war wirklich schön gestaltet, mit vielen pompösen Brunnen und griechischen Götterstatuen die darin badeten. Natürlich zog das aber wieder viele Leute an, so dass wir lieber wieder gingen. Heute war uns das zu viel.

Den Abschluss unseres letzten ganzen Tages bildete dann der zweite Einsatz unserer mitgebrachten Picknickdecke aus Deutschland. Wir legten ein kleines Nickerchen auf der Wiese am „Mars Field" ein. Das tat gut.

Zurück im Hostel waren wir froh zusammen packen zu können und auf eine nächste Reise zu gehen. So schön das Cuba Hostel war, umso anstrengender wurde das 6 - Bett Zimmer mit ständig wechselnden Mitreisenden von Tag zu Tag. Einzig und allein Sergio aus Mexico war dabei ein netter, konstanter Kontakt, den wir die gesamten 6 Tage über hatten und in Moskau sogar noch einmal wieder sehen sollten auf dem roten Platz.
Die anderen Mitbewohner kamen mal aus New York, mal aus Malaysia und England. Alle waren aber noch recht jung und feierwütig, so dass man sich zum Teil gar nicht oft sah.

<u>Am Moskauer Bahnhof von Sankt Petersburg</u>
*** „Das also war der Anfang! Die erste Woche ist um und wir sitzen am Bahnsteg des „Moskauer Bahnhofes", einem von 5 Fernbahnhöfen der Stadt, um von Sankt Petersburg in die russische Hauptstadt zu fahren. 1851 wurde diese prestigeträchtige Strecke als erste Fern - Bahnstrecke in Russland eingeweiht und wir fahren nun 162 Jahre später in $8^{1/2}$ Stunden und mit einem modernen Zug für ca. 30€ (1259 Rubel) pro Person nach Moskau. Noch immer ist es schwer ein Gefühl dafür zu bekommen was es heißt, über 9 Monate unterwegs zu sein. Das Gefühl in Worte fassen zu, ist noch immer nicht möglich. Konnte ich es mir anfangs gar nicht vorstellen, so

veränderte es sich in der letzten Woche doch schon ein wenig.

Es hat nach wie vor auch etwas seltsames an sich, zu wissen, dass dieses „unterwegs" und „auf Reisen" sein, jetzt erstmal der komplette Lebensinhalt der nächsten 9 Monate sein wird.

Zu wissen, dass es kein eigenes zu Hause mehr gibt in das man zurück fahren könnte. Die alte Erinnerung an ein Leben in Altötting mit dem Job als Ergotherapeut im Kinderzentrum ist schon so weit in die Ferne gerückt, auch wenn alles noch sehr kurz hinter uns lag.

Auch Sankt Petersburg ist nun schon wieder vorüber.

Als wir Russland noch zu Hause in Deutschland planten, erschien eine Woche anfangs lange und versprach viel Zeit um sich vertraut zu machen mit der russischen Kultur und Vorgehensweise. Jetzt am Bahnhof sitzend, unmittelbar retrospektiv gesehen, ging doch wieder alles viel zu schnell. Wir haben eine faszinierende Stadt kennen gelernt, die einerseits so heimisch auf uns wirkte durch die vertraute Architektur und die Gesichter der Menschen. Die Stadt die von Peter den Großen gegründet wurde faszinierte uns sehr, mit den vielen Prachtbauten die an allen Ecken zu finden waren.

Natürlich haben wir uns das angesehen, was Sankt Petersburg bis über die Landesgrenzen hinweg berühmt gemacht hat. Allen voran war das der Katharinenpalast und das Bernstein Zimmer, sowie natürlich der Winterpalast und die Hermitage. Aber uns war es auch wichtig ein weniger kulturhistorisches Sankt Petersburg zu erleben und nicht nur auf den Touristenpfaden weiter zu trampeln.

Wir versuchten unseren eigenen Weg in der Stadt zu gehen und besuchten den wunderbar gestalteten Dostojevski Tag und das Feramonz Konzert.

Hier sitz ich nun - in diesem Moment am Bahnhofssteig in Sankt Petersburg - und ich frag mich selbst nach dem ersten Eindruck der ersten Woche unserer Auszeit.

Ich merke wie viele falsche Vorstellungen ich über Russland in mir umher getragen habe. Woher kommen die alle nur, frage ich mich? Hollywood? Zeitung ? Fernsehen? Schon irgendwie erschreckend, wie man manipuliert wird in seiner Meinungsbildung, ohne es wirklich mit der gebotenen Ernsthaftigkeit zu hinterfragen.

Russland, besser gesagt das was wir bisher gesehen haben, ist sauber, vielleicht sogar sauberer als bei uns. Petersburg ist unglaublich historisch und leider auch teuer, dafür aber genau so modern wie jede andere (europäische) Großstadt auch.

Man hatte manchmal das Gefühl die ganze Innenstadt wäre ein einziges Denkmal und die vielen Brücken und Newa - Kanäle gaben einem manchmal das Gefühl in einer Filmkulisse des frühen 20. Jahrhunderts umher zu wandeln.

Vieles ist bereits aufwendig und liebevoll renoviert worden. Auf den zweiten Blick entdeckt man dann aber doch noch vor sich hin bröckelnde Sowjet Fassaden und uralte Fenster, die zwar einen ganz eigenen Charme versprühen, aber wohl auch so alt wie das Haus selbst zu sein schienen. Also um die 100 Jahre. Bei den bis zu - 40° Grad Celsius die es in einem zugigen, kalten Winter hier in Sankt Petersburg haben kann, war das nicht unbedingt eine angenehme Situation.

Wir sind in diesem Moment einfach nur gespannt was weiter noch alles auf uns zu kommt, den wir stehen ja erst am unmittelbaren Anfang einer ganz besondern Zeit.
Wahrscheinlich der Zeit im Leben, an die man ewig zurück denken wird. Ganz bestimmt sogar!
9 so besondere Monate vergisst man nicht so schnell. Wie einprägsam waren mir einige besondere Tag in meinem Leben bisher schon gewesen… Auch in meiner Vergangenheit waren Tage dabei, die sich sofort und ganz unwillkürlich in großer Erinnerung gehalten hatten.
Nun gab es noch so viele Tage voller Besonderheiten vor uns, dass sicherlich noch einige ganz besondere Momente auf uns warten werden.

Jetzt gehts aber auf in die Hauptstadt der Bolschewiki, zu Lenin, Stalin & Putin, auf gehts nach Moskau, der Mutter aller russischen Städte wie es im Reiseführer so schön heißt.
Wir fahren in diesem Moment von der ehemaligen Hauptstadt Sankt Petersburg in die alte und neue Hauptstadt Moskau.
Den Zug fanden wir übrigens recht unkompliziert. Es ist praktisch, dass die Bahnhöfe in Sankt Petersburg dezentral gegliedert sind, das heißt unser Bahnhof der nach Moskau führt war nicht zu groß und nicht zu klein und die Anzahl der Gleise

war ebenfalls recht übersichtlich. Mal ein Pluspunkt für die Infrastruktur." ***
(Original Auszug aus dem Tagebuch)

Moskau // MOCKBA *(8.7.2013 - 14.7.2013)*

Moskau
Fremd und geheimnisvoll
Türme aus rotem Gold
Kalt wie das Eis
Moskau
Doch wer dich wirklich kennt
Der weiß, ein Feuer brennt
In dir so heiß

Kosaken hey hey hey hebt die Gläser
hey hey
Natascha ha ha ha du bist schön
Towarisch hey hey hey auf das Leben
Auf Dein Wohl Bruder hey Bruder ho
hey hey hey hey

Moskau, Moskau
Wirf die Gläser an die Wand
Russland ist ein schönes Land
Ho ho ho ho ho, hey

Moskau, Moskau
Deine Seele ist so groß
Nachts da ist der Teufel los
Ha ha ha ha ha, hey

(Auszug aus dem Song von „Dschingis Khan - Moskau")

Der Zug in die Hauptstadt machte einen wirklich geräumigen und modernen ersten Eindruck. Ähnlich nobel wie im ICE wirkte das Interieur wie man so schön sagt, wobei die Sitzabstände zum

Vordermann deutlich größer waren als in den uns bekannten deutschen Zügen und wir somit ordentlich Platz vor unseren Füßen hatten.

Das war perfekt für unsere großen Trecking - Rucksäcke, da diese doch ihren unmittelbaren Platz bei uns fanden sollten.

Das Reisetempo erschien zügig und ganz gespannt warteten wir auf die Einfahrt in die russische Hauptstadt. Es sollte für uns noch etwas Besonderes werden, die Städte oft vom Zugfenster aus zu verabschieden und zu begrüßen. Und gerade Moskau war eine Stadt die gerade mich magisch anzog.

Warum war das eigentlich so?

Nun ja, irgendwie fand ich den Kommunismus schon immer spannend. Ich dachte mir schon oft das einige Werte, wie Gleichheit und Brüderlichkeit, eigentlich besser waren als dieses uns „Westlern" bekannte Konkurrenzdenken. Zudem war die Stadt nahezu nicht zu erobern für viele Angreifer. Schon seit jeher. Nur Napoleon war mal kurz in der Stadt. Anschließend wurde er allerdings in der Völkerschlacht von Leipzig auf dem Rückzug vernichtend geschlagen. Viele waren auch zuvor schon an Moskau gescheitert. Das mussten schon besonderen Leute sein - diese Russen. Nicht zu vergessen, dass Russland schließlich einmal die einzige, doch so gegensätzliche Supermacht zu den USA darstellte. All das schien ich in Moskau hinein zu interpretieren und meine Vorfreude diese Stadt zu erleben, wuchs nahezu mit jedem Kilometer, die wir der Stadt näher kamen.

Nach 5 Stunden Zugfahrt und etwas mehr als der Hälfte der 8 1/2 Stunden Zugfahrt wurde unser Sitzfleisch aber vorher nochmal hart auf die Probe gestellt.
Ich hielt es nicht mehr aus weiter zu sitzen und überlegte schon wie es wohl bei der Transsibirischen Eisenbahn sein wird. Und das obwohl hier die Sitze noch Comfort ausstrahlen. Ob wir das wohl auch von der transsibirischen Eisenbahn erwarten konnten?

Der Zug war glücklicherweise ziemlich breit und man konnte trotz der vielen Sitzreihen, leicht hindurch ein wenig spazieren gehen. Was uns sehr gefiel im Zug, war ein kleiner Sanitärbereich, gleich beim Einstieg, der aus einem Waschbecken, einem Spiegel und einem Kessel voll heißem Wasser bestand.
Dieses heiße Wasser sollte es in jedem russischen Zug kostenlos geben und wir lernten es ab diesem Zeitpunkt bereits sehr zu schätzen. Es war ideal um sich mit Tee und Instantnudeln bzw. Instant - Kartoffelbrei, selbst zu versorgen.
Ähnlich wie auch bei uns in Deutschland wurden während der Fahrt jedoch auch von einer Staatsbediensteten immer wieder Getränke und Chips angeboten und bei einem längeren Stop von ein paar Minuten entdeckte ich auch jemanden, der am Bahnsteig Essen verkaufte. Darüber hatten wir schon im Reiseführer gelesen.
Das wird hoffentlich bei der Fahrt mit der transsibirischen Eisenbahn auch so sein dachten

wir, damit sich unsere Mahlzeiten im Zug nicht nur auf Instandnudeln beschränken würden.

Hatte man den Ruheschmerz vom Sitzen aber erst einmal hinter sich gelassen, war es dann schnell auch wieder OK und mal eine etwas erzwungene Ruhezeit zu haben. Das tat eigentlich auch ganz gut nach der Rennerei in Sankt Petersburg.
Rückblickend verging so die Zugfahrt dann doch auch recht schnell.
Wir beschäftigten uns beispielsweise mit Fotos aussortieren am Computer, was wir immer so $1^{1/2}$ Stunden machen konnten, bis der Akku leer war. Immerhin hatten wir bereits über 1000 Fotos in Sank Petersburg gemacht. Es war gut die schlechten Fotos gleich auszusortieren. Zu Hause hätte man ansonsten so viele Fotos auf einmal zu bearbeiten gehabt, das wäre wohl eine leichte Überforderung geworden.
Dazu schrieben wir Tagebuch, malten, hörten Musik, spielten am Handy und natürlich lasen und schliefen wir.

Moskau erreichten wir gegen 20 Uhr am Abend und somit pünktlich nach Fahrplan. Es war faszinierend vom Zugfenster aus diese unglaublichen, großflächigen und hohen Plattenbauten der Vororte zu passieren. Das war sozialistischer Lebensstil par exellence und in einigen Vierteln mussten wohl zehntausende Menschen auf engstem Raum wohnen.

Solche geplanten Mega - Plattenbauvierteln hatten wir noch nie gesehen und sollten wir auch in der Form auf der ganzen Reise nicht mehr sehen.

Das Moskau eine riesige Stadt war, bekamen wir von Anfang an mit. Dies sollte uns aber nicht nur durch die Plattenbausiedlungen in den Vororten vor Augen geführt. Die Einfahrt dauerte. Wir rollten ewig, bis wir ins Zentrum der Stadt kamen. Mit rund 12 Millionen Einwohnern gilt Moskau als die größte Stadt in Europa, noch vor London, und natürlich galt die Stadt als das wirtschaftliche und politische Zentrums Russlands. Im gesamten Ballungsraum stieg die Einwohnerzahl auf über 15,5 Millionen Einwohner. Das war viel! Verdammt viel. Sozusagen nahezu ganz Österreich und die Schweiz in einer Stadt versammelt. Oder mehr als es in ganz Bayern Einwohner gab in eine Stadt gepresst.

Unsere erste hautnah Begegnung mit den Moskauern fand am Leningrader Bahnhof statt. Hier war echt einiges los. Unsere Orientierungsfähigkeiten waren mal wieder auf den Prüfstand gestellt, doch den Weg zur Metro fanden wir dann doch relativ schnell und problemlos durch das markante „M", dem wir einfach folgen mussten. Nur welche Richtung mussten wir jetzt nehmen? Wir wussten zwar die lateinische Bezeichnung unserer Haltestelle - Kitay Gorod - aber wir hatten keine Ahnung wie es auf kyrillisch geschrieben aussah. Auf den Tafeln fanden wir zu Beginn erstmal nichts was uns weiterhalf.

Durch eine aufmerksame Russin, die uns wohl etwas hilflos umherstehen sah, wurde uns schließlich geholfen. Ich bemerkte ihre Neugierde auf uns und ich sprach sie an um nach Hilfe zu fragen. Durch ihre Navigation fanden wir den Weg zur richtigen U - Bahn Seite schließlich.

Im Nachhinein meinten wir zwar ganz selbstbewusst, wir hätten den Weg bestimmt auch alleine gefunden. Dennoch waren wir auch mal froh um kleine Erleichterungen, denn unsere innere Anspannung bei Neuankünften in einer Stadt war doch noch groß. Schließlich ging wieder alles von vorne los. Unterkunft finden, Zimmer beziehen, orientieren, überlegen was man sehen will und Essen organisieren. Das letzte war fast am wichtigsten - jedenfalls für mich. Diesem Rhythmus sollten wir noch oft begegnen.

Als wir von der richtigen Metro Haltestelle wieder zurück auf die Oberfläche gehen wollten, stellte sich schon die nächste Richtungsfrage, denn welchen der vielen Ausgänge nach oben sollten wir nehmen? In Kitay Gorod gab es anscheinend sehr viele Ausgänge.

Irgendeiner war uns dann nach einer kurzen Orientierungslosigkeit gut genug und den restlichen Weg zum Apple Hostel fanden wir wiederum durch Hilfe von Passanten. Diesmal waren es angetrunkene, junge Erwachsene , die auf der Straße vor einer Bar umher lungerten und rauchten. Wir sprachen sie an bevor wir merkten, dass die Gruppe schon ordentlich was gezwitschert hatten. Das Vertrauen in ihre Aussagen begann daraufhin etwas zu sinken und anfangs wusste auch keiner was von dem Hostel.

Dank dem mobilen Internet eines jungen Mannes aus der Gruppe fanden wir dann doch die richtige Straße zu unserem Hostel. Auch wenn keiner der Angesprochenen anfangs wusste wo unser Hostel war, so stellten wir schnell fest, dass wir eigentlich nur noch wenige Meter entfernt waren, vielleicht 200m. Die Straße runter und an der nächsten Kreuzung rechts.

Die jungen Russen wissen wohl selber nicht was sich ein, zwei Straßenzüge weiter befand.

Das grüne Apple Hostel im 4. Stock eines ebenfalls recht unscheinbaren, eingerüsteten Hauses, erinnerte uns ein wenig an das Haus im ersten Hostel in Sankt Petersburg. Es war in die Jahre gekommen und zum Glück für das Haus wurde aber gerade die Aussenfassade erneuert. Nur mit Mühe fanden wir wieder ein kleines Schild des Hostels. Wir zahlten hier 19€ / Nacht und es waren insgesamt 6 Nächte gebucht. (www.applehostel.ru)

Gegen 21 Uhr kamen wir im Hostel an und hier in Moskau begann es zu dieser Zeit schon richtig zu dämmern.

Leider hatte Moskau also keine weißen Nächte mehr. Es lag ja auch bei weitem nicht so nördlich wie Sankt Petersburg. Dennoch gaben uns die weißen Nächte im Nachhinein gesehen auch etwas Sicherheit. Im Hellen fühlte man sich doch einfach wohler.

Wir standen recht hungrig beim einchecken an der kleinen Rezeption des Hostels herum, zeigten schließlich unsere Pässe wie aufgefordert her, ließen unser Visa abermals begutachten und wollten eigentlich nur noch duschen und essen. Die Empfangsdame (wohl eine Studentin) war anscheinend aber so richtig an Entschleunigung interessiert und für Small Talk aufgelegt. Sie wies uns das Zimmer in einem sagenhaften Schneckentempo zu, auch wenn wir vor Hunger schon ziemlich grimmig drein blickten.

Vor allem wenn ich Hunger hab, dann ist nicht gut Kirschen essen mit mir und es geht einfach alles viel zu langsam. Das sagte Martina auch schon immer.

Man durfte aber auch wirklich sagen, dass der Umgang mit dem PC bei der Anmeldung, sowie ihre mathematischen Fähigkeiten beim zusammen Rechnen der Kosten für das Zimmer, nicht die Allerbesten und vor allem nicht die Allerschnellsten waren. Beim Bezahlen der Nächte rechnete sie gleich mehrmals mit dem Taschenrechner nach und präsentierte uns dann ihren Vorschlag, doch lieber erst am nächsten Tag zu zahlen, wenn der Chef da sei. Warum auch immer... Das sei allerdings nur ausnahmsweise betonte sie, denn ein aufgeschobenes Zahlen sei sonst nicht üblich. Als wie wenn wir was dafür konnten?

Was uns gleich zu Beginn gefiel, war dass sich alle immer die Schuhe auszogen beim Betreten der Wohnung. Dadurch wirkte alles gleich viel häuslicher und sauberer, als wie im Cuba Hostel, wo jeder mit seinen Straßenschuhen umher latschte.

Nach gefühlten Stunden hatten wir dann endlich unser Bettzeugs bekommen und Kissen und Bettdecke konnten von uns bezogen werden. Dazu räumten wir einige, oft gebrauchte Utensilien noch schnell aus, duschten kurz ab und gingen nach einer kleinsten Mahlzeit ins Bett. Satt wurde ich an dem Abend leider nicht. Wir hatten kaum mehr etwas und die Supermärkte in dem Viertel hatten schon geschlossen wie wir erfuhren. Hier gab es andere Ladenöffnungszeiten wie bei uns in Deutschland, das fiel uns immer mehr auf.

Leider hatten wir keine abschließbaren Schränke im Raum, was uns erstmals mit der Situation konfrontierte, dass wir Laptop und alles sonstige wertvolle, entweder den ganzen Tag mit uns tragen konnten, oder wir das ganze Zeugs vertrauensvoll im Zimmer verstecken. Über die Hoffnung, dass hier nur ehrliche Menschen ein- und ausgehen, konnten wir am ersten Abend noch nicht viel sagen. Wir schliefen erstmal eine Nacht und schauten uns die anderen Mitbewohner am nächsten Tag genauer an.

Nach dem Erwachen, es war ein Dienstag, regnete es schon seit der Nacht kontinuierlich, mal mehr und mal weniger. Dennoch mussten wir erst einmal zum Supermarkt gehen, um überhaupt frühstücken zu können.

Es machte ja auch nicht soviel Sinn, wie wir noch des Öfteren feststellen sollten, dass man mit vielen Vorräten im Zug die Ortswechsel durchführt. Schließlich war unser Gepäck schon schwer und sperrig genug. Beide hatten wir einen großen Trecking - Rucksack der ziemlich voll war. Dazu hatten wir für mich noch einen kleineren Wanderrucksack dabei, den ich beim Gehen vor dem Bauch trug und in dem meist alles Wertvolle und Elektrische verstaut war. Martina trug meist noch mehrere Umhängetaschen mit allerlei Kleinigkeiten, meist auch dem Essen, mit sich herum.

Mit einem vom Hostel freundlicherweise, geliehenen Regenschirm ging es im schlimmsten Platzregen den Berg hoch. An einer recht belebten, aber jetzt auch leider recht überschwemmten Geschäftsstraße, wurde uns dort vom Hostel der nächste Supermarkt beschrieben.
Leider war der Laden etwas zu teuer nach unserem Geschmack, um die Vorräte für die nächsten Hosteltage gleich komplett zu füllen. Wir merkten die Preisunterschiede vor allem bei den Grundnahrungsmitteln wie Brot, Milch oder Wasser. Also wurde es erstmal ein spartanischer Einkauf um wenigstens Müsli mit Bananen und Milch frühstücken zu können. Sollte Moskau noch mal teurer sein als Sankt Petersburg? Es war eigentlich zu erwarten und auch die Nacht im 6 Bett Zimmer war ja schon teurer.
Beim Wasser hatten wir uns angewöhnt die großen 5 Liter Flaschen zu kaufen und dann in unsere

kleineren Flaschen umzufüllen. Das verursachte zum Einen natürlich weniger Kosten für uns und zum Anderen fiel auch weniger Plastikmüll für die Welt an. Wie viele Plastikflaschen wir wohl noch brauchen werden die nächsten Monate? Ein Gedanke der uns nicht so gefiel.
Das Leitungswasser wollten wir in Russland aber dennoch nicht trinken.

<u>Der sagenhafte, rote Platz und der Kreml</u>
Gestärkt vom Frühstück starteten wir bei leider immer noch leichtem Nieselregen unseren ersten Tag in der Stadt.
Zuvor mussten wir allerdings noch die Entscheidung treffen, ob wir nun den Computer und viele andere, elektronische Wertgegenstände ständig mitnehmen würden wenn kein Safe im Zimmer vorhanden war, oder wir stattdessen ein basales Vertrauen entwickelten und das Zeug im Zimmer lassen sollten.
Wir entschieden uns, das vermeintlich Wertvolle im großen Rucksack zu verstecken und diesen unterm Bett im Zimmer zu belassen.
Auch wenn es anfangs sicherlich ein ungutes Gefühl war, so mussten wir doch auch ein gewisses Vertrauen entwickeln um nicht ständig alles mitschleppen zu müssen. Die Spaziergänge waren zum Teil auch ohne schweres Gepäck schon anstrengend genug.
Ermutigt wurden wir dabei vor allem durch andere Reisende im Hostel, die zum einen alles viel offener umherliegen ließen als wir und zum anderen

oftmals weit wertvollere Geräte mit sich herum trugen als wir.

Unser Laptop war ja alt und klapprig gegen die modernen Luxusteile, die sonst so im Hostel zu sehen waren. Zumindest redeten wir uns das ein und es half auch ein wenig, ein besseres Gefühl bei der Sache zu bekommen.

Unser Weg weg vom Hostel führte uns erstmal einen kleinen Berg hinab. Als der Blick beim hinuntergehen zwischen den Gebäuden etwas freier wurde sahen wir, dass wir bei unserer Hostelauswahl anscheinend in einem leicht erhöhten Vorort von Moskau gelandet waren. Wir hatten einen kleinen Ausblick auf die Stadt von hier oben und erblickten einen etwas älter wirkenden, russischen Wolkenkrater am Horizont vor uns.

Wie wir später noch erfuhren bei unseren weiteren Spaziergängen und Recherchen, gab es insgesamt 7 dieser nahezu gleich aussehenden Hochhäuser aus der Stalinzeit, die auch „die sieben Schwestern" bzw. „Stalinhochhäuser oder Stalinfinger", genannt wurden.

Immer wieder sahen wir einen von den 7 auf unseren Touren durch die Stadt. Anfangs hatte ich deshalb auch mit der Orientierung meine Probleme, da ich dachte - hier war ich ja schon mal, was aber nicht so war.

Durch den kleinen Stadtplan vom Hostel und die Wegbeschreibung der recht bemühten und hilfsbereiten Mitarbeiter, fanden wir den Weg zum roten Platz mehr oder weniger problemlos.

Der erste Eindruck von Moskau war, genau wie schon in Sankt Petersburg, sehr sauber und in unserem Stadtteil sehr verwinkelt. Es gab hier viele kleine Gassen und Straßen die nicht wirklich lange waren und ziemlich krumm manchmal verliefen. Für uns deutete das auf ein gewisses Alter des Stadtteils hin. Schließlich hatte man früher die Häuser unkoordinierter und enger zusammen gebaut, was für uns die Gassen und Winkel erklären würde.

Zu Beginn des Tages mussten wir leider noch mit Regenjacke unterwegs sein, den über uns am Himmel zeigte sich immer noch ein dunkelgrau in grau mit mal stärkerem und mal schwächerem Nieselregen. Den ersten Eindruck von Moskau wollten wir uns dennoch nicht durch die Metro verschaffen, sondern selber mit unseren Füßen eine gewisse Ortskenntnis erlaufen. Das erschien uns gerade anfangs in einer neuen Stadt als wichtig und diese Taktik war schon in Sankt Petersburg ganz gut aufgegangen.
Obwohl uns die prachtvollen und deshalb nicht minder berühmten Metrostationen der Stadt auch interessierten, entschieden wir uns also als erstes mal fürs laufen. Das Hostel lag mit circa 1,5 Kilometer laut Google Maps, auch wirklich nahe am historischen Stadtkern.

Allein der Weg zum roten Platz war schon spannend. Wir passierten bei unserem Gang durch die Straßen diesmal viele recht kleine, russisch - orthodoxe Kirchen, die wirklich bedeutend kleiner waren als all das, was wir aus Sankt Petersburg her kannten, aber dafür nahezu an jeder zweiten Straßenecke standen.

Dennoch waren die Zwiebeltürmchen zum teil vergoldet, was einen recht pompösen Eindruck vermittelte. Moskau schien ja voller Kirchen zu sein und das obwohl die Kommunisten die Religion als „Opium fürs Volk" bezeichnet hatten. Religion und Kommunismus passten anscheinend nicht gut zusammen und dadurch waren laut Reiseführer die letzten 50 Jahre sogar viele Kirchen abgerissen worden.

Je näher wir dem roten Platz kamen, desto mehr fühlte sich die Stadt nach Baustelle an. Sowohl unser Stadtbereich, als auch das Haus vom Hostel und rund um den roten Platz herum, sahen wir viele Baustellen an den gehämmert und gebohrt wurde und Kräne die ihre langen Hälse gen Himmel erstreckten. Die Stand schien sich in einer kleinen Umbruchphase zu befinden.

Glücklicherweise lies der im Laufe des Spaziergangs stärker gewordene Regen am roten Platz wieder etwas nach.

Wir nutzten dies als Gelegenheit um uns am rechteckigen Platz ein wenig um zu sehen und die ersten regenfreien Fotos zu machen.

Der Platz war wahrlich beeindruckend. Seit dem 14. Jahrhundert, also nahezu seit 700 Jahren, bestand dieser Platz an der gleichen Stelle und galt deshalb bereits seit geraumer Zeit auch als das Wahrzeichen von Moskau. Dazu war er einer der berühmtesten Plätze der Welt. Ähnlich wie der Katharinenpalast in Puschkin oder die Hermitage in Sankt Petersburg, zählte auch dieser Platz zum UNESCO Weltkulturerbe. Das war sicherlich mehr als gerechtfertigt.

Markant war sofort die rote Kremlmauer aus Backsteinen und der Nikolausturm als höchster Turm einer ganzen Reihe von Türmen, die sich entlang der mächtig wirkenden Mauer immer wieder erhoben.
Im ersten Augenblick etwas unscheinbar gelegen und damit leicht zu übersehen war das Mausoleum von Lenin, welches sich an der Mauer befand. Da es in der gleichen Farbe wie die dahinterliegende Mauer gestaltet war und es insgesamt ein recht kleiner Quader war, fiel es einem nicht sofort ins Auge. Lenin war in dem Mausoleum seit seinem Tod im Jahre 1924 hier bestattet und eine lange Besucherschlange ging seit jeher hinunter zu seinem Grab. Der Glassarg aus Panzerglas im Keller konnte jedoch nur zu bestimmten Zeiten (vormittags) und an bestimmten Tagen besucht werden, wie wir erfuhren. Heute war das noch nichts für uns.
Rund um den roten Platz mit seiner langen und geraden Kremlmauer, die auf einer Seite eine

Begrenzung bildete, standen prächtige Gebäude, deren Inhalt uns zum Teil noch unbekannt war.
Ins Auge fiel natürlich sofort die Basilius Kathedrale zu unserer linken, die mindestens genau so berühmt war wie der rote Platz selbst und die seit 1561 hier stand und somit bereits stolze 452 Jahre alt war. Erbaut wurde sie von dem berüchtigten Alleinherrscher Iwan den Schrecklichen. Was für eine Ironie dachten wir, dass oftmals gerade die schrecklichsten Tyrannen einen auf großen Gläubigen gemacht hatten. Ein Weg den wir später noch erkunden wollten, führte links und rechts an der Kathedrale vorbei und einen kleinen Berg hinunter, um von dort eine Brücke über die Moskwa, den Stadtfluss, zu nehmen. Das sah schon recht interessant und vor allem imposant aus.
Der rotze Platz lag wie wir bemerkten, auf einem kleinen Stadthügel und an nahezu allen Seiten führten kleine Anstiege zu ihm empor.

Auf der anderen Seite des Platzes und quasi gegenüber der Basilius Kathedrale stand ein imposanter roter Backsteinbau den wir zu Beginn noch gar nicht kannten. Er war mit reichlich Stuck um die weißen Fenster verziert und mit seinen vielen kleinen Türmchen sehr auffallend. Zusammen mit der roten Kremlmauer und der durchaus auch roten Kathedrale, gab auch dieses Gebäude dem Platz gerechtfertigter weise seinen Namen.

In dem Gebäude war das staatlich historische Museum beherbergte, was zugleich das größte historische Museum in ganz Russland war.
Neben dem Museum und der Kathedrale, die den Platz nach vorne und hinten hin begrenzten, stand gegenüber der Kremlmauer das berühmte GUM Kaufhaus. Bei diesem riesigen Kaufhaus handelte es sich ebenfalls um einen prächtigen, fast schon sakral wirkenden Bau, der mehr an den Louvre in Paris oder einen Königspalast erinnerte, als an ein Einkaufszentrum.

Vor dem Kaufhaus und damit mitten auf den Platz, war noch ein seltsamer, mit spiegelnder Oberfläche aufgebauter Kasten zu sehen. Es handelte sich um einen Ausstellungsraum von Dior wie wir beim hingehen erfuhren, der die Umgebung mit seinen Spiegeln stark reflektierte. Was das wohl kostete hier so eine große Werbemaßnahme zu installieren? Kein Wunder warum die Marke so teuer war.
Uns missfiel das Ganze eher, da wir nun immer eine Perspektive suchen mussten, auf denen wir das Werbeobjekt nicht auf unseren Fotos hatten.
Nachdem wir, tief beeindruckt von der Pracht und der Historie dieses Platzes, wieder etwas zu uns kamen, stellte sich die Frage, wohin wir nun als Erstes gehen sollten.

Wir entschieden uns für die St. Basilius Kathedrale, die wie vorhin schon erwähnt, von „Iwan dem Schrecklichen" gebaut wurde.
Auch bekannt unter dem Namen „Iwan der IV.", war er es, der insgesamt 8 mal verheiratet gewesen

war und sich dabei seinen Beinamen redlich verdiente. Er erschlug nicht nur viele seine Frauen mit eigenen Händen oder flößte ihnen Gift ein, sondern tötete darüber hinaus auch seinen eigenen Sohn und Thronfolger im Jähzorn.
Einmal soll er über 200 für ihn Oppositionelle auf den roten Platz grausam hinrichten lassen haben.

Das schizophren Paradoxe an der Geschichte war wie wir fanden, dass gerade er dann diese beeindruckende Kathedrale hinterließ.
Irgendeine innere Unruhe ihn ihm, wollte er wohl mit dem Bau dieser Gotteskirche etwas besänftigen.

Für den Gottesdienst wurde die Basilius Kathedrale mittlerweile aber nicht mehr genutzt und so ist sie zu einem gern besuchten Museum geworden.
Da das Wetter immer noch sehr kalt und nass war, entschieden wir uns auch gleich heute für einen Besuch.
Wir zahlten 250 Rubel pro Person (ca. 6€) und gingen circa 1,5 Stunden in den Räumen umher, um uns einen näheren Eindruck der Pracht und des Glanzes zu verschaffen.

Viele Räume im Erdgeschoss waren äußert bunt bemalt mit vielen Marien- und Jesusbildern. Dazu gab es noch mehr Blumenranken, die sich an den Wänden, über die Decken und Gewölbe hinweg, entlang zogen.
Am Eingang war ein schönes Miniaturmodell der Kathedrale zu sehen, was auch einen Blick von oben auf die vielen Zwiebeltürme zuließ.

Daneben hängte eine Erklärung über Iwan den Schrecklichen, aber leider nur auf russisch. Wir bezogen unsere Informationen deshalb aus dem Reiseführer und wenn wir im Hostel waren, auch aus dem Internet. Das genügte eigentlich auch an Infos.

Nach den ersten Eingangsräumen kamen wir in einen weiteren, prächtigen Raum, dessen große, linke Wand mit kunstvoll gestalteten und vergoldeten Votivtafeln komplett ausgeschmückt war. In unmittelbarer Nähe zur Wand stand zudem ein unglaublich verzierter, goldener Sarg.
Wer sich darin befand, konnten wir auch durch eine spätere Internetrecherche nicht erfahren.
Unser Weg führte uns weiter über viele verwinkelte Ecken und prachtvoll ausgemalte, vor allem kleinere Räume. Ein großes, offenes Kirchenschiff mit einem Altar suchte man hier drinnen vergebens. Vielmehr waren es allem Anschein nach kleine Kapellen von denen die Kathedrale auf allen Ebenen mehrere besaß.
Wir gingen von Raum zu Raum und waren ganz andächtig berührt, von der Schönheit und der liebevollen Gestaltung jedes Quadratzentimeters. Eine Malerei in einem tiefhängenden Gewölbe, mit einem blauen Sternenhimmel, gefiel uns dabei besonders gut.

Obwohl natürlich viele Menschen das Gebäude sehen wollten, hielten sich die Besuchermassen an diesem Tag doch in Grenzen. Für uns bot sich dadurch die erstaunliche Gelegenheit auch mal

„mit einem Raum alleine" sein zu können und wir setzten uns auf die kleinen Bänke die bereit standen in den Kapellen und beobachteten alles ganz genau.

Wie wir nun aus dem Reiseführer erfuhren, bestand die Kathedrale tatsächlich aus vielen verschiedenen Kirchen und Altären, die im Laufe der Zeit immer wieder neu an- und umgebaut wurden. Iwan der Schreckliche legte nur den Grundstein für die erste Kathedrale. Er baute damit lediglich den kleinsten Teil des Ganzen.

Sankt Basilius war ein wirklich beeindruckendes Gebäude, welches kurz vor dem Ausgang noch einen schönen, leicht erhöhten Blick auf den davor liegenden roten Platz bot.

Bevor wir aber hinaus gingen, liefen wir die Kirche noch ein zweites Mal ab, ähnlich wie im Katharinenpalast, und setzten uns zur Rast noch mal ein wenig in einen weniger überlaufenen und doch sehr prachtvollen Raum.

Hier fand man auch mal die Zeit und die Muße an die Familie zu Hause zu denken und fand gleichzeitig noch ein wenig Erholung.

Bislang hielten sich ehrlicherweise die Gedanken an die Familie und an Deutschland noch sehr zurück bei uns. Es war zu viel los um sich ständig mit dem zu beschäftigen was hinter einem lag. Nun galt es erstmal sich mit dem zu beschäftigen was noch vor uns lag.

Sicherlich würde sich dieses Gefühl an zu Hause und an die Familie aber im Laufe der nächsten Monate noch ändern, davon gingen wir aus. So wollten wir auch Weihnachten und meinen Geburtstag im April noch auf der Reise verbringen, Zeiten, in denen man gedanklich viel näher bei der Familie war.

Nachdem wir die Kirche verlassen hatten, zeigte sich uns nun ein leicht blauer Himmel mit vielen Wolken, als wir die Wetterlage in Augenschein nahmen. Das war sehr erfreulich, weckte in uns auch den innerlichen Sonnenschein und gab uns Motivation für eine weitere Runde.
Wir machten viele Fotos mit nun schönem, weiß - blauen Himmel von der Kathedrale und dem gesamten, roten Platz und gingen dann über zur nächsten Besichtigung.

Der Weg führte uns zum GUM Kaufhaus. Martina wollte zuerst gar nicht so recht hinein gehen, denn ihr war das alles zu pompös und gigantomanisch, inszeniert. Ich wollte mir zumindest gerne einen Eindruck verschaffen, wenn wir schon mal hier standen. Mit dem Argument, das Kaufhaus habe bestimmt eine Toilette, konnte ich schließlich auch Martina von einem Kurzbesuch überzeugen.
Auch ich wollte nicht lange bleiben, aber einen kleinen Eindruck wollte ich gerne mitnehmen.
Wir liefen quer über den roten Platz und auf dem Weg zum Kaufhaus bestaunten wir noch einmal das spiegelnde Dior Gebäude. Es war extra für eine Modenschau für ein paar Tage aufgebaut worden. In uns löste so etwas nur Kopfschütteln aus,. Eigentlich erklärte es jedem Besucher glasklar, warum die Marke Dior so teuer war. Vielleicht war

es nicht die Qualität die den Preis ausmachte. Wer hier am roten Platz so seine Kollektion ausstellt, musste wohl ordentlich Geld in die Hand nehmen.

Bevor wir ins GUM - Kaufhaus hineingingen, schaute ich interessehalber beim Vorbeigehen auf eine Speisekarte eines schönen Restaurants an der Aussenfassade des GUM´s. Hier hätte man toll sitzen und essen können mit Blick auf die Kremlmauer, das Museum und die Kathedrale.
Ich entdeckte auf der Speisekarte einen Teller Spaghetti für den Wahnsinnspreis von fast 1000 Rubel, also ca. 25€. Ein unglaublich dreister Preis war das für ein paar Nudeln mit Soße, wie wir fanden. Niemals hätten wir für den Blick, den man ja auch gratis haben konnte, soviel Geld ausgegeben.
Noch mehr erstaunte uns aber die Tatsache, wie viele Menschen dort saßen und etwas aßen und denen dieser Preis egal zu sein schien.

Exklusiv und teuer ging es dann im Inneren des Kaufhauses, welches übrigens bereits 1893 erbaut wurde, weiter. Auf uns wirkte es, als wie wenn viele der Läden nur aus Prestigegründen da waren, also um gesehen zu werden - uns gibt es auch im GUM!
Eine Ausstellung über den 120 Geburtstag des Kaufhauses war gerade aktuell und dazu stand ein Formel 1 - Rennwagen von Ferrari in der Passage. Viele Russen und Touristen ließen sich hier fotografieren.
Wir gingen daran vorbei - so etwas interessiert uns nicht.

Die Fassaden im Inneren waren natürlich alles prächtigst gestaltet und durch eine Glaskonstruktion die das Dach darstellte, war es auch angenehm hell. Es wirkte ein wenig wie die großen Shopping Mals, die es nun überall auf der Welt gab, selbst in Passau oder Regensburg. Natürlich aber war hier alles echter und älter und viel teurer und eleganter.

Wir gingen auf die dort kostenlose, mit Musik bespielte Toilette und bekamen nach einer kleinen Rast mal wieder Hunger. Uns war allerdings klar, dass wir hier nichts essen würden.

Unser Tagesbudget von 40€ wollte auch in Moskau weiter berücksichtigt sein. In der zweiten Woche in Russland merkten wir schnell, dass wir mit den Fahrpreisen für den Zug und den Eintritten zu den Sehenswürdigkeiten, schon einen großen Teil des Tagesbudgets für diese Fixkosten reservieren mussten.

Wir schlenderten über die 3 Stockwerke, gingen aber dabei nicht wirklich in die teuren Designerläden hinein. Hier wurde viel Kleidung, Schmuck und Uhren verkauft. Nahezu alle großen Hersteller waren vor Ort. Uns genügt das Schaufenster und wir staunten nur so über die Preise.

Im Erdgeschoss fanden wir dann einen exklusiven Supermarkt in dem wir uns etwas länger umsahen. Mit Fug und Recht konnten wir behaupten, es war sogar der Exklusivste, den wir bislang jemals betraten.

Hier gab es wirklich alles was man sich nur vorstellen konnte und es schien egal zu sein, woher die Lebensmittel und Dinge auch kamen. Aus allen Ecken der Welt wurden hier Waren angeboten und das alles in einer sehr stilvollen Auslage und Aufmachung. Ganze Weinfässer und edle Holzregale präsentierten beispielsweise den Wein. In einem alten Kontrabass wurden zudem ganz besondere Wein Jahrgänge dargeboten.
Sämtliche Öle, Nudeln, Oliven usw. die es auf der Welt zu geben schien, waren hier penibel aufgereiht und die Auswahl war unglaublich.
Uns viel auf das immer nur das Feinste angeboten wurde. Vor allem viele französische und italienische Waren.
Das war verständlich, so gelten doch die beiden Länder auch für uns ganz klar als die Feinschmecker Nationen.
Die Schokolade kam natürlich aus der Schweiz und Belgien.

Zu unserer Überraschung fanden wir hier bei einem Bäcker ein lecker aussehendes, bezahlbares Brot, was umgerechnet 3€ kostete. Das war in Ordnung und so nahmen wir es zusammen mit einem Süßstück mit. Wir hatten also eine kleine Verpflegung.
Gerade unser bekanntes deutsches Brot ging uns nach so kurzer Zeit doch schon sehr ab. Die Macht der Essgewohnheiten war wirklich groß und alles was wir in Sankt Petersburg und Moskau an Brot fanden für unser Frühstücks- oder Abendbrot, war weich und schlabbrig. Ein Krustenbrot, wie zu

Hause üblich, war im Ausland wohl unbekannt. Das hatte man ja auch anderswo schon so erlebt. Dennoch kauften wir immer wieder Brot, einfach weil es eine billige und gesunde Art war sich zu ernähren. Satt machte dieses Weichbrot allerdings nicht wirklich lange.

Diesmal hatten wir ein Brot vom GUM - Kaufhaus. Das war der Knüller. Wir hätten nicht gedacht hier drinnen etwas zu kaufen.

In einer Sitzecke im GUM aßen wir unser Süßstück und probierten das Brot, bevor wir anschließend aus dem Gebäude raus und zurück zum roten Platz gingen.

Leicht müde, aber frisch gestärkt, machen wir uns in Richtung Moskwa Fluss auf. Dazu ging es hinter der Basilius Kathedrale die besagte, kleine Anhöhe vom etwas höher gelegenen roten Platz nach unten.

Wir kamen auch gleich zu einer großen Brücke, von der man einen Blick ins innere des Kremls werfen konnte. Dazu hatten wir nun ebenfalls freie Sicht auf den Fluss und der sich daran parallel entlangziehenden Kremlmauer, sowie der Basilius Kathedrale im Hintergrund. Diese Szenerie kannte ich aus Filmaufnahmen und es war beeindruckend hier nun mal selbst zu stehen. Ein wirklich erhabenes Gefühl. Und ein dankbares das wir es erleben durften!

Auch wenn wir beide schon wieder einmal müde waren von den vielen Eindrücken des Vormittags, so gab es für mich einfach viel zu viel zu sehen, um sich ruhig verhalten zu können.

Wir gingen bei mittlerweile immer wärmeren Temperaturen und viel Sonnenschein an der Flussmauer entlang, machten wunderschöne Fotos vom Kreml von der anderen Flussseite und peilten eine Statue von „Peter dem Großen" an. Sie war auf unserer Stadtkarte vom Hostel deutlich gekennzeichnet und sollte auf einer kleinen Inselspitze in der Moskwa stehen.

Bevor wir die Statue erreichten, liefen wir noch an einer weiteren, eindrucksvollen Kathedrale vorbei, der „Christ - Erlöser Kathedrale". Diese war eindeutig größer als die Basilius Kathedrale und von außen komplett in strahlendem weiß gehalten. Von ihrer Position aus direkt am Flussufer, blendete sie uns förmlich mit ihren goldenen Türmen die sich im Sonnenlicht spiegelten beim vorbei gehen.
Je größer die Städte wurden, so klarer wurde uns, dass wir uns nicht alles was uns interessiert hätte, auch ansehen konnten. Das war in Sankt Petersburg schon so gewesen und hier in Moskau erst recht so. Auch in einer Woche war das nicht zu schaffen.
Nach dem bereits erfolgten Kirchenbesuch, entschlossen wir uns daher die Kirche links liegen zu lassen. Bei dem mittlerweile schönerem Wetter, wollten wir lieber im Freien bleiben und zur Statue von Peter dem Großen gehen.

An der Inselspitze angekommen stand sie dann auch gleich mit erhobener Hand und dem Rücken zu uns gewandt, imposant vor uns. Die Statue von Peter dem Großen, dem großen Erneuerer und Modernisierer des Lands, stand auf einem Segelschiff und blickte in Richtung des Wassers.
Sie machte den Anschein, komplett aus Metall zu sein, jedoch kamen wir nicht nah genug heran um diesen Eindruck zu überprüfen. Die Statue stand auf einer extra im Flussbett errichteten Plattform.
Peter der Große war während seiner Amtszeit darauf bedacht gewesen Russland zu einer großen Seemacht auszubauen und deshalb passte die Inszenierung vom ihm auf einen Schiff ganz gut.
Zu diesem Zwecke soll er sogar inkognito bei deutschen Werftbauern auf der Walz gewesen sein und dort 2 Jahre anonym mitgearbeitet haben. So erzählt es jedenfalls die Geschichte aus dem Reiseführer.

Noch müder und noch hungriger wie wir ohnehin schon waren, setzten wir uns ein wenig auf die Flussmauer und genossen die wärmende Sonne. Wir entschlossen uns zum Hostel zurück zu gehen, um uns dort ein richtig großes Essen zu kochen und danach eine Rast zu gönnen.

Glücklicherweise liefen wir auf dem nach Hause Weg noch an einem großen Supermarkt vorbei, der natürlich deutlich günstigere Preise hatte als derjenige im GUM und auch günstiger war, als der kleine Tante Emma Laden in der Nähe des Hostels.

Wir kauften richtig viel ein, so dass es für die ganze Woche reichen würde und kochten im Hostel anschließend einen superleckeren Lachs mit Nudeln in einer sahnig-milchigen Zucchini Soße.
Ja wir konnten kochen - im Gegensatz zu vielen anderen Hostelnutzern, die vor allem von mitgebrachten Sachen aus der Stadt, oder der Mikrowelle lebten wie es schien. Mit unserer bislang leckersten, selbstgekochten Mahlzeit auf der Reise zogen wir viele neidische Blicke auf unser Essen.

Am Abend lernten wir nach dem Kochen und beim Abspülen noch ein holländisches Paar kennen, Hanneke und Bart.
Sie entpuppte sich im Gespräch als Physiotherapeutin und er war studierter Bioingenieur der gerne bei Philipps arbeiten wollte, aber da er gerade mit dem Studium fertig wurde, erstmal lieber auf Reisen ging. Die beiden waren recht sympathisch, ungefähr gleich alt wie wir und eine willkommene Abwechslung zu den sonstigen, doch recht jungen Leuten im Hostel.
Die beiden wollten für insgesamt 10 Monate verreisen, starten hier in Moskau und wollten ebenfalls mit der transsibirischen Eisenbahn in die Mongolei nach Ulan Bator fahren.
Auch Nepal, Indien und Australien / Neuseeland standen auf ihrem Reiseplan, der schon deutlich konkreter und genauer wirkte, als unserer. Das war aber nicht schlimm. Wir wussten einfach nicht, ob wir beispielsweise nach Australien oder Neuseeland mit unserem finanziellen Polster kommen sollten.

Das würde sich entscheiden, wenn es soweit war und wir nicht mehr ganz so weit von Australien weg waren. Vielleicht fand sich ja dann eine günstige Möglichkeit. Erstmal stand für uns nach Russland die Mongolei an und China als drittes Reiseland auch nur dann, wenn wir es irgendwie schaffen sollten, das Visum für das Land von unterwegs zu beantragen. Ansonsten würden wir von der Mongolei ausfliegen müssen und wohin dann die Reise ging, konnten wir wirklich noch nicht sagen. Vielleicht nach Indien? Nach Australien jedenfalls sicherlich nicht, denn das günstige Flüge von der Mongolei nach Australien existierten, wollte nicht so in unsere Vorstellung passen und zudem war Australien ohnehin noch im kalendarischen Winter, auch noch nach dem Besuch der Mongolei.
Jedenfalls merkten wir im Gespräch mit den beiden, dass wir eine weitaus klassischere Reiseroute gewählt hatten, als wie anfangs gedacht.

Was waren sonst noch für nette Leute im Hostel? Wir verstanden uns mit Tom aus Boston (USA) noch ganz gut, jedoch merkten wir auch, dass unser beider Englisch im Gespräch mit ihm noch sehr dürftig war. Tom gab sich im Gegensatz zu den restlichen Australiern und Engländern die hier lebten, jedoch viel Mühe uns zu verstehen.
Er ging auf uns ein, interessierte sich für uns und er hatte dabei auch mehr Zeit als die Meisten anderen Gäste, da er für mehrere Wochen in Moskau blieb. Als angehender Lehrer wollte er hier seine Doktorarbeit über die Planwirtschaft in der

Sowjetunion schreiben. Zumindest hatten wir das so verstanden. Auch für uns klang das interessant.

Tom sprach sogar ein wenig russisch, was einem anderen Hostel Bewohner aus Weißrussland - einem recht schlaksigen, großen und irgendwie kränklich aussehenden Mann - so imponierte, dass dieser den Amerikaner regelrecht für Gespräche verfolgte.

Der Weißrusse sprach selbst nur russisch und so konnte er sich nicht mit wirklich vielen anderen Ausländern unterhalten außer mit Tom.

Für uns hatte es bereits etwas faszinierendes an sich, einen reisenden Weißrussen zu treffen. Wir dachten die seien mehr oder weniger eingesperrt im eigenen Land. Aber nach Russland konnten sie wohl problemlos reisen.

Viele andere Gäste im Hostel wechselten, wie auch schon in Sankt Petersburg, sehr schnell. Mehr als 2 - 3 Tage schienen die meisten Reisenden nicht für solche Städte übrig haben. Für uns war das sehr befremdlich, da wir nicht mal mit einer Woche in Sankt Petersburg ausgekommen waren.

In der Mitte unseres Aufenthalts im Apple Hostel kam auch mal ein recht arroganter, dicker Südkoreaner ins Hostel. Er erzählte uns wahre Schauergeschichten über die Mongolei, die er auf dem Weg nach Moskau mit der transsibirischen Eisenbahn ebenfalls bereist hatte. Ulan Bator sei die schlimmste und hässlichste Stadt, die er je gesehen habe und er sei dort fast verprügelt worden, weil die Mongolen ihn für einen Chinesen

gehalten hatten. Das Verhältnis von Mongolen und Chinesen sei ja Bekanntermaßen nicht so gut, und er wäre fast einem Missverständnis zum Opfer gefallen.
Er selbst war total darüber empört gewesen, von den Mongolen als Chinese wahrgenommen worden zu sein. Uns verwunderte das ehrlich gesagt nicht weiter, da er auch für uns ohne Weiteres als Chinese durchgegangen wäre.

Weiter polterte er, dass die Mongolei sehr sehr dreckig sei, es gäbe auch nichts zu tun und anzusehen in diesem Land, und die Menschen seien ganz unfreundlich und allesamt kriminell. Seine Geschichten verwirrten und verängstigten uns im ersten Moment, aber je länger wir im zuhörten, umso deutlicher wurde dabei, dass es wohl eine ganz subjektive Erfahrung eines kleinen Spinners war. Und klar, dieser Mann wäre fast verprügelt worden am Bahnhof von Ulan Bator. Er brach daraufhin seine Reise nach Russland früher an und auch wenn wir ihm keine Prügel wünschten, so stellten wir schnell fest das dieses Erlebnis seine komplette Meinung über das Land tief geprägt hatte.

In sehr gutem Englisch drückte er uns zudem ungefragt seine ganzen Reisepläne, für die nächsten 3 Monate in Europa auf. Martina fand in ekelig schmatzend beim Essen und ich ihn etwas aufdringlich, so dass wir entschieden, ihm in den nächsten Tagen eher aus dem Weg zu gehen.

Zudem aß er einmal Hühnchenschenkel aus einer Plastikverpackung zum Frühstück, nachdem er sie 2 Minuten auf volle Leistung in der Mikrowelle erwärmt hatte.
Die ganze Küche stank am frühen Morgen nach seinem fettigen Hähnchen. Einfach abstoßend und nicht vorstellbar war dieses Frühstück für uns.
Aber wie hieß es so schön - andere Länder, andere Sitten.

Dann war da auch noch eine Gruppe deutscher Abiturenten im Hostel zu Gast, die ebenfalls nur ein paar Tage in Moskau bleiben wollten oder konnten und deshalb einen minutiösen Plan beim Frühstück besprachen, was sie wann genau alles sehen wollten.
Klar hatte nicht jeder soviel Zeit wie wir im Gepäck, aber wenn wir hörten das ein Australier in 2 Wochen Europa bereisen wollte und in 4 Hauptstädten jeweils 3 Tage blieb, dann klang das für uns eher nach einer ziemlichen Hast und Hetze.
Auch viele andere flogen in 3-4 Wochen von einer europäischen Hauptstadt in die nächste. Sie blieben dort jeweils ein paar Tage, und per Flugzeug ging es anschließend weiter zur nächsten Hauptstadt.
Für uns war das wirklich befremdlich.
Hatte man wirklich Russland gesehen, wenn man nur in Moskau war, und selbst das dann nur für ein paar Tage? Kannte man Deutschland wenn man nur Berlin gesehen hatte?
Für uns war die Antwort ein klares Nein und so planten wir bereits in Deutschland uns Zeit zu lassen für jedes einzelne Land. So um die 4 Wochen

war dabei unser grober Plan im Kopf, den wir in etwa einhalten wollten. In einem so riesigen Land wie Russland, waren aber auch 4 Wochen noch viel zu wenig, wie wir merkten.

Für uns war das Ganze auch ein Zeichen, dass sich viele, ähnlich wie wir, gestresst fühlten, von dem schier endlosen Angebot der Stadt an Sehenswürdigkeiten und Interessantem. Auch wir mussten bei unseren Planungen genau überlegen, was wir uns wann ansehen wollten. Die Zeit die einem zur Verfügung stand, war auch bei einer ganzen Woche recht knapp. Dennoch hatten wir auch noch die Möglichkeit, je nach Wetterlage zu planen. Schlechtes Wetter wurde für Museumsbesuche auserkoren und gutes Wetter wollte für Spaziergänge in der Stadt genutzt werden.
Ähnlich wie in Sankt Petersburg hätte man jedoch auch in Moskau viel länger als eine Woche bleiben können, und dennoch hätte es immer etwas neues zu entdecken gegeben.
Uns beiden war es jedenfalls wichtig, immer wieder mal Ruhe- und Pausenzeiten einzuplanen. Gerade zu Beginn der Reise begriffen wir das Ganze doch auch noch mehr als Urlaub, und wir wollten nicht in einen so turbulenten „Freizeitstress" geraten wie viele Andere Backpacker.

Das naturhistorische Nationalmuseum am roten Platz

An einem Mittwoch vormittag machten wir uns auf den Weg in das naturhistorische Nationalmuseum von Russland.
Nachdem wir die ersten Tage noch daran vorbei gegangen waren, um in Übereinstimmung mit der Wettervorhersage und unserer Kondition den richtigen Tag dafür zu finden, war es heute soweit.
Der Himmel war vormittags noch recht bewölkt und wir fühlten uns zudem fit genug für einen weiteren Museumstag. Es war in der zweiten Reisewoche übrigens Museum Nr. 4 auf der Reise. Russland sollte für uns das Land der vielen Museumsbesuche werden.

Allein das Gebäude, direkt am roten Platz gelegen, war ja schon eine Sensation an sich und es beeindruckte uns bereits seit unserer ersten Sichtung.
Die dunkelroten Ziegeln, kombiniert mit den weiß umrandeten Fenstern und dem abermals prächtigen Stuck um die Fenster, passten sehr gut zum insgesamt so überfrachteten, roten Platz. Durch die weißen Dächer auf den vielen kleinen Türmen, bekam das verschnörkelte Gebäude eine wirklich besondere, majestätische Ausstrahlung. Und tatsächlich war es auch für einen besonderen, königlichen Anlass gebaut worden.

Die Warteschlange vor dem Eingang war dabei wirklich auch nicht ohne. Hinter dem Museumsgebäude, führte auch hier ein kleiner Berg vom roten Platz hinab, und irgendwo am Ende des

Berges, befand sich auch das Ende der Warteschlange.

Es ging zum Glück recht zügig voran, und als wir nach 30 Minuten endlich im Gebäude waren, konnten wir unser Gepäck schließlich in einem Schließfach verstauen. Wir erfuhren nun so einiges über die Menschheit im Allgemeinen und im speziellen natürlich über die Vergangenheit von Russland.

Im Jahre 1883 wurde das Museum zur Krönung von Zar Alexander III rechtzeitig fertiggestellt. Es war damit lediglich 10 Jahre vor dem Kaufhaus GUM entstanden und uns wurde klar, dass zu dieser Zeit, Ende des 19 Jahrhunderts, sich viel am roten Platz verändert haben musste.

Alexander III. war der vorletzte Zar, den das Kaiserreich Russland bekommen sollte und er war auch derjenige gewesen, der neben der Modernisierung des roten Platzes, auch die Grundsteinlegung für den Bau der transsibirischen Eisenbahn legte.

Mit dem Beginn des Baus der längsten Eisenbahnstrecke der Welt, festigte er die Herrschaft über das gesamte Sibirien, so heißt es heute.

Das Museum beherbergt heutzutage insgesamt 4,5 Millionen verschiedene Exponate. Es ist gleichzeitig das bekannteste Museum für Landesgeschichte in ganz Russland.

Den Eintritt von 200 Rubel (ca. 5€) fanden wir ok, jedoch musste man für den Fotoapparat noch einmal 80 Rubel (1,75€) extra bezahlen, was natürlich für uns keine Frage war ob wir das bezahlten. Für so etwas hatten wir immer Geld eingeplant.

Insgesamt gab es 16 thematische Ausstellungsbereiche, was für nur einen Nachmittag, und länger hatten wir nicht Zeit, natürlich abermals viel zu viel war. Uns interessierte in erster Linie vor allem das Gebäude selbst und natürlich auch die altertümlichen Sammlungen dieses riesigen Landes, welches sich bekanntermaßen nur zu einem ganz kleinen Teil über Europa ausdehnte, und die wahre Größe erst in der Ausdehnung über ganz Asien fand. Gerade die asiatischen Einflüsse und die mittelalterliche Vergangenheit interessierten uns dabei im Besonderen.

Bereits die Eingangshalle des Museums hielt uns für ein paar Minuten und etliche Fotos gebannt. Ähnlich wie in der Sankt Basilius Kathedrale, waren die Wände mit heiligen Ikonen und prächtigen Blumenmustern überfrachtet. Dazu gesellten sich vergoldete Geländer und prächtige Kronleuchter. In Russland gab es wirklich viel Pracht und Prunk, gerade an so repräsentativen Orten.

Jeder Ausstellungsraum bildete einen gewissen Zeitraum ab und los ging es im ersten Raum mit der Steinzeit. Wir sahen Knochen von Mammuts und Bären die damals wohl noch sehr zahlreich in Russland vorgekommen sein mussten.

Auch die Geschichte der menschlichen Veränderung hin zum Homo Sapiens wurde kurz dargestellt mit bereits ersten, erhaltenen Kunstgegenständen aus Knochen und Zähnen. Das hier gezeigte Wissen deckte sich mit dem was wir bereits aus dem Geschichtsunterricht wussten, und wir sahen diese typischen, dicken und vollbusigen Frauenfiguren, aus Knochen geschnitzt, die früher als Zeichen der Fruchtbarkeit galten.

Weiter ging es im nächsten Raum mit ersten Handwerkzeugen, einem uralten, pechschwarzen Boot (oder war es ein Sarg?) und immer prächtiger und funktionell werdender Werkzeuge. Auch Bilder aus Höhlen wurden gezeigt und wir fragten uns wie fundschonend diese wohl hierher gelangt sein mochten, oder ob sie gar einfach aus den Wänden der Höhle gerissen wurden? Wir tippten leider auf Letzteres.

Von Raum zu Raum wurde weiter dargestellt, wie sich die einzelnen Volksgruppen in den verschiedenen Völkerwanderungen verbreiteten, gerade auch nach Sibirien hinein.

Vor allem der klimatisch leichter zu kultivierende Süden von Sibirien spielte dabei eine entscheidende Rolle bei der ersten Besiedelung. Wir sahen, wie sich langsam das Kunstgewerbe und Handwerk immer weiter entwickelte und sich dadurch auch immer mehr zu professionalisieren begann.

Die russische Heimatseele, das Ursprungsvolk sozusagen, ist dabei nahe des schwarzen Meeres in der heutigen Ukraine, rund um die Krim, zu Hause.

Wir lernten, dass die sogenannte „Kiever Rus", um die Jahre 907, ein mächtiges Herrschaftsgebiet des ursprünglichen, russischen Volkes war. Es erstreckte sich fast von den baltischen Staaten der Ostsee und dem Sitz des heutigen Sankt Petersburgs, in einem breiten Verlauf fast bis hin zum schwarzen Meer, einschließlich der Krim.

Laut Erklärungen galt das Reich damit als Vorgängergebiet der heutigen Länder Ukraine, Russland und Weißrussland. Kiew galt damals noch gar als das Zentrum dieses großen, russischen Reiches. Mit diesem Wissen schaute man nun etwas anders auf den im Laufe der Reise entstehenden, und leider immer noch aktuellen, politischen Konflikt der Ukraine und Russland um die Krim.

Russland pocht auf uralte Siedlungs- und Stammesgebiete und rechtfertigt damit weiterhin die Annexion der Krim.

Inwieweit dieser absolutistische, mittelalterliche Anspruch noch gültig ist, bleibt dahingestellt.

Dieser Krieg von Russland und der Ukraine um die Krim, um Gas und die Annäherung der Ukraine an den Westen, war aber im Juli 2013 in unserer Russlandzeit noch nicht absehbar. Es sollte bis November dauern und wir bis dahin, bis nach Goa reisen, um mit einem Ukrainer, über die damals gerade, aktuell stattfindenden Proteste auf dem Maidan Platz in Kiew zu sprechen. Dazu aber später mehr, wenn es um Indien geht.

Erst einmal aber zurück zum Museumsbesuch. In einem weiteren, prachtvollen Raum, der ein noch nicht hübscher gesehenes Bodenmosaik hatte, standen wir vor einer ziemlich eigenwillig konstruierten Hütte. Wir erfuhren, dass diese wohl mehrere tausend Jahre alt sei, und das Holz und die große, schweren Steine, die als Seitenverkleidung dienten, wohl zur menschlichen Leichenbestattung, genutzt wurden.

Zumindest erklärten die Wissenschaftler die Konstruktion als eine Art Grab, da im Inneren der Hütte viele menschliche Skelette gefunden wurden, und es damit deutliche Hinweise auf eine religiöse Kult- und Begräbnisstätte gab.

Da es aber so untypisch war für die damalige Zeit, so viel Energie & Zeit in die Konstruktion einer solch schweren Steinhütte mit bearbeiteten Felsen zu investieren, war der genaue Zweck auch heute noch nicht abschließend erklärt.

Das war genau das faszinierende an Geschichte. Vieles lässt sich durch wissenschaftliches, logisches Denken auch nach Jahrhunderten, oder gar Jahrtausenden noch erfahren, und dennoch bleibt Raum für Spekulationen.

Die hohen und prachtvollen Ausstellungsräume des Museums, der faszinierende, aus buntem Marmormosaik bestehende Fußboden, und die Präsentation der Exponate in ganz besonderen Schaukästen und Aufbahrungen, faszinierte uns ein weiteres Mal für die Archäologie und die Geschichte des Menschen.

Wir arbeiteten uns von Raum zu Raum weiter vor und mit nachlassender Konzentration und aufkommendem Hunger, schleppten wir uns schließlich immer mehr, in das metallische Zeitalter. Hier wurde intensiv dargestellt wie die ersten Verarbeitungen von Gold aussahen, wie aber auch mit steinernen Gießformen für die Herstellung von Dolchen und langen Säbeln gearbeitet wurde. Es

wurden auch Alltagsgegenstände gezeigt, wie Töpfe und Kessel, deren Verarbeitung und Pracht, mit jedem Jahrhundert das verging, deutlich zunahm.
Die filigransten Ausstellungsstücke waren dabei stets der vergoldete Schmuck, welcher über die Jahrhunderte hinweg eine überwältigende Detailvielfalt entwickelte. Es war immer wieder erstaunlich, wie Menschen vor so langer Zeit, schon so facettenreich und millimetergenau, arbeiten konnten.

Schließlich sahen wir Malereien von ersten Siedlungen in Russland, vornehmlich Holzbauten, die allesamt relativ klein, und mehr wie eine runde Befestigungsanlage gestaltet waren.
Zwischenzeitlich fingen die prachtvoll mit Stuck verzierten Wände, an der sich Blumenmuster und Gesichter nur so ergänzten, unsere Aufmerksamkeit immer wieder ein. Nicht mal in der Pause konnte man hier ganz von der Pracht abschalten.

Auch dem mongolischen Zeitalter, mit Dschingis Khan´s sagenumwobenen Raubzügen, widmete das Museum ein halbes Zimmer, mit einem großen, eindrucksvollen Wandbild einer Karte der legendären Routen.
Die Mongolei stand für uns als nächstes Reiseland schon unumstößlich fest, wir hatten bereits das Visum, und wir fanden es interessant, dass auch diese heutzutage doch so unscheinbare Nation, ihr Zeitalter in der Geschichtsschreibung hatte.
Das Reiterheer von Dschingis Khan und seinem Enkel & Nachfolger Kublai Khan verbreitete von

der Mongolei bis in den Süden hinein nach China und Vietnam immer wieder Schrecken. Kublai Khan war damals sogar der Kaiser von China geworden.
Aber auch gen Westen zogen die oftmals „plündernden und mordenden Horden", bis weit hinein nach Europa. Moskau wurde mehrmals überfallen und musste sich auf schmerzliche Tributzahlungen einlassen um nicht immer wieder geplündert und gebrandschatzt zu werden. Erst im Bereich der heutigen polnisch - deutschen Grenze, fand die Westausdehnung der mongolischen Raubzüge ein Ende. Warum erfuhren wir nicht? Archäologische Spuren deuteten überdies darauf hin, dass er ebenso bis Syrien bekannt und gefürchtet war.
Das war eine wahrlich erstaunliche Ausdehnung zu der damaligen Zeit. Darüber werden wir aber sicher noch mehr in unserem nächsten Reiseland erfahren.

Den Abschluss unseres Besuches bildete ein alter, riesiger Globus der noch ohne die amerikanische Westküste auskam, und auch die Ostküste von Nord- und Südamerika nur umriss. Viele Kontinente wie Afrika und Asien, waren aber schon erstaunlich genau abgebildet. Australien und Neuseeland waren hingegen noch gar nicht eingezeichnet, so dass er wohl aus dem späten 17. / frühen 18. Jahrhundert stammen musste.

Gleich neben dem Globus, in einem offenen Raum, stand ein prachtvoll geschmückter Sarkophag (oder war es vielmehr ein Altar?), der in der Mitte des Ausstellungsraumes einen ganz besonderen Blickfang darstellte.

Nach ein paar mittelalterlichen Gemälden wie Moskau und der Kreml am Flussufer der Moskwa zu Zeiten Iwan des Schrecklichen ausgesehen hatte, verließen wir wieder einmal müde und hungrig das Museum. Wir konnten nicht mehr und unsere Konzentration war aufgebraucht.

So gingen wir also erstmal zurück ins Applehostel und freuten uns einmal mehr, das es eine wirklich saubere und familiäre Adresse war, deutlich gemütlicher und kleiner als das Cuba Hostel. Letzteres war zwar perfekt für den Start unserer Reise, aber mit zunehmender Länge in einem Mehrbettzimmer war es im Vergleich zu hier doch viel dreckiger und lauter gewesen. Gut das wir diesen Vergleich nun erst im Nachhinein hatten und beurteilten.

Zudem gab die große Holzküche im Applehostel viel Gemütlichkeit, auch wenn dort immer wieder Russen und Weißrussen, die wohl mehr oder weniger fest hier zu wohnen schienen, den ganzen Tag den Fernseher mit irgendwelchem Schrott laufen liessen.

Immer wieder ging ich deshalb hinein und schaltete den großen LCD TV aus, da sowieso niemand in der Küche saß und zusah. Trotzdem schien er nach kurzer Zeit wie von Geisterhand wieder anzugehen. Für Martina und mich war das Ganze ein amüsantes Spielchen.

Es wirkte zunehmend so, als wie wenn manche Bewohner hier nicht zur zeitweilige Gäste wären, sondern bei entsprechender Unterbelegung, den Platz für sich reservierten.

So schlief immer wieder Personal in unserem Zimmer, sobald einige Betten für wenige Tage frei wurden. Uns störte das nicht weiter, ganz im Gegenteil gab es uns sogar ein kleines Gefühl der Sicherheit. Das Personal würde doch wohl noch am wenigsten klauen oder beklaut werden.

Ein großes Manko gab es aber dennoch. Das Hostel hatte nur 2 Toiletten in denen jeweils auch die Dusche untergebracht war, so dass man oft nicht in die beiden WC´s kam, gerade wenn Gruppen hintereinander duschten. Und so manche „jungen Grazien" duschten manchmal unverschämt lange, egal wie viele noch ins Bad wollten.

Das war ärgerlich, minutenlang auf das Bad warten zu müssen, gerade auch morgens, wenn man eigentlich schon hätte gehen wollen.

Man kam nicht an den Spiegel, konnte sich nicht einfach mal die Hände waschen, und auch wenn es ein durchaus sauberes Bad nach westlichem Standard war, so war es doch insgesamt sehr beengt zum Duschen.

Die Vorfreude auf unser Zweibettzimmer in unserer nächsten Station in Yekaterinenburg stieg damit weiter an.

Vor allem auch, das man als Paar auch mal wir wieder ungestört schmusen konnte und ein

Mittagsnickerchen ohne beobachtende Zuschauer möglich war.

Die Arbat Street & der Gorky Park
Nach einer nachmittäglichen Ruhephase machten wir uns zum Abendessen hin noch einmal auf, die alte und berühmte „Arbat Street" zu erkunden. Bevor wir aber die Straße erreichten, passierten wir auf dem Weg zur Metro, noch ganz andere „Berühmtheiten", die es hier in Moskau an jeder Ecke gab.

Da war zum einen das alte Verwaltungsgebäude vom russischen Geheimdienst KGB, welches relativ sachlich und unspektakulär daherkam. Natürlich waren die besonders großen Aussenfenster auch wieder mit Stuck geschmückt, und dennoch war der Gesamteindruck des ockerfarbenen Gebäudes, trotz seines imposanten Eingangs, relativ unscheinbar und nebensächlich. Vor allem im Vergleich zu dem sonstigen Prunk öffentlicher Gebäude in dieser Stadt.

Wir kamen dem Gebäude ganz nah und fotografierten allerlei Gedenktafeln von Personen an der Hausmauer, die wir zwar allesamt nicht erkannten, die jedoch vortreffliches geleistet haben mussten für den KGB, um hier auf Dauer gewürdigt zu werden.

Noch viel interessanter aber war, was in meinem Kopf abging als wir vor dem Gebäude standen. Was mochte innerhalb dieser Mauern nicht alles an Unrecht und Leid passiert sein? Es entzog sich wohl der Vorstellung. Dennoch war der KGB gerade im kalten Krieg ein gefürchteter Geheimdienst gewesen und es war ein unheimliches Gefühl der Macht und Angst, welches uns vor dem Gebäude streifte.

Weiter ging es auf unserem Weg zur Metrostation. Nicht weit entfernt vom KGB Gebäude stand aber auch schon das berühmte Bolschoi Theater, mit einem großen, zu einer Rast einladenden Brunnen am Vorplatz. Auch das schauten wir uns natürlich etwas genauer an und wir drehten eine Runde um das Gebäude.
Bereits seit 1776 stand das Theater, vorwiegend für Ballett und Opern Aufführungen erdacht, an dem heutigen Platz. Das Gebäude hat dabei noch immer die gleiche, äußerliche Grundform wie damals, auch wenn das Interieur bereits mehreren Bränden zum Opfer gefallen ist und somit mehrmals erneuert wurde.
Die früher, dort arbeitenden Schauspieler, waren gar noch Leibeigene des Moskauer Fürsten. Wie sich die Zeiten doch geändert hatten.

Wir saßen nur kurz an dem Brunnen, posierten und fotografierten fleißig, und schlichen einmal um das Gebäude herum bevor wir dann unseren eigentlichen Weg Richtung Metro wieder aufnahmen. Die Arbat Street war zum Laufen doch zu weit entfernt. Die Füße schmerzten schließlich schon ein wenig vom laufintensiven Vormittag und eigentlich war das Körpersignal - Stop - hinsetzen und ausruhen. Aber wir und vor allem ich taten uns schwer damit. Wenn man schon mal in Moskau ist, war stets mein Gedanke… Sitzen konnte man auch noch, wenn man tot ist!

Angekommen in der Arbat Street erlebten wir erst einmal eine Überraschung.
Diese Straße gilt als eine der ältesten, erhaltenen Straßenzüge Moskaus und liegt mitten im historischen Stadtzentrum. Bereits im 15. Jahrhundert war sie eine wichtige Handels- und Verkehrsstraße und sie nahm noch immer den gleichen Verlauf wie damals.
Mit der Zeit, vorbeiziehender Jahrhunderte, wurde aus der Handelsstraße allmählich ein Wohnviertel des russischen Adels, und erst viel später in der Neuzeit, entstand hier das immer noch existierende Künstlerviertel.
Auch heute gilt sie noch als „die" Kunststrasse mit alternativem Flair, wie es im Reiseführer so schön hieß.
Die Straße war auch wirklich nett mit vielen Portraitzeichnern und Straßenmusikanten übersät, jedoch erkannte man beim besten Willen nicht mehr, dass jenes Viertel eines der ältesten erhaltenen Straßenzüge in Moskau sein sollte. Es war mittlerweile eine moderne Fußgängerzone geworden, mit vielen Cafe´s und Restaurants, und noch mehr Ateliers und Künstlergeschäften. Wir waren etwas enttäuscht über den „modernen Zustand" dieser Straße.
Wir hatten uns wohl eine andere Vorstellung davon gemacht.

Bei diesem Ganzen Angebot an Kunst und Kitsch, schlugen auch wir Souvenirjäger zu, und kauften unsere ersten, ganz typischen russische Souveniers. Es sollten Babuschka - Anstecknadeln und Babuschka - Ohrringe für Martina, und ein Lenin Magnet für mich werden.

Außerdem wollten wir hier in einem russischen Schnellrestaurant und Selbstbedingungsladen, genannt „Mu-Mu", das erste Mal richtig russisch Essen gehen. Wir fanden die Adresse im Reiseführer und probierten es daraufhin mal aus.
Es sah ehrlich gesagt nicht besonders russisch aus als wir hinein gingen, wobei mal wieder die Frage auftauchte, wie ein russisches Restaurant eigentlich auszusehen hatte?
Auf uns wirkte es eher wie eine kleine Geschäftskantine. Das „Mu-Mu" hatte einen durchwegs rustikalen Stil mit Kuhfleckmustern auf den Stühlen, was somit wirklich gut zum Namen passte. Das Essen (Buchweizen mit Gemüse und Frikadelle für mich) war ganz okay und wir zahlten mit einem geteilten Bier 12€.
Auch wenn das alles nicht ganz so billig war und unser Budget belastete, wählten wir doch gezielt das Mu-Mu aus, weil es noch als mit am günstigsten galt, um die russische Küche aus zu probieren.
Das Essen wurde dabei in einer Art Buffet präsentiert, und man legte sich einfach auf den Teller was man wollte. Das war gar nicht schlecht, denn auf der Speisekarte hätten wir sowieso nicht gewusst, was wir uns unter dem jeweiligen Namen

vorzustellen hatten. Auf der Karte war alles nur auf russisch ausgeschrieben.

Leider bekamen wir uns nach dem Essen in die Haare und stritten erstmals so richtig.
Der Tag, bzw. wohl die Aufregung der letzten Tage, forderte ihren Tribut. Nach einigen, bösen Worten und Blicken versöhnten wir uns zum Glück aber schnell wieder. Schließlich mussten wir ja auch zusammenhalten, das stand fest. Alleine wären wir hier wohl sehr unglücklich gewesen.
Nachdem wir auf der Straße zurück waren und ein paar Meter vom Mu - Mu entfernt gegangen waren, trafen wir zufällig Bart und Hanneke vom Applehostel wieder.
Das war gut, denn das Treffen mit den Beiden brachte uns ganz schnell auf andere Gedanken.
Die zwei schickte der Himmel!
Wir entschieden uns zu viert, und mit im Supermarkt gekauftem Bier, Richtung Gorki Park zu gehen, der auch als Anziehungspunkt für die jungen oder junggebliebenen Moskauer galt.
Der Park lag direkt am Ufer der Moskwa und unweit unseres Hostels. Er wurde bereits seit 1927 als Vergnügungspark betrieben, und hatte neben einem typischen Volksfest mit Fahrgeschäften, auch eine Eislaufbahn zu bieten.
Außerdem waren dort unendlich viele Inliner unterwegs. Auch schon in St. Petersburg sahen wir gefühlt viel mehr Inliner oder Skater, als Radfahrer. Hier hatten wir den gleichen Eindruck. Die Russen scheinen das „amerikanische" wirklich zu lieben.

Fahrradfahren hingegen schien ziemlich out in Russland.

Nach einem guten Gespräch mit den beiden, und dem gemütlichen sitzen auf einer Bank, entdeckten wir noch ein ausrangiertes Raumschiff der Russen, welches am Flussufer aufgebahrt stand, und wie ein amerikanisches Space Shuttle aussah.

Wir wussten anfangs gar nicht, ob es sich dabei um eine Kopie eines amerikanischen Shuttles handelte, oder ob die russischen Shuttles vielleicht zufällig genau so aussahen.

Natürlich machten wir hier noch gemeinsames Foto von uns 4en, und gingen dann müde und geschlaucht, nach Hause.

Die russischen Shuttles sahen übrigens genau so aus, wie die amerikanischen, recherchierten wir im Hostel Wi-Fi, nach.

<u>Ein russicher Flohmarkt</u>

Am Donnerstag schliefen wir beide etwas länger, trotz der morgendlichen Unruhe, die ab 7 Uhr in einem Hostel entsteht. Unser Körper nahm sich die nötige Ruhezeit ganz von alleine.

Nach dem Frühstück und einer eingepackten Brotzeit war es unser Plan gewesen, mit der Metro zu einem „Flohmarkt" etwas außerhalb der Stadt zu fahren.

Der sogenannte Flohmarkt wurde im Reiseführer als ein großer, bunter Markt beschrieben. Uns sprach das sofort an, da wir auch in Deutschland Flohmärkte gerne hatten.

Es kam uns jedoch etwas seltsam vor, das dieser hier dauerhaft beständig sein sollte. Dennoch wollten wir die Gelegenheit nutzen, um die Stadt außerhalb des feinen und herausgeputzten, touristischen Altstadtzentrums, etwas näher kennen zu lernen.
Gerade Innenstädte und Altstädte, vermitteln ja oftmals nur das halbe Bild einer Stadt.

Mit der Orientierung hier in Moskau klappte es zudem schon ganz gut, dank logisch nachvollziehbarer und gut ausgebauter Metroverläufe.
Das Auffinden von weniger touristischen Zielen, außerhalb des Stadtzentrums, stellte sich nun doch noch als eine kleine Herausforderung dar. Wie so oft zuvor, orientierten wir uns auch in Moskau vor allem an einem „fotografischen Ortsgedächtnis." Waren wir schon mal hier gewesen? Kannten wir diese Ecke, diesen Laden, dieses Schaufenster nicht schon? Und wenn ja, über welche Straßen waren wir nochmal hierhin gekommen?
Das ganze kombinierten wir mit der immer noch recht basalen Fähigkeit, die kyrillische Schrift zu entziffern. Erstaunlicherweise klappte das alles zusammen sogar recht gut.
Manchmal zahlte es sich aber auch aus, einfach nach gut Glück, einer Menschenmenge hinterher zu laufen. Dort wo viele hingingen und was irgendwo in der Nähe sein musste, wo man gerade war, da ging man einfach mal den Anderen hinterher. Das funktionierte manchmal erstaunlich gut.

So geschah das nun auch bei der Suche des genannten Flohmarkts.
Wir gingen einem etwas unscheinbaren Weg entlang, einfach weil wir nicht die Einzigen waren die ihn gingen, und weil es so aussah, als wäre dort ein Eingang zu vermuten. So war es dann auch.
Auf Reisen lernte man eindeutig seinem Gefühl zu vertrauen, gerade wenn man sich in unbekannte Welten begab, war man vielleicht auch auf die Intuition vermehrt angewiesen.

Leider war der Markt etwas enttäuschend und er entpuppte sich vielmehr als ein Souvenirmarkt. Die Verkaufsstände waren eher Hütten, die nichts von einem spontan aufgebauten Flohmarkt an sich hatten. Die dort angebotenen Souvenirs hatten wir zudem auch sonst überall in der Stadt gefunden.
Um unseren Frust über das verpasste Abenteuer etwas zu verarbeiten, kauften wir hier trotzdem erneut mehrere Variationen von Babuschka Anhängern, zum Teil auch zum Verschenken gedacht. Auch ein Babuschka Christbaumschmuck und einige, weitere Magneten fanden den Weg in unser Gepäck.
Bislang waren wir noch recht zurückhaltend gewesen mit dem Kauf von Souvenirs, dennoch fragten wir uns, wann unser Rucksack wohl endgültig zu voll sein würde und wir etwas nach Hause schicken mussten.

Nach dem circa einstündigen Besuch des sogenannten Flohmarktes, hatten wir genug vom shoppen und wir entscheiden uns, die nähere Umgebung etwas genauer zu erkunden.

In einem etwas in die Jahre gekommenen Park, der sich gleich in der Nähe des Ausgangs befand, machten wir auf der mitgebrachten Picknickdecke Rast.

Man sah der Parkanlage deutlich an, dass sie etwas außerhalb des Zentrums lag, denn vieles war nicht mehr so schick und gepflegt, wie im touristischen Kernviertel der Altstadt.

Das Gulag Museum

Nach einer weiteren Stunde Pause auf einem halbsonnigen Platz unter Birken, entschlossen wir uns zurück in das uns besser bekannte Zentrum zu fahren. Wir überlegten uns an dem angebrochenen Tag, noch dem Gulagmuseum unweit vom Bolschoi Theater, einen Besuch abzustatten.

Die russischen Gulags waren gefürchtete Arbeits- und Konzentrationslager, ähnlich der deutschen Variante, die es schon zur Zarenzeit in Russland gab. Gerade während der kommunistischen Revolution ab 1917, und besonders während der Kriegs- und Nachkriegsjahre unter Stalin, wurden die Gulags aber massiv erweitert.

Da wir beide gerade das äußerst interessante Zeitzeugen Buch „Das Archipel Gulag" von Alexander Solschenizyn lasen, wollten wir etwas mehr über dieses dunkle Kapitel der russischen Vergangenheit erfahren.

Für uns stellten die Gulags einen Kontrast zu der ansonsten gerne präsentierten, schillernden

Vergangenheit Russlands dar, die man nur allzu gerne in den prächtigen Museen den Touristen zeigte. Von den Gulags hatten wir bislang nichts gelesen in unseren Museumsbesuchen.

Die Arbeits- und Konzentrationslager dienten dabei einem ganz pragmatischen Zweck. Sie dienten vor allem zur Besiedelung und Urbanisierung des riesigen Sibiriens, und das mit kostenlosen Arbeitern. Egal ob beim Straßen- oder Schienenbau, bei der Rohstoffausbeutung oder beim Aufbau von städtischer Infrastruktur. Die in Ungnade gefallenen Landsleute oder für zweifelhafte Verbrechen Verurteilten, waren willkommene Arbeiter in der sibirischen Weite.

Uns kam ein Vergleich mit den Sklaven Nordamerikas in den Sinn, die auch den Reichtum des Landes mit aufbauten, oder auch die Besiedelung Australiens, die auf ähnliche Weise mittels Gefangener geschah.

Wir fanden es unglaublich wer damals für die Erschließung des Reiches herangezogen wurde, und mit welchen stumpfsinnigen Begründungen Unschuldige in ein Gulag gehen mussten. Es reichte eine Falschaussage eines Nachbarn, um nach Sibirien gehen zu müssen.

Die Grausamkeiten die Russland seinen Landsleuten in den Gulags antat, standen den Verbrechen der Nazi in den Konzentrationslagern in kaum etwas nach.

Es war eine wirklich aufrüttelnde Geschichte, die in dem Buch von Alexander Solschenizyn stand, und so wuchs unser Interesse an einer offiziell russischen Darstellung dieser dunklen Zeitepoche.

Als wir das Bolschoi Theater passiert hatten und ein wenig in der näheren Umgebung umher irrten, fanden wir schließlich die richtige Straße. Nachdem wir diese einmal auf und ab liefen, fanden wir tatsächlich ein etwas unscheinbares Schild über einem hohen Eingangstor mit dem Namen des Gulag Museums. Das Ganze wirkte bei weitem nicht so prächtig wie die Hinweisschilder zu anderen Museen.

Leider wurde uns der Besuch des Museums aber verwehrt, denn genau in der touristischen „Rush Hour", vom 1. Juli - Mitte August, war es wegen Renovierungsarbeiten geschlossen worden.

Wir fragten uns schon, wieso man ein Museum nicht während der ruhigeren Wintermonate renovieren konnte, und vermuteten gar ein staatlich gewolltes hinauszögern der Aufarbeitung von Verbrechen in der Zeit der Zaren, der Kommunisten und vor allem der Stalinzeit.

Bereits die Zaren hatten damit begonnen, unliebsame Regimegegner in den Osten des Landes zu verbannen. Stalin schließlich, dem eine latente Paranoia mit zunehmender Regierungslänge nachgesagt wurde, trieb es dann auf die Spitze und Millionen von Russen wurden in die östlichen Arbeitslager geschickt.

Die Russen schienen nicht so gerne einen Blick auf die dunklen Kapitel in Ihrer Geschichte zu werfen, und auch das stand bereits in der Buchreihe „Kulturschock Russland".

Etwas geknickt gingen wir somit wieder von dannen.

Was uns aber zudem beim Thema Gulag und den Schrecken des vorausgegangenen Jahrhunderts beschäftigte, war der Umgang der Deutschen mit den Russen im zweiten Weltkrieg.

Gerade im Vorfeld der Reise hatten wir die Befürchtung, dass gerade die deutschen Touristen nicht gerne von den Russen gesehen wurden. Dies stellte sich allerdings schnell als völlig unbegründet heraus. Auch im Kulturschock war zu lesen, dass die Schuld am Leid der russischen Bevölkerung während des zweiten Weltkrieges vor allem die Faschisten trugen, und nicht die Deutschen im Allgemeinen.

Diese genaue Differenzierung der Schuldfrage freute uns sehr und war nicht selbstverständlich wie wir fanden. Gerade auch im Hinblick, dass Russland mit circa 27 Millionen Kriegstoten die Nation war, die am meisten Tote nach dem zweiten Weltkrieg zu beklagen hatte. Über 11 Millionen russische Soldaten fielen im zweiten Weltkrieg, davon alleine 3 Millionen unter deutscher Kriegsgefangenschaft. Zudem wurden fast 16 Millionen Zivillisten ermordet.

Durch die enge Zusammenarbeit der DDR mit der damaligen Sowjetunion, hatten die Russen heutzutage sogar ein ganz gutes Deutschlandbild. Wir galten als fleißig und modern, was wir ja auch waren.

Da der Museumsbesuch ausgefallen war, hatten wir anschließend einen lockeren Tag vor uns, an dem wir lesen und weiterplanen konnten.

Zum Abend hin rafften wir uns nach einigen Stunden relaxen im Hostel noch einmal auf, und gingen bei einer lauen Sommernacht zum roten Platz vor. Wir setzten uns mit einem leckeren Bier an die Kremlmauer und beobachteten das Treiben der anderen Touristen.

Anfangs hatten wir noch ein etwas mulmiges Gefühl, mit offenem Bier in Moskau auf die Straße zu gehen. Wir trugen immer noch das Klischee des strengen Russen mit uns herum, und wollten auch nicht von der Polizei kontrolliert werden.

Dabei hätten die Beamten wohl auch gemerkt, dass wir uns nicht in jeder russischen Stadt die wir besuchten, aufwendig bei der Polizei registrieren ließen.

Als wir dann auch andere Touristen in der Öffentlichkeit etwas trinken sahen, verzog sich dieses Unwohlsein jedoch sehr schnell wieder und wir versteckten unser Bier nicht mehr hinter unseren Füßen.

Auch wenn am roten Platz mittlerweile bei weitem nicht mehr so viel wie nachmittags los war, zog der Platz immer noch große Massen erstaunter Touristen in seinen Bann.

Nach diesem gemütlichen Ausklang des Abends schlossen wir uns vor dem Nachhauseweg noch einmal den üblichen Touristen an, und fotografierten die wunderschöne beleuchtete Sankt Basilius Kathedrale, die Kremlmauer, das staatliche naturhistorische Museum, sowie das GUM Kaufhaus. Gerade bei dem dunkelblauem Abendhimmel, der sich heute über uns zeigte, erzeugte das abendliche Licht noch einmal eine ganz andere Stimmung. Ein wunderschöner, historischer Platz war das.

Russische Heldenverehrung im Space Museum

Ein Besuch im Space Museum, um mehr über die russischen Heldentaten im All zu erfahren, stand auf meiner persönlichen Wunschliste ziemlich weit oben.

Leider fühlte sich Martina an dem besagten Tag aber gar nicht fit. Verständnis- und liebevoll wie sie war, wollte sie mich aber dennoch begleiten. Nach dem Frühstück und dem schon deutlich routinierterem fahren mit der Metro als Tags zuvor, führte uns der erste Weg allerdings zur Apotheke. An der Haltestelle der Metro hatte sich zum Glück auch eine erkennbare „Apotheka" befunden. In den letzten Tage hatte sie wirklich einen fiesen Schnupfen entwickelt und da nun auch noch Durchfall hinzu kam, gingen wir von einem hoffentlich leichten, grippalen Infekt aus. Eigentlich war da Ruhe mit die beste Medizin. Und dennoch wollte sie mitgehen.

Ihre Nase wollte einfach gar nicht mehr aufhören zu laufen und das ganze Schnäuzen und Niesen kostete sie verständlicherweise auch viel Kraft.

In der Apotheke trafen wir auf eine Russin, die leider kein Wort englisch sprach. Die Unterhaltung wurde dadurch natürlich sehr verkompliziert, und auch als wir es mit der griechischen Bezeichnung von Durchfall (Diarrhö) probierten, erkannte die Dame nicht unser Bedürfnis.

Wir versuchten nun alles um uns verständlich zu machen und so machte Martina mit pantomimischen Gestiken vor, was in ihr gerade passierte. Für den Schnupfen bekam sie dann auch etwas ausgehändigt, aber den Durchfall konnten wir ihr leider nicht begreiflich machen.
Mit den allgemein immunstärkenden Medikamenten im Gepäck, die im Übrigen nur unwesentlich billiger waren als in Deutschland, machten wir uns nun auf zu Sputnik im Spacemuseum. Es sollte im Hinblick auf Martina jedoch ein gemächlicher und weitestgehend, entspannter Besuch im Museum Nr. 5 werden.

Allein schon die Aussenansicht des Gebäudes war wieder eine Attraktion für sich. Das Ganze war eine einzige Heldenverehrung, sobald man das Areal des Museums betrat.
Wie eine silberne Haifischflosse schoss das Gebäude gen Himmel, bis wir merkten, dass die nach weit oben hin immer spitzer zulaufende Form des Gebäudes, wohl eher eine startende Rakete nachahmen sollte.
Dazu war das Gebäude mit der kolossalen Höhe von 107m, komplett an der Aussenseite mit silbernen Titanplatten verspiegelt, was an unserem schönen, sonnigen Tag ein beeindruckendes Funkeln und Glitzern erzeugte.
Es war faszinierend zu erleben, wie stolz die Russen auf Ihre eigene Eroberung des Weltalls waren. Bereits der kleine Park, der vor dem Hauptgebäude angelegt war, war übersät mit Persönlichkeiten und Statuen, die allesamt anscheinend wichtiges

geleistet hatten für die Eroberung des Weltalls und dem am Ende doch verlorenen Wettlauf mit den Amerikanern.

Leider erkannten wir aber wie üblich die Personen nicht. Einmal dachten wir Juri Gagarin an einer Tafel zu entziffern, er war der erste Mensch im Weltraum gewesen, aber das war es dann auch schon.

Auf dem weiteren Weg zum Eingang passierten wir im Vorgarten noch eine Darstellung unseres Sonnensystems. Direkt vor dem Gebäude und mit wunderbaren Blick auf die steil emporschiessende, silberne Rakete, wurden auf einer kleinen, extra dafür geschaffenen Plattform, die Planeten des Sonnensystems als große Bronzekugeln dargestellt.

Man wurde sozusagen als Besucher bereits vor dem Gebäude darauf eingestimmt, was einen nun bald im Inneren erwarten sollte. Kleine Infotafeln auf denen besondere Eigenschaften der Planeten zusammen gefasst standen, rundeten die Darstellung ab.

Bevor wir nun hineingehen wollten, drehten wir noch eine Runde um das Gebäude. An der Aussenseite des Museums wurde eine weitere, mehrere Meter Lange und sehr hohe Bronzevertäfelung gezeigt. Diese zeichnete den langen Weg des selbsternannten Arbeiter- und Bauernvolkes, bis hin zu einer Raumfahrtnation, nach. Das Bild sollte durch die Darstellung vieler Handwerksberufe, vom Bauer, zum Handwerker, bis hin zum Ingenieur und Wissenschaftler, die alle Hand in Hand gingen, wohl suggerieren, dass für

diese Glanzleistung des russischen Volkes alle gebraucht wurden.
Die Darstellung und der vermittelte Zusammenhalt entsprach ja auch durchaus der Wirklichkeit, wie wir fanden.

Der Eingangsbereich führte dann sofort hinunter in die unterirdisch angelegten Museumsräume.
In den ersten Metern wurde kurz die sehnsuchtsvolle Beziehung des Menschen zum Himmel und die uralte Suche nach etwas Höherem dargestellt. Da war ein ägyptischer Pharao oder Gott zu sehen der die Sonne huldigte, daneben wurde Stonehenge als astronomische Kultstätte aufgegriffen, ebenso wie Atlas aus der griechischen Mythologie, der die Welt auf seinen Schultern trug. Auch die heiligen drei Könige konnten wir finden (zumindest ordneten wir die drei Herrschaften so ein) die wohl dem Stern zu Christi Geburt folgten.
Die Bedeutung der Sterne und des Himmels seit altersher, wurde uns hier eindrucksvoll vor Augen geführt.

Anschließend kamen wir in einen großen, kreisförmigen Ausstellungsraum, der von links nach rechts zu begehen war und alle bedeutsamen, russischen Schritte zur Weltraumerschließung abhandelte.
Hier waren auch die Nachbauten der einzelnen Satelliten der Russen ausgestellt, wie Sputnik I und Sputnik II, die dem Land einen ersten Vorsprung im Wettlauf mit den Amerikanern bescherten.
Nachbauten deshalb, weil die Originale noch in der

Atmosphäre verglühten. Sputnik, auf deutsch Weggefährte, war im Oktober 1957 der erste Satellit im All gewesen. Er läutete damals sowohl für die Russen, als auch für die Welt als Ganzes, das nun einsetzende Weltraumzeitalter ein.
Wir sahen die ersten Raumkapseln, die Hunde mit ins Weltall transportierten. Allen voran stand eine ausgestopfte „Laika" die ihre Heldentat der Orbitumrundung leider ebenfalls nicht überlebte. Es war schlichtweg nicht eingeplant, diese Raumkapseln wieder zu landen. Also war auch „Laika" ein „Nachbau".
Für mich als Weltraumliebhaber war es absolut faszinierend, diese damals hochmodernen Technikgeräte zu sehen, die heutzutage einen eher plumpen und sehr einfach gehaltenen Eindruck machten.
Zudem war Sputnik in Wirklichkeit viel kleiner als in meiner Vorstellung und mit circa 84kg war er auch nur unwesentlich schwerer als ich selbst.

Tatsächlich haben es die Russen nicht nur geschafft den ersten Satelliten ins Alls zu schicken, sondern auch der erste Mensch im Weltraum (Juri Gagarin) war ein Russe.
Darüber hinaus feierten die Russen, mit den sogenannten „Luna" Missionen, die erste erfolgreiche Umrundung unseres Trabanten und fotografierten mit Luna 3 auch 1959 als Erste, die bis dahin, unbekannte dunkle Seite des Mondes.
Zuvor war bereits Luna 2 auf dem Mond eingeschlagen und mit Luna 9 bekamen die Russen auch noch die erste weiche Landung auf unserem

Trabanten hin. Hier wurde mit vielen Informationen aufgewartet, gerade auch in Englisch, was nicht selbstverständlich war wie wir in anderen Museen schon beobachtet hatten, und uns sehr freute.

Wir gingen von Schaukasten zu Schaukasten und uns fiel immer wieder auf, dass auch die DDR hier oft genannt und geehrt wurde, für Ihre tatkräftige Mitarbeit bei der Erschließung des Weltalls. Das machte sogar uns, als im vereinten Deutschland aufgewachsene Deutsche, ein klein wenig mit Stolz.

In den Schaukästen wurde viel von der damaligen, einfachen Ausrüstung und Gestaltung der ersten Weltraumkapseln präsentiert. Wir sahen historische Weltraumanzüge für Frauen und Männer und lernten noch viele weitere Ersterfolge der Russen kennen.

Unter anderem sendeten sie beispielsweise den ersten Bodenroboter auf dem Mond, den „Lunochod 1" der angeblich 80000 m2 Mondoberfläche untersuchte. Auch das erste Rendezvous von zwei Weltraumkapseln (Andockmanöver im Orbit) schafften die Russen.

In einer noch weiter unterirdisch gelegenen Etage, ging die Ausstellung mit verschiedenen Modellen von Raketentypen und deren Entwicklung Weiter. Ein weiteres, für mich persönlich unglaubliches Highlight, war ein originalgetreuer Nachbau der MIR - Raumstation, welchen man sogar zum Teil betreten konnte. Von 1986 bis zum gezielten Absturz 2001 war die MIR Raumstation über 15

Jahre lang der erste dauerhaft besetzte menschliche Außenposten im All gewesen. Es war ein Ort, an dem viele Experimente gemacht, Rekorde gebrochen, und Menschheitsgeschichte geschrieben wurde. So war der russische Kosmonaut Waleri Poljakow ganze 438 Tage am Stück im Weltraum und damit solange wie sonst kein anderer Mensch je zuvor. Und bereits im Jahr 1992, also 2 Jahre nach der offiziellen Wiedervereinigung Deutschlands und kurz nach dem Zusammenbruch der Sowjetunion, war mit Klaus - Dietrich Flade auch schon der erste deutsche Raumfahrer in der MIR. Gerade nach dem Zusammenbruch der Sowjetunion waren auch immer wieder westliche Raumfahrer in der MIR zu Gast. Für mich ergab das ein beruhigendes Gefühl - wenigstens im Weltall hielten alle Länder zusammen.

Die Raumstation war wirklich sehr praktisch eingerichtet und bot den Kosmonauten, wie die russischen Ableger der Astronauten heißen, wirklich sehr, sehr wenig Platz. Erstaunlich was Menschen für Strapazen und Einschränkungen in Kauf nehmen um Neuland zu betreten. Ein ganz klein bisschen wie wir, dachten wir da.

Den Abschluss des Rundgangs bildeten bewegende Bilder über die russisch - amerikanische Zusammenarbeit, die auch schon vor dem Ende des kalten Krieges im Weltraum stattfand. So kam es zu einem binationalen Andockmanöver und vielen Freundschaftsfotos, die im Weltraum geschossen wurden und die wirklich etwas behagliches ausstrahlten. Es gab eben Momente in der Menschheit, da spielte alles andere keine Rolle mehr. Allein die Tatsache das man Mensch war, zählte.

Leider gibt es diese Momente aber in den politischen Scharmützeln unserer Zeit nach wie vor viel zu wenig.

Zum Ende hin waren noch einige Experimente, die auf der Raumstation gemacht wurden, ausführlicher dargestellt. Unter anderem wurde viel mit Nutzpflanzen wie Getreide und Gemüsesorten experimentiert, deren sonderbarer Wuchs in der Schwerelosigkeit beobachtet wurde. Aber auch das Verhalten von Tieren, z.B. von Fischen, wurden schon in der Schwerelosigkeit untersucht.

Nach gut 2,5 Stunden waren wir mit dem Rundgang am Ende. Wir hatten das letzte Drittel ziemlich schnell abgehakt, auch auf Grund von Martinas geschwächten Allgemeinzustand. Ich war sowieso nur froh, dass sie überhaupt so lange durchhielt.

Eigentlich wollte man(n) in so einem Gebäude, in so einem Moment, viel länger bleiben, da einem schon bewusst war, dass man hier wohl nicht noch mal herkommen wird.

Leider waren wir aber beide zu platt und zu hungrig, um weiter zu machen. Zudem hatten wir nach einer kleinen Pause auch noch etwas anderes vor an diesem Tag.

<u>Der Besuch im Moskauer Hallenbad</u>

Nachdem wir uns im warmen, sonnigen Park etwas vom Besuch des Spacemuseums erholt, und uns mit unserer mitgebrachten Brotzeit gestärkt hatten, wollten wir eigentlich noch in einem Moskauer Bad „vorbei schwimmen". Wir hatten beide Lust einen ruhigen und entspannten Nachmittag zu verbringen.
Dies sollte sich aber leider als ziemliche Schnapsidee, oder treffender „Wodkaidee", entpuppen.

Zuerst fuhren mit der Metro in ein ganz anderes Stadtgebiet von Moskau, und fanden dort nach längerem suchen, schließlich auch den richtigen Straßennamen. In einem unscheinbaren Gebäude mitten im Wohngebiet, befand sich an einem Eckeingang, das Treppenhaus zum Hallenbad.
Ein Pförtner öffnete uns beim hinein gehen die Tür und bereits im Eingangsbereich bzw. im Treppenhaus, erblickten wir einen imposanten Kristall Kronleuchter. Im Gegensatz zum äußeren Erscheinungsbild war im Inneren überall die Pracht deutlich zu erkennen. Uns erwartete ein weiteres Mal die so typisch, russische Mischung aus Gold, Mosaik und Stuck.
Wir bekamen beide richtig Lust auf das Hallenbad. Martina war sowieso leicht angeschlagen und nur dank der Medikamente gut drauf und auch das Wetter war nun leicht regnerisch geworden. Wir hatten uns schon beide am Warmwasserpool liegen sehen. Unsere Seifenblase zerplatzte, als wir erfuhren, dass der Eintritt 1800 Rubel / Person kosten sollte, also satte 45€. Wer gab den Bitteschön

soviel Geld in Moskau für den Besuch eines Hallenbads aus? Badeten hier etwa die Oligarchen von Gazprom höchstpersönlich? Wir konnten nicht so recht glauben, bei welcher Nobeladresse wir hier gelandet waren, hatten wir doch die Adresse unserem Reiseführer von Lonely Planet entnommen.

Noch dazu badeten, soweit wir es richtig verstanden hatten, Männer und Frauen getrennt. Ein absoluter Wahnsinn war das, der uns die Entscheidung, ob wir hineingehen sollten, allerdings sehr erleichterte.

Der Eintritt war ja mehr als das gesamte Tagesbudget. Das wollten wir uns wirklich nicht geben, und so fuhren wir etwas ernüchtert und doch auch enttäuscht, mit der Metro zurück zum Hostel. Wir entspannten uns lieber dort. Dank der gut ausgestatteten Küche, gab es auch diesmal wieder leckere Sachen zum Essen. Wir kochten hier wirklich des Öfteren gut auf.

Abends war die Küche im Hostel oft recht geschäftig, weil natürlich alle Hunger hatten und sich irgendetwas zu Essen kochten.

Auch wenn man dadurch auf einen Topf mal etwas warten musste, so lief doch alles immer sehr fair und geordnet ab. Beim Essen ergaben sich zudem auch oft Gespräche mit den anderen Reisenden. Nach einem kurzen Austausch mit einem an uns sehr interessierten, polnischen Pärchen, gingen wir an diesem Abend aber früh zu Bett. Wieder einmal versanken wir weit vor dem Hosteldurchschnitt in

das Land der Träume, ähnlich wie schon in Sankt Petersburg.
Martina brauchte jedoch die Ruhe dringend, um ihre Grippe unter Kontrolle zu bringen, und auch ich schien mittlerweile etwas angeschlagen zu sein.
Ich musste ebenfalls oft niesen und bekam abends dann noch leichtes Kopfweh hinzu. Unser erster, gemeinsamer Infekt, ließ somit grüßen..

Der Kreml - unser letzter ganzer Tag
Wir waren beide froh, als wir am Morgen feststellten, dass sich die kleine Grippe von Martina über Nacht nicht noch verschlechtert hatte.
In erster Linie war dies wohl der Medizin und der langen Bettruhe zu verdanken.
Es war unser letzter, voller Tag in der Stadt und zum Glück ging es ihr wieder etwas besser, denn wir wollten beide noch unbedingt den Kreml sehen. Was wäre ein Besuch in Moskau wert gewesen ohne Kreml - Besichtigung frage ich ganz provokant? Viele Touristen kamen nach Moskau und sahen sich ausser dem Kreml und dem roten Platz gar nichts Weiteres mehr an.
Natürlich mussten wir uns den Kreml ansehen, denn irgendwie fühlten wir, und ich deutlich mehr als Martina, uns doch auch ein wenig dazu gezwungen.
Wenn man schon mal hier war - lautete immer wieder der gleiche Satzanfang, der von meinen Lippen kam.

Gerade in der zweiten Reisewoche, und besonders hier in Moskau, war es für mich noch sehr schwer, einfach mal verschiedene Sehenswürdigkeiten links liegen zu lassen und die Erwartungshaltung etwas herunter zu schrauben.

Wir wussten beide, dass wir hier in Russland die einmalige Gelegenheit hatten, diese uns interessierenden Orte, die man ansonsten nur von Bildern aus der Tagesschau kannte, einmal hautnah zu erleben.

Dieses Wissen um die Einzigartigkeit des Moments, erzeugte oftmals, und gerade in mir, den Druck auch möglichst viel sehen und mitnehmen zu wollen.

Nüchtern betrachtet war das schon ein schon recht seltsames Erlebnis. Plötzlich stellt man fest, dass man auch während des Reisens, inmitten innerer und äußerer Verpflichtungen und Erwartungen steckte.

Gerade von diesen ständigen Erwartungen und Verpflichtungen, wollten wir ja fliehen. Bedeutete die Erfüllung dieser Dinge nicht auch eine einhergehende Unfreiheit? War man wirklich „frei", wenn man immer irgendetwas erfüllen musste?

Irgendetwas lief anscheinend noch gehörig schief. Nur wo kam dieses Getriebensein her?

Dieses Gefühl „man könnte etwas verpassen", begegnete uns dabei immer wieder auf unserer Reise, gerade an so historischen Plätzen wie hier.

Natürlich waren die Reise - Verpflichtungen in erster Linie selbst auferlegt, das wussten wir. Nichts desto trotz waren sie da.

Unsere Erwartungen von der Auszeit und was wir alles sehen wollten, hatte wirklich großen Einfluss auf unser Verhalten.
Im Grund ging es also auch während des Reisens nur um selbstauferlegte Erwartungen, die man bestmöglich zu erfüllen versuchte.
Das war schon faszinierend, sich bewusst zu machen, dass man seine ganze Persönlichkeit, die man zu Hause während der Arbeit und des Alltags entwickelt hatte, genauso auf Reisen mitnahm und auslebte.
Es sollte wohl noch dauern, bis man „eine andere Art" zu leben und zu denken, und damit auch zu Reisen, fand. War das nicht gar das große Ziel unserer Reise? Eine andere Art zu leben zu finden?
Oder vielleicht fanden wir sie gar nie und der Charakter war einfach wie er war?

Wir hofften mit der Zeit den Gründen mehr und mehr auf die Spur zu kommen. Wir wollten keine Getriebenen werden, wie wir das schon bei anderen Backpackern erlebt hatten. Klar wollten wir etwas sehen und erleben, und wir wollten uns auch treiben lassen. Allerdings wollten wir ganz und gar nicht zu Getriebenen werden.

Aber nun zurück zum Besuch des Kreml.
Schon immer in der fast 1000jährigen Geschichte der Stadt war der Kreml in Moskau das Macht- und Regierungszentrum gewesen.
Zu Beginn der Stadtzeiten war er dabei komplett aus Holz erbaut. Er bildete mit seiner besonderen

Lage auf einem Hügel nahe dem Fluss Moskwa, seit jeher das Zentrum der Stadt.
In unmittelbarer Nähe seiner schützenden Mauern, entwickelte sich dabei ein Handelsplatz, aus dem der spätere rote Platz hervorging.
Auch etwas später im Mittelalter und bis in unsere Zeitrechnung hinein, bildete er in einer mittlerweile steinernen Version, das Zentrum des russischen Zarenreiches, sowie auch der späteren Sowjetunion, und dem heutigen Russland.
Im Kreml war man also nicht nur im mittelalterlichen, historischen Stadtkern von Moskau angekommen, sondern zugleich dem russischen Selbstverständnis und Nationalgefühl ganz nahe.

Dennoch hatten wir uns das Areal irgendwie anders vorgestellt, auch wenn wir nicht hätten sagen können wie.
Der Kreml war und ist groß und bildet sozusagen eine kleine Stadt in sich. Äußerlich wird er von einer roten, klischeehaft sowjetisch anmutenden, Backsteinmauer umrahmt.
Über 20 Türme stehen entlang der Mauer, die in einer Dreiecksform konstruiert, eine insgesamt 27 Hektar große Fläche begrenzt.
In den Kreml hinein zukommen war dabei einfacher als anfangs gedacht. Auch wenn er noch immer das offizielle Regierungsviertel darstellt, und dadurch natürlich besonderen Schutz geniesst, war für die Touristen eine gute Zugangsmöglichkeit geschaffen.

Auf der nördlichen Seite fanden wir den entsprechenden Eingangsbereich. Wir kauften eine Karte für 350 Rubel pro Person (ca. 9 €) und gingen durch die Sicherheitskontrollen, ähnlich wie an einem Flughafen, in das Areal.

Immer noch verwunderte uns die Präsenz von „Mc Donald´s" und „Subway" in Russland. Gerade vor dem Eingangsbereich des Kreml hätten wir keinen amerikanischen Fast - Food Laden erwartet. Mc Donald´s dort vorzufinden, sozusagen das Synonym für den westlichen und somit vor allem amerikanischen Kapitalismus, überraschte uns. Das Restaurant war recht dezent in die historische Umgebung integriert, dennoch verblüffte uns die Tatsache sehr.

Eine Brücke hinauf zur Kremlmauer bildete schließlich den Eingang zum Inneren des Kreml. Darunter passierten wir noch einmal den Alexandergarten.

Die schmale, aber recht hübsche Gartenanlage war eine Hommage an den vorletzten großen Zaren des Kaiserreichs. Alexander hatte viele Bauprojekte in Moskau und im ganzen Land beschlossen. Wie schon erwähnt ging auch das naturhistorische Nationalmuseum am roten Platz, das GUM Kaufhaus und die transsibirische Eisenbahn auf sein Konto.

Wir saßen kurz vor Mittag noch im Park, stärkten uns mit der mitgebrachten Brotzeit, bevor wir anschließend unser Museum Nummer 6 auf der Reise betraten. Auch das Kremlgelände war als Museum tituliert und wieder einmal war es ein ganz besonderes.

Im Kreml angekommen sahen wir nah am Eingang, eine ziemlich unspektakuläre Versammlungshalle der Abgeordneten, die relativ neu und schlicht zu sein schien. Ein hässlicher, großer Betonklotz war das, der so gar nichts mit den umliegenden Gebäuden gemeinsam hatte.
Als der Blick nach ein paar Metern auf die historischen Gebäude und viele kleine goldene Türmchen frei wurde, entschieden wir uns diesen architektonischen Schandfleck links liegen zu lassen.

Ungefähr die Hälfte des Areals war für die Touristen zugänglich gemacht worden und konnte näher betrachtet werden. Die andere Hälfte war gesperrt für die Regierungsarbeit. Oder gar für Wladimir Putin höchstpersönlich? Wer wusste das schon.
Geschäftige und hochkonzentrierte Beamte verwiesen uns immer wieder auf den richtigen Weg, denn ich ganz bewusst für eine Fotoperspektive kurzzeitig verlassen hatte. Keiner der Touristen bekam aber die Gelegenheit, im unerlaubten Teil umher zu wandern.
Auf dem Weg zu dem „heiligen Platz" im Kreml, der vor Kirchen nur so strotzte und deshalb von uns beiden diesen Namen bekam, gingen wir erstmal an einer Ausstellung über Kanonen aus dem 16. und 17 Jahrhundert vorbei. Eine mächtige Zarenkanone, die schon echt supergroß und noch dazu prächtig verziert war, beeindruckte die Vorbeiziehenden. Auch wenn man mit einer

Kanone alleine bestimmt keinen Krieg gewonnen hatte, so stand man diesem Gigantismus schon mit einer gewissen Ehrerbietung gegenüber. Auch wir waren beeindruckt von dieser Größe.
Für uns stellte die Zarenkanone jedoch viel mehr ein Dekorationsobjekt dar, als das man von einer wirklichen Angriffs- oder Verteidigungswaffe hätte sprechen können.
Allein die Größe sollte wohl schon die Gegner abschrecken. Daneben waren weitere gusseiserne, kleinere Kanonen aus dem späten 16. Jahrhundert aufgebahrt. Diese sahen wenigstens gebraucht aus.
Nun ging es weiter an akkurat, in den russischen Nationalfarben weiß, blau und rot bepflanzten Blumenbeeten, zum von uns genannten, heiligen Platz.
Auf dem religiösen Hauptplatz des Kremls, stand nun eine prächtige, weiße, russisch - orthodoxe Kathedrale, nach der Anderen.
Alle bis auf eine hatten vergoldete Zwiebeltürmchen und waren von außen her viel schlichter gehalten, als beispielsweise die bunte Basilius Kathedrale am roten Platz. Eine der vier weißen Kathedralen hatte silberne Zwiebeltürmchen. Warum auch immer?
Wir besichtigten heute nicht alle Kirchen, denn irgendwie hatten wir schon zu viele Kirchen in zu kurzer Zeit bewundert und so gingen wir nur in zwei, für uns besonders bedeutsam wirkende, Kathedralen.
In der Ersten angekommen hörten wir zugleich eine deutsche Reisegruppe mit ihrem Reiseleiter umherlaufen, der wir uns zwar immer wieder mal

anschlossen um Hintergrundinfos zu bekommen, doch eigentlich waren wir gesättigt mit Kircheninfos, so dass wir die Gruppe weiterziehen liessen.

Wir gaben uns in der Reisegruppe natürlich nicht zu erkennen und merkten - inkognito unterwegs zu sein hatte auch seine Vorteile.

Die Kathedralen waren von innen sehr prächtig gestaltet. So gut wie jeder Quadratzentimeter der Wände war im Innern mit vielen heiligen Ikonenbilder bemalt. Zudem standen die Kathedralen voll mit alten Zaren - Särgen.

In der Erzengel Michael Kathedrale, hatte man kaum noch Platz um sich überhaupt zu bewegen, so viele Särge waren darin untergebracht und aufgebahrt. Hier lag bestimmt die halbe, Zarenschaft Russlands.

Nach dem kurzen Einblick in die Kirchen machten wir einen kleinen Spaziergang im schön gepflanzten, inneren Kremlpark. Wir hatten einen entspannten Blicken über die Kremlmauer hinweg hinein in die Stadt und auf die Moskwa und machten auf einer Parkbank eine kleine Rast.

Ich holte uns ein Eis und sitzend stellten wir abermals fest, dass wir bereits wieder müde und fertig waren.

Jeden Tag ein anderes Highlight zu besuchen, mit Hunderten von Informationen die dabei auf einen einströmen, kann wirklich ganz schön ermüdend sein.

So war wohl das ernsthafte, kulturelle Reisen - jedenfalls wenn man es so betrieb wie wir - und wenn man zwei Städte von Weltrum, für je eine Woche, direkt hintereinander besuchte.
Vielleicht würde sich aber unser Wahrnehmungsapparat und unser Gehirn auch erst noch an diese Fülle gewöhnen müssen, das würden wir noch sehen.

Beim hinaus flanieren nach 3 Stunden, ging es noch einmal an prächtigen, mit Stuck verzierten Regierungsgebäuden vorbei. Wieder einmal sahen wir die typischen, hohen Fenster, die alle von Weiß und Gold umrandet wurden.
In Russland wurde echt nicht mit Gold gespart. Sah man in Berlin auch soviel Gold, soviel Pracht und Stuck an den Gebäuden? Wir konnten uns nicht daran erinnern.

Schließlich gelangten wir vor dem offiziellen Ausgang noch zur weltberühmten „Armoury".
Die dortige zur Schaustellung zaristischer Schmuckstücke und Edelsteine hatte absoluten Weltruf. Mit die größten Rubine und Diamanten der Welt konnten dort laut Reiseführer bestaunt werden.
Auch wenn wir erstmal fragend und zweifelnd vorm Eingang standen, wollten wir uns die Ausstellung aber nicht mehr geben.

Moskau und Sankt Petersburg waren bislang so voll unerwartetem Glitzer gewesen, dass wir uns gegen die nicht zu verachtende Warteschlage vor der

Armoury entschieden und damit auch gegen den Extraeintritt, der hier abverlangt wurde. Nach so vielen vergoldeten Türmchen und Särgen war es genug an Pracht für einen Tag. Irgendwann war man gesättigt mit dem zur Schau stellen von Prunk und Reichtum.

Später erfuhren wir vom dem polnischen Pärchen im Hostel, dass es gar nicht so leicht sei in die Armoury zu gelangen. Der Einlass war wohl generell sehr stark beschränkt, so dass man immer mit einer langen Wartezeit in der Schlange hätte rechnen müssen, vorausgesetzt sie hatte überhaupt geöffnet.

Wir hingegen hatten auch nach dem vermeintlichen Enthusiasmus den das polnische Pärchen den Edelsteinen entgegenbrachte, immer noch keine Lust auf die Edelsteine. Müde und noch etwas geschwächt von der kleinen Erkältung oder Grippe, verbrachten wir einen ruhigen Abend in und um das Hostel.
Schließlich ging es am nächsten Tag erst so richtig los mit unserem Russlandabenteuer. Die erste transsibirische Zugfahrt nach Yekaterinenburg - Etappe 1 - erwartete uns.

Nach dem Essen und Zusammenpacken des Rucksacks, lud das Personal des Hostels noch zu einer Spielrunde „Mafia" ein. Wir kannten das Spiel nicht, aber waren daran interessiert. Es war eine absolut internationale Runde aus Australien,

Engländern, Holländern, Amerikanern, Russen und Deutschen, in der wir da saßen.

Zudem war es ein Spiel, das vom Namen her wirklich gut nach Russland passte. Zumindest nach unserer Vorstellung und ohne irgendwelche Klischees zu erfüllen.

Ziel des Spiels war es, zwei Mafia Gangster zu finden, bzw. musste ein ebenfalls unerkannter Detektiv „undercover" in der Runde die Mafiabosse zuerst finden, bevor die Mafialeute den Detektiven fanden. Jeder bekam eine Rolle zugelost und musste dann entsprechend argumentieren, ohne das man aber wusste, wer von den Mitspielern zu welcher Seite gehörte.

Es war ein ganz witziges, interaktives Spiel und es wäre noch lustiger geworden, wenn man gute Englischkenntnisse besäßen hätte. Leider hatten wir aber beide immer nicht wirklich viel verstanden von den Aussagen unserer Mitspieler.

Die „Native - Speaker" - also die Amerikaner, Australier und Engländer - sprachen einfach viel zu schnelles und zu gutes Englisch. Jedoch gaben sie sich auch wirklich keine Mühe, die Wörter korrekt und verständlich auszusprechen.

Zudem waren wir sehr müde und entkräftet nach dem Kreml, so dass wir sowohl für sie, als auch für uns selbst, manchmal wohl unverständlich waren.

Unser Englisch sollte aber bestimmt noch besser werden die nächsten Monate. Schließlich waren wir ja jetzt erst zwei Wochen unterwegs.

Erneut stand am Ende des Spiels eine letzte Nacht in einer Stadt an. Dazu die vorerst letzte Nacht im Mehrbettzimmer. Das freute uns.
So viele Vorteile das Applehostel in punkto Sauberkeit, Gemütlichkeit und Küche auch hatte, irgendwann nervte die ständige Anwesenheit der Anderen und man wollte seinen gewohnten privaten Rückzugsraum haben.
Außerdem konnte es auch mal recht laut zugehen in einem 6er Zimmer. Gerade wenn unempathische und rücksichtslose Menschen im Zimmer, wo andere schlafen wollten, ihre Gespräche führten, musste ich mal einen Kommentar ablassen.
Wieder Andere kamen nachts recht spät und angetrunken heim, so dass auch die nicht wirklich leise waren.
Aber so war das halt. Jedenfalls hatten wir nach zwei Wochen Reisen und bislang ausschließlichem schlafen im 6er Mehrbett - Zimmer, erstmal genug von fremden Menschen und wir freuten uns auf das wartende 2 Bett Zimmer in der nächsten Stadt - Yekaterinburg.

Auf auf zur Transib!
An einem Sonntag, nach einem gemütlichen Frühstück und Duschen, war erstmal das restliche Zusammenpacken der vielen Rucksäcke angesagt.
Schön langsam aber sicher artete das Packen zu einer wohlstrukturierten Tätigkeit aus.
Alles was man vorerst glaubte gar nicht zu gebrauchen, kam recht weit unten in den großen Rucksack. Das was man hingegen häufig benötigte,

wurde separat in schnell erreichbaren Fächern gebunkert. Alles Wertvolle und elektrische kam in den kleinen Rucksack den ich meist vor dem Bauch trug.

Wir hatten beim Packen zunehmend das seltsame Gefühl, dass sich unser Gepäck auf wundersame Weise selbst vermehrte.
Natürlich hatten wir in der zweiten Woche schon ein paar Souvenirs mit an Bord. Jeder besaß ein Dostojevski T-Shirt und auch einige Babuschka Anhänger waren im Gepäck.
Irgendwie wollten wir aber nicht glauben, dass diese Kleinigkeiten der Grund für das hohe Gewicht und den Platzmangel waren.
Schon eher war unser Proviant der Grund. Wir hatten wirklich viel zum Essen dabei, auch weil uns der Hinweis von anderen Mitfahrern erreichte, dass im Zug zwar ein Restaurant vorhanden war, es aber relativ teuer und schnöde sein sollte.

Zudem schien sich die zu Beginn der Reise im Rucksack noch vorherrschende Ordnung und effiziente Packweise aus Deutschland, mehr und mehr aufzulösen. In Sankt Petersburg ging es noch, in Moskau wurde es schon schwieriger.
Für uns war es nur noch eine Frage der Zeit, bis wir das erste Paket mit Souvenirs und nicht mehr Gebrauchtem Richtung Heimat schicken würden. Das war ja auch von Anfang an unser Plan.

Im Anschluss an das Packen verbrachten wir die letzten Stunden in Russlands Hauptstadt im

Aufenthaltszimmer mit Tom, dem netten Bostoner, der soviel und so sympathisch lachte. Tom und ich nutzten beide die Gelegenheit, um Musik-, Film- und Herkunftsgedanken auszutauschen. Ich erzählte ihm von der Vertreibung meiner Großeltern, sehenswerten Filmen und meiner Lieblingsmusik und er erzählte mir von Boston, gerade auch von der Zeit nach den Attentaten. So verging die Wartezeit bis zur Abfahrt recht zügig.

Tom war bislang der Erste auf unserer Reise, mit dem ich mir vorstellen hätte können, sich auch im Anschluss noch einmal zu treffen. Vielleicht verband uns ja auch der gemeinsame Gedanke Lehrer zu werden? Wer weiß..

Nach dieser gemütlichen Zeit im Couch Zimmer des Hostels, in der all unsere Geräte noch einmal aufgeladen wurde, ging es schließlich um 15.30 mit der Metro zum „Kazansky Vokal".
Der Kazansky Vokal war einer der vielen großen Bahnhöfe in Moskau und seit jeher der Abfahrtsort der transsibirischen Eisenbahn.

Das Abenteuer Transsib sollte also nun nach 2 Wochen Russland beginnen. Und wir waren wieder einmal gespannt was uns erwarten würde.

Die erste Nacht im Zug *(14.7.2013)*
Hieß unser nächstes Ziel nun Ekaterinburg, Jekaterinburg oder Yekaterinburg? Je nachdem auf

welche Karte oder in welches Buch man blickte, es unterschied sich nahezu immer die Schreibweise der Stadt.

Wir würden aber schon ganz bald sehen können, wie die Stadtbewohner ihre Stadt nun selbst nennen. Die mussten es schließlich wissen.

Nach 13 Tagen im europäischen und historischen Kernbereich Russlands machten wir uns nun auf in den viel größeren, asiatischen Teil dieses flächenmäßig größten Landes des Erde.

Dafür mussten wir erst einmal die Grenzen Europas verlassen, was mit der geografischen Überwindung des Uralgebirge geschah. Der Ural zog sich wie ein Gürtel aus vielen unterschiedlich hohen Bergen (bis zu 1895m hoch) vom dauernd gefrorenen Nordkap am Polarkreis, bis hin zur Nähe der kasachischen Grenze und dem Kaspischen Meer im Süden.

Der Gebirgszug galt dabei seit jeher als natürliche Barriere zwischen Europa und Asien.

Bislang waren wir nur westlich des Ural unterwegs gewesen, im wirtschaftlich und kulturell stärksten, sowie politisch dominierenden Teil, Russlands.

Während unserer Fahrt in die Geburtsstadt Boris Jelzins, sollten wir den Ural nun überwinden und auf die östliche Seite gelangen. Wir passierten zuerst die Millionenstadt Perm auf der Westseite des Gebirges um dann auf der Ostseite Ekaterinburg zu erreichen.

Die transsibirische Eisenbahn - das war für uns ein Name mit einem ganz besonderen Nachhall. Was war das nur für eine weltweit einmalige Strecke und wie viele Rekorde wurden mit ihr schon gebrochen? Unzählige!

Noch immer gilt die Strecke mit einer Gesamtlänge von 9288km als die längste Eisenbahnlinie der Welt. Und sie wird es aller Voraussicht nach auch für alle Zeiten bleiben. Als Startpunkt der von 1891 bis 1904 erbauten Strecke gilt traditionell Moskau und das Ziel liegt im fernen Wladiwostok (wörtlich „Erobere den Osten") am Japanischen Meer. Dort im fernen Osten hat Russland auch eine gemeinsame Grenze mit Nordkorea und China. Was für Entfernungen…

Bis zum Ural waren es vorerst 1777km, die wir mit unserem ersten Streckenabschnitt hinter uns lassen würden.

Insgesamt durchfährt man mit der Transsib auf dem Territorium der Russischen Föderation 14 Gebiete, die sogenannten Oblast´s, 3 Regionen (Kraj), 2 Republiken und 1 Autonomes Gebiet. Die Gebiete nach der Reihenfolge der Durchquerung von West nach Ost sind Moskau, Wladimir, Jaroslawl, Kostroma, Kirow, Udmurtische Republik, Gebiete Perm, Swerdlowsk, Tjumen, Omsk, Nowosibirsk, Kemerowo, Region Krasnojarsk, Gebiet Irkutsk , Burjatische Republik, Gebiet Tschita, Amurgebiet, Jüdisches Autonomes Gebiet, Regionen Chabarowsk und Primorje.

Entlang dieser Magistrale waren knapp 100 Städte angesiedelt worden, von denen 5 Städte mehr als 1 Mio. Einwohner hatte, darunter Ekaterinburg. Die meisten der Städte hatten jedoch unter 300.000 Einwohner.

Mächtige Flüsse wie die Wolga, die Ob oder den Amur, konnte ebenfalls mit der Eisenbahn überquert werden. Zum Teil waren die Brücken dabei mehr als 2 Kilometer lang, da gerade der Amur, weit im Osten gelegen, ein sehr breiter, wasserreicher Fluss war. Die Wolga überquerten wir bereits auf unserem ersten Abschnitt, den Amur sollten wir gar nicht zu Gesicht bekommen.

Insgesamt dauerte es lange 73 Jahre, von 1929 bis 2002, bis die gesamte Strecke voll elektrisiert war. Der erste Streckenabschnitt, bereits 1929 elektrifiziert, lag um Moskau und war ganze 18 Kilometer lang (kurz).

Was uns im Osten nun erwarten sollte konnten wir uns ehrlich gesagt ganz schlecht vorstellen. Sibirien! Klar! Aber was war Sibirien?
Man hatte natürlich eine Vorstellung im Kopf was Sibirien sein konnte. Die Taiga zum Beispiel kannte man vom Namen her. Für uns war die Taiga eine unendlich weite, immergrüne Landschaft aus Fichtenwäldern mit äußerst winterharten Büschen und dazwischenliegenden Naturwiesen. Quasi das kalte Gegenteil zur afrikanischen Steppe. Menschenleer, trocken, irgendwie anziehend.
Im kurzen sibirischen Sommer stellten wir sie uns vielleicht stellenweise noch sumpfig nass vor, im Winter dagegen bei monatelangem Permafrost, äußerst unwirtlich, schneeverhangen und menschenfeindlich.
Dazwischen sollten in der Taiga nach unsere Vorstellung selbstverständlich noch alles Mögliche

an Tieren leben. Vom sibirischen Bären angefangen, bis hin zu riesigen Herden aus Elchen und Hirschen, mit den obligatorisch nachfolgenden Wolfs - Rudeln. Ganz oben im Norden über dem Polarkreis gab es vielleicht sogar ein paar Eisbären, die sich auf Grund der Erderwärmung, wohl mehr und mehr über schwindendes Treibeis wunderten.

Ja, das war vielleicht so unsere landschaftliche Vorstellung - erwachsen aus Fernsehreportagen und Dokumentationen.

Aber was war mit den Menschen die hier lebten? Waren sie immer noch europäisch aussehend wie in Russlands Metropolen im Westen? Wie war deren Kultur und mit welchen Lebensumständen hatten sie zu kämpfen? Hier war es schon bedeutend schwieriger eine Vorstellung zu entwickeln. Waren das noch Christen in Sibirien? Oder Muslime? Oder doch alles Atheisten?

Wir hatten anfangs eine eher indigene Vorstellung von einer Art Volksgruppe wie den Inuit, mit vielen weiteren, abgehärteten Naturvölkern. In unserer Vorstellung sahen diese auch eher asiatisch als europäisch aus. Vielleicht waren manche gar mongolischen Ursprungs?

Und was war mit dem Charakter dieser Menschen? Gehen wir mal davon aus, dass das Klima in dem Mann oder Frau lebt, durchaus einen Einfluss auf das menschliche Verhalten und Denken hat. Im Laufe der Jahrhunderte, oder gar Jahrtausende, beeinflusste so das Klima sogar unsere Gene und damit auch unseren Charakter. Waren die Russen nicht alle reserviert und innerlich „kalt" in unserer

Vorstellung? Zumindest gegenüber den Italienern oder Spaniern.

Darüber hinaus hatte das Klima vielleicht auch Auswirkungen auf unser planerisches Denken und unsere grundlegenden, kognitiven Funktionen, wie es in der Fachsprache der Ergotherapie so schön heißt.
Je „härter" die klimatischen Bedingungen sind, desto besser sollte man den Lauf der Jahreszeiten und der Natur beobachten und einschätzen können.
Ohne Organisation und Vorausplanung täte man sich schwer durch die lange, harte und karge Winterzeit zu kommen. Und das es eine „harte" Zeit in Sibirien gab, war für uns klar. Sibirien als Land hatte wohl eindeutige Spuren im Charakter und der Mentalität der Menschen hinterlassen.
Nicht nur die wettergegerbte Haut der Menschen war oftmals ein Ausdruck ihrer Lebensumstände, nein auch der Charakter wird wohl vom Klima geprägt und geformt. Es wäre wirklich interessant ob es dazu eine wissenschaftliche Untersuchung gibt?

Die von uns zu Beginn wahrgenommene, etwas unfreundliche und distanzierte Haltung der Russen, erschien uns im ersten Moment jedenfalls auffällig. Es gab wenig spontanes Lächeln und Blickkontakt zwischen den Menschen auf der Straße, sowohl in den Zügen als auch in den Städten, oder auch im Treppenhaus. Zudem empfanden wir die Satz- und Sprachmelodie der Russen als eher ruppig und rau.

Oder handelte es sich hier wieder einmal um eine „sich selbst erfüllende Prophezeiung"?
Diesen berühmten Wahrnehmungsfehler, dass alles was man schon erwartet und an Vorwissen und Vorurteilen mit sich herum trägt auch eintritt, begeht man wohl öfter als man glaubt.
Das bereits in uns eingebrannte Vorstellungen und Erwartungen immer wieder hinterfragt werden mussten, stellten wir auf der gesamten Reise fest.

Vielleicht hatte aber auch der Kommunismus bzw. das Staatssystem entscheidend die Mentalität mit beeinflusst?
Auf Grund der jahrelangen Verfolgung durch den Inlandsgeheimdienst, ähnlich wie durch die Stasi in der DDR, waren die Menschen vielleicht etwas zurückhaltender und verschlossener in Ihrer Art geworden? Man wusste ja nie wer gerade mithörte und was die Gespräche für Konsequenzen haben konnten. Nicht das man nach Sibirien verbannt wurde wie unter Stalin - im harmlosesten Fall.
Obwohl eine übertriebene Zurückhaltung auf die Menschen aus der ehemaligen DDR ja unseres Wissens auch nicht unbedingt zutrifft. Ganz im Gegenteil hieß es ja in der geschichtlichen Retrospektive manchmal sogar, dass gerade die neuen Bundesländer sozialer und gleichberechtigter waren als der Westen, was man beispielsweise an den Zahlen der Kindergrippen und Vereine ablesen konnte.

Jedenfalls dachten wir, könnte das Bild, welches wir Deutschen von den Russen haben, mit demjenigen eine große Ähnlichkeit haben, was die Spanier oder Italiener von uns Deutschen haben. Wir Deutschen gelten ja für die Südeuropäer auch als eher sachlich, nüchtern und distanziert.

Das sah man ja schon überdeutlich, wenn man sich allein die verschiedenen Begrüßungsrituale der verschiedenen Völker vor Augen führte. Der Italiener, Spanier und auch der Franzose, lachen, drücken und knutschen zur Begrüßung und zur Verabschiedung, als gäbe es keinen Morgen mehr. Der Deutsche, schön distanziert und unemotional, streckt lieber die Hand entgegen - aus 2 Meter Entfernung versteht sich.

Fragen über Fragen und Gedanken über Gedanken schossen uns durch den Kopf, während unserer ersten transsibirischen Zugreise. Wenn nicht hier, wann auch dann, hatte man die Zeit für solche Gedankenspiele? Hier bekam der Geist den nötigen Abstand und die nötige Freiheit zum Denken. Alltägliche Verpflichtungen die den Geist oftmals blockieren und lähmen, gab es hier erstmal nicht. Und genau das war mitunter der Grund, warum gerade ich diese Auszeit unbedingt machen wollte. Einmal „frei" sein dürfen -auch im Kopf.

Für 3850 Rubel / Person (ca. 90€) überwanden wir schließlich den Ural, ließen das geografische Europa mit der Millionenstadt Perm endgültig hinter uns, und landeten schließlich auf der östlichen Seite in Asien. Nun fing Sibirien an - Westsibirien um genauer zu sein.

Fast der gesamte Ostteil von Russland, also östlich des Ural um genauer zu sein, wird als Sibirien bezeichnet.

Vom Reiseführer lernten wir schließlich, dass es einen „Föderationskreis Sibirien" gibt, ähnlich dem Begriff des deutschen Bundeslandes.

Zudem existiert aber auch eine westliche Vorstellung von „Sibirien", die viel mehr umschließt, als der russische Begriff eigentlich meint. So gehört ganz Jakutien zum Beispiel für den Westen auch zu Sibirien.

Jakutien ist unter den Russen jedoch ein eigener, teilautonomer Föderationskreis und wahrlich riesig. Auch wenn das Gebiet 9 x größer als Deutschland ist, leben dennoch nur knapp 1 Million Menschen dort. Das ergibt eine sagenhafte Bevölkerungsdichte von 0,3 Menschen pro Quadratkilometer, im Vergleich zu 226/ km^2 in Deutschland!

Was mich auch noch sehr beschäftigte während der langen Zugreise, waren Gedanken zur Erschließung dieses riesigen, so spärlich besiedelten Ostteils von Russland.

Im Reiseführer lasen wir, dass im Laufe der Jahrhunderte, vor allem im Zeitraum von 1564 bis 1860, die Russen immer weiter Richtung Osten vordrangen und dabei die dort lebenden Volksstämme militärisch unterwarfen. Wie mochte das wohl gewesen sein in diese unsagbare Leere von Sibirien zu wandern?

Mit der Zeit hoben sich einige Zaren dabei besonders in der Erschließung des Ostens hervor.

Damals hatte auch die Deportation von unliebsamen Querdenkern und Sträflingen zur Erschließung des Ostens ihre frühe Tradition gefunden.
Ähnlich wie die Briten in Australien, wurden auch in Russland Gefangene zur Urbanisierung der Gebiete eingesetzt. Die durften allesamt erstmal Bäume roden und Holzhacken.
Schon im Jahre 1661 wurde schließlich Irkutsk am Baikalsee gegründet, das Ziel unseres nächsten Stops.
Es sollte jedoch noch fast 200 Jahre bis zum Jahre 1860 dauern, bis Wladiwostok, wörtlich übersetzt „Beherrsche den Osten", im äußersten Osten an der Pazifikküste gegründet wurde.

All diese Fakten beeindruckten mich sehr und ließen meine Fantasie, oder besser gesagt mein Kopfkino, anspringen. Ich sah aus dem Fenster des Zuges, sah den Wald an uns vorbei rauschen und stellte mir die langen Trecks der Siedler darin vor, die mit unzähligen Karren und Wagen ausgezogen waren, um eine ganze Zivilisation neu anzulegen.
Ganz ähnlich wie bei der Besiedlung des Westens der USA, wo Menschen sich auf den Weg machten um Land zu erschließen und weil man Ihnen etwas versprochen hatte.
Nur das damals die Erschließung des Westens in den USA in meinem Kopf doch irgendwie moderner und einfacher vonstatten gegangen war.
Überall waren es Extrembedingungen, in Russland wie in Amerika, dennoch bedeutete die Erschließung Sibiriens für mich aus einem nicht

näher zu bezeichnenden Grund noch mehr Abenteuer.
Unbestritten war beides eine wahre Pionierarbeit und ein Überlebenskampf der immer ins Ungewisse führte.
Heute ist diese Zeitepoche weit weg, wenn man ganz bequem im Zug durch Sibirien fährt.

Man fährt übrigens eher gemächlich auf den transsibirischen Schienen, die meistens von Gulag - Zwangsdeportierten gelegt wurden. Für die insgesamt 1814 Kilometer von Moskau nach Yekaterinburg benötigten wir ganze 26 Stunden. Vom Ural nach Ekaterinburg waren es nur noch 37 Kilometer.

26 Stunden Zugfahren - in ein und demselben Zug - auch das war für uns bislang schwierig vorstellbar.
In Deutschland konnte man gar nicht so lange Zugfahren, selbst wenn man möchte - das Land ist einfach zu klein.

Diese erste Zugreise sollte allerdings für uns nur der Auftakt einer langen Odyssee im Zug sein und als wir dann nach 9 $^{1/2}$ Monaten wieder in Deutschland waren, rechneten wir aus, dass wir fast 1 Monat unserer Reise nur in Zügen und Bussen geschlafen hatten. Vor allem in Russland, China und Indien fuhren wir sehr viel Zug.
1 Monat im Zug oder Bus schlafen? Das war erstmal eine unglaublich anstrengend wirkende Zahl. Schließlich waren es aber auch einige Zehntausend Kilometer die wir, meist über Nacht,

dadurch billig auf dem Landweg zurückgelegt haben.

Mit dem billigsten und von uns auch so gewollten Ticket, landeten wir in 2 oberen Kojen in einem etwas älteren Wagon. Unsere oberen Betten mussten erst noch mit einer Kette ausgeklappt und eingehängt werden, was aber kein Problem darstellte.

Das ganze spielte sich in einem „52er all - open - Abteil" ab, was wiederum bedeutete, dass 52 Personen, und man hat ja in 26 Stunden Zugfahren Zeit die Schlafplätze im Abteil zu zählen, in einem offenen Wagon untergebracht waren.
Offener Wagon bedeutete, dass die einzelnen Kabinen in denen jeweils 4 Leute liegen und sitzen konnten, nach vorne hin zum Gang offen waren. Es gab also insgesamt 13 solcher offenen Kabinen nebeneinander.
Begleitet wurde der Wagon jeweils von einem Schaffner, der auch nur für je einen Wagon zuständig war. Seine Aufgaben waren es, zum Einen natürlich die Tickets zu kontrollieren und zum Anderen gab er einem auch Bescheid, wann die Zeit zum aussteigen gekommen war. Das war für uns ein ganz klarer Vorteil, denn es war für uns nicht einfach, die kyrillischen Ortsschilder an den Bahnhöfen zu lesen.
Auch wenn der Schaffner nur russisch sprach, so wussten wir stets, das wir nun gemeint waren und aufzupassen, oder eben auszusteigen, hatten.

Zudem fegte er Abends und Morgens mal den Wagon durch und achtet insgesamt sehr auf Sauberkeit und Sicherheit. Allein das er vorhanden war, gab auch uns ein Gefühl der Sicherheit.

Eine seiner, nach unserer Meinung, wichtigsten Aufgaben war es, das heiße, kostenlose Wasser, welches in jedem Zugabteil in Russland zu finden war, immer wieder aufzufüllen.
Für uns als (notgedrungene) Selbstversorger in Russland, war es genial immer heißes Wasser zur Verfügung zu haben. Mit unseren gekauften und zum Teil „mitgebrachten" Tee´s aus den Hostels, sowie den mittlerweile schon „heiss geliebten" Instant Nudeln verschiedenster Sorten und dem Instant - Kartoffelpüree, konnten wir uns somit sehr gut selbst versorgen.

Der Schaffner „wohnte" während der Reise in einer eigenen Kabine, die allerdings ziemlich klein und eng auf uns wirkte. Sie wurde zum einen vom Wagonende und zum anderen von einem Technikraum stark begrenzt. Als wir seinen Bereich durch die offen stehende Tür einmal sahen, waren wir um unsere zwei Kojen an der Decke auch wieder froh. Der Schaffner hatte gefühlt noch weniger Platz zur Verfügung als wir und er musste schließlich immer damit zufrieden sein.
Interessant für uns war zudem, dass an der Kabine des Schaffners immer eine genaue Routenbeschreibung aushing. Dort konnten wir, dank sich verbessernder Kenntnisse im Entziffern der kyrillischen Schrift, einigermaßen ablesen wann wir

wo genau waren und wie viele Kilometer wir bereits bis dahin zurück gelegt hatten. Wirklich eindeutig entziffern konnten wir aber nur die größeren Städte, deren Name uns schon etwas sagte.

Nach anfänglicher Skepsis in einer für uns doch recht befremdlichen und neuen Umgebung und einem obligatorischen verlaufen beim Betreten des Zugwagons, fanden wir durch die Hilfe eines Mitreisenden, doch noch unseren gebuchten Platz.
Bereits beim Einsteigen wurden die Tickets zwar vom Schaffner kontrolliert, aber dieser wies uns mit strenger Miene und typisch, russischem Fingerzeigen nur die Richtung in den entsprechenden Wagon. Von ihm konnten wir in dieser Situation nicht erwarten den Platz zugewiesen zu bekommen. Er hatte schließlich Tickets zu kontrollieren.
Voll bepackt mit unseren 3 übervollen Rucksäcken und einer Stofftasche voller Essen zwängten wir uns also in den Zug und irrten etwas ziellos umher.
Eigentlich wiesen einem Buchstaben und Zahlen den Weg, aber wenn man nicht genau weiß wo sich die Plaketten an den Sitzen befanden, suchte man erst einmal vergebens.
Schließlich fanden wir bei Natalie, einer etwas dicklichen, und wie sich zeigen sollte nicht recht gesprächigen und unmotivierten Russin, unseren gemütlichen Platz in den oberen beiden Kojen. Mit ihr reiste ihr Sohn, ca. 9 Jahre alt, der im Verlauf der Reise noch wirklich froh sein konnte das wir dabei waren.

Dieser Zug war bedeutend älter als die moderne ICE Variante die wir noch von unserer ersten Zugreise von Sankt Petersburg nach Moskau kannten. Natürlich war das aber auch die „prestigeträchtigste Strecke" in ganz Russland gewesen, wie wir aus dem Reiseführer erfuhren. Kein Wunder also das die Züge auf diesen Gleisen eher spezieller Natur waren.
Dieser Zug hier wirkte, als wäre er schon zu Pionierzeiten der Transsib gefahren und auch wenn man merkte, dass er mit viel Farbe ordentlich behandelt und in Schuss gehalten worden war, so sah man ihm das Alter dennoch an.

Nachdem wir unsern Platz gefunden hatten, verstauten wir zuerst die kleinen Rucksäcke und Taschen mit den Wertsachen oben auf unserer Koje um sie nachts nahe bei uns zu haben. Ein wenig Unsicherheiten in einem Zug voller Russen waren vorhanden - gerade Nachts.
Die beiden großen Trekkingrucksäcke hingegen schoben wir nach gestenreicher Absprache mit Natalie unter eines von den unteren beiden Betten. Natalie gab sich wenig Mühe uns Ihre Meinung darüber mitzuteilen und wirkte eher gelangweilt. Also schoben wir sie einfach mal darunter.
Nachdem wir unsere beiden oben gelegenen Plätze mit kleinen Betttüchern bezogen hatten und das Kissen schon ordentlich für den Schlaf bereit lag, fiel uns gleich mal ein großer Nachteil dieser billigeren Plätze auf. Man konnte leider nicht wirklich gemütlich aufrecht sitzen ohne sich den

Kopf an der Zugdecke anzustoßen. Somit waren wir immer auf einen Platz unsere Mitfahrer die unten saßen angewiesen. Ohne deren Gutmütigkeit, die man beim Zugfahren übrigens voraussetzt wie der Reiseführer sagte, konnten wir nicht angenehm unten sitzen um z.B. aus dem Fenster schauen.

Das hinlegen oben war kein Problem, aber bequem sitzen, spielen, schreiben, zeichnen und träumen konnte man nur unten.

Wollten die unter uns sitzenden Personen sich beispielsweise zum schlafen hinlegen, blieb uns oben einquartierten Personen nicht viel anderes übrig, als uns auch hinzulegen.Und wie wir merkten schlief vor allem Natalie sehr gerne beim Zugfahren, so wie die meisten Russen übrigens. Uns blieb mehr oder weniger somit nichts anderes übrig, als uns mit dem gelangweilten Sohn von Natalie zu beschäftigen um einen beständigen Sitzplatz zu haben.

Irgendwie war es beruhigend das auch der Reiseführer das Problem ansprach und wir hofften das er recht behielt und es beim Zugfahren wirklich dazu gehörte, seinen Platz unten mit den oberen Mitreisenden zu teilen.

Natalie entpuppte sich im Laufe der nun vergehenden Stunden wirklich als eine ganz besondere Mutter. Sie sah aus, als hätte sie vorm Zug gerade bei einem Make Up Artisten vorbei geschaut und sie hatte ständig einen MP3 Player im Ohr, oder spielte mit ihrem Handy. Ihr Sohn war oft sehr gelangweilt und wenn er mal zur Mama rüber rutschen wollte und sich an sie kuschelte, dann gab es meist eine rüde, entnervte ablehnende Geste von seiner Mutter.

Wir dachten uns schon, entweder hier wird der russische Mann „erzogen" hart zu sein und nicht zu viel kuscheln zu wollen, oder der Sohn war ein ungeliebtes Kind von ihr. Jedenfalls hatte es der Kleine nicht leicht mit seiner Mutter.

Im Laufe der Stunden zweifelten wir aber immer mehr an Natalies Fähigkeiten eine gute Mutter zu sein. Sie beschäftigte sich wirklich so gut wie gar nicht mit ihrem Sohn, war nur am schlafen, essen oder rumnölen, dass ihr Sohn ihr nicht auf die Nerven gehen soll.

Nun ja, andere Länder, andere Sitten wie man so schön sagt, aber für uns als Ergotherapeuten mit langjähriger Erfahrung in einem Kinderzentrum, war das Erziehungsverhalten auffällig abwertend gegenüber ihrem Sohn und sie wirkte absolut nicht kinderlieb.

Wir richteten nach kurzer Zeit gemeinsamen Schachspiels mit ihrem Sohn unseren Blick lieber aus dem Fenster als auf Natalies Ess- und Erziehungsverhalten. Ihr Sohn spielte auf meinem Handy irgendwelche Endlosspiele, wir hatten unsere Ruhe und genossen den Blick aus dem Fenster.

Der erste Eindruck war - Wald! Riesige, zusammenhängende Wälder zogen sich links und rechts der Bahnstrecke entlang.

Zu meiner Überraschung waren unglaublich viele Birken zwischen den Nadelbäumen und im Laufe

der Reise sollten wir noch feststellen, dass hier im südlichen Teil Russlands vor allem riesige Birkenwälder das Bild der Landschaft prägten. Das hatten wir beide so nicht erwartet. Russland war irgendwie Fichte - gefühlt!
Dazwischen waren in großen zeitlichen Abständen von meist mehreren Stunden, einzelne Graslandschaften, die auf eine menschliche Rodung oder Siedlung in der Nähe der Gleise hinwiesen. Viehzucht sah man darauf aber keine.
Nur zum Teil sah man in der Ferne einzelne Siedlungen, meist aus Holz, die einfach und unkoordiniert, wie aus einem vergangenen Jahrhundert wirkten. Ich fragte mich, ob dieses riesige Land in seiner Gänze überhaupt schon elektrifiziert war. Hatten diese kleinen Holzsiedlungen überhaupt Strom?
Hier vielleicht schon noch dachten wir, da wir uns ja noch in dem modernen, westlichen Teil Russlands aufhielten, aber was war mit denjenigen Siedlungen in Sibiriens Mitte oder Osten?
Je länger wir Richtung Osten fuhren, desto größer wurde zudem der Abstand von Siedlung zu Siedlung und von Stadt zu Stadt. Die ersten paar hunderte Kilometer um Moskau schien das Land noch recht dicht besiedelt, das sahen wir auch auf der Karte. Die menschliche Behausungen, dünnten jedoch Richtung Osten mehr und mehr aus.

Durch das Zugfahren und die lange, grün weiße Eintönigkeit der unzähligen Birken beim Blick aus dem Fenster, bekam man erstmals einen wirklich guten Eindruck von der unvorstellbaren Größe dieses Landes. Schließlich war Russland die Superlative schlechthin in Sachen Größe. Wie groß musste wohl allein dieser Wald sein schoss es mir durch den Kopf?

Als Kind in Deutschland war ich viel im Wald unterwegs gewesen und ich dachte immer, wenn ich mal nicht mehr nach Hause finde, dann geh ich einfach immer in eine Richtung - irgendwann hört der Wald schon auf. Das traf für unseren deutschen Wald sicherlich auch recht früh zu, zumindest für denjenigen wo ich groß geworden bin. Aber hier? Hier hätte man wohl Monate in eine Richtung gehen können, ohne jemals das Ende des Waldes zu finden.

Der Blick aus dem Fenster war eintönig, aber war er auch langweilig? Ja und Nein!

Ja, weil wir es wohl nicht gewohnt waren so lange keine anderen Reize aufzunehmen als die Farben grün und weiß. Wir waren ja bislang nur in glitzernden und schillernden, lauten und bunten Metropolen unterwegs gewesen - und jetzt das hier. Das war eine Umstellung die unser Gehirn anscheinend erst einmal schaffen musste. Diese Umstellung klappte anfangs nur mit lesen, Musik hören und Spielen - das Gehirn wollte schließlich beschäftigt und unterhalten werden. Bis man innerlich mal Stop sagte!

Nein, es war eigentlich gar nicht langweilig. Die Gedanken boten genügend Unterhaltung. Und wann hatte schon mal Zeit seinen Gedanken so frei

nach zu gehen? In der Stadt? Im Museum? Wohl eher nicht.
Irgendwie beruhigte einem das viele Grün auch. Die immer gleiche Landschaft hatte etwas Stilles und ruhiges an sich und bot viel Gelegenheit um über Russland und die Menschen, aber auch um über Europa und das persönliche zu Hause, nachzudenken.
Das Sitzen und erzwungene Nichtstun im Zug bildete dabei einen großen Kontrast zum sonst so aufregenden und abwechslungsreichen Leben in den Städten. Man sah so viel in den Städten und lernte dabei jeden Tag unglaublich viel neues Kennen, aber es war auch körperlich und geistig anstrengend und ermüdend. Wie oft waren wir erschöpft und gesättigt, ins Hostel zurück gekrochen?

Das Zugfahren war einer dieser Momente auf der Reise, an dem man eigentlich nichts weiter wollte und auch brauchte. Man war einfach da und hatte zu sitzen.
Martina saß neben mir, las begeistert in „Schuld und Sühne" von Dostojevski oder malte Bilder von Natalie und ihren Sohn. Ich las den „Atlas der Globalisierung" den ich für die ersten Reisewochen als Lektüre aus Deutschland mitgenommen hatte, und informierte mich über das manigfaltige Wesen der Globalisierung. Unzählige Statistiken sind in dem Atlas sehr bildreich dargestellt, von den Waffenexporten der Welt bis zum Getreideanbau. Das war für mich irgendwie eine gut Einstimmung zur Reise - die Zusammenhänge in ganz anderer

Weise mal zu sehen. In Irkutsk ließ ich ihn schließlich mal im Hostel für andere Interessierte liegen. Vielleicht haben ihn in der Zwischenzeit noch mehrere Leute gesehen.
Ab und an spielte ich Schach am Handy, oder auch mal wieder mit Natalies gelangweiltem Sohn in einer kleinen Magnetversion, und so vergingen erst die Minuten und dann die Stunden.

Die Musik war wichtig. Wie immer.
„Ein Moment kann auch das Leben sein.." sang mir Sebastian Hackel ins Ohr, als mein Blick aus dem Fenster schweifte. Das war schön - es passt einfach. Musik wurde hier von mir viel bewusster und deutlicher wahrgenommen als sonst. Ich glaube ich hatte noch nie zuvor so intensiv auf den Text der Lieder gehört, als hier in den Zügen der Transsib. Ich mochte das Zugfahren!

Natalies Sohn war dabei weiterhin sichtlich froh das er uns hatte, den so wurde er wenigstens ein bisschen von uns bespaßt. Spaß für ihn bedeutete dabei stets einen Sitzplatz unten für uns. Eine Win - Win - Situation sozusagen.

Ab und an zogen immer wieder Häuser und kleine Siedlungen auch mal direkt am Fenster vorbei und wir bekamen einen näheren Eindruck von der wirklich einfachen und kleinen Bauweise die hier im ländlichen Russland vorherrschte.
Es waren meist Holzhäuser, natürlich, Wald war ja genügend da, und die Dächer bestanden oft aus schon verrostendem Wellblech. Die Straßen waren

oftmals nicht geteert und insgesamt schien die Zeit hier etwas still gestanden zu sein.
Nach unseren Maßstäben musste es wohl unglaublich langweilig sein in solchen kleinen Siedlungen. Hier war bestimmt ein Großteil der Einwohner noch in der Land- oder Forstwirtschaft tätig. Wie diese Menschen lebten und dachten, was sie für eine Auffassung der Moderne aber auch von Familie hatten, das hätte mich interessiert.
Leider aber sahen wir die Dörfer nur aus dem Zugfenster und auch wenn wir die Möglichkeit gehabt hätten auszusteigen und uns ein Dorf mal genauer anzusehen, so wäre der Austausch sicherlich an unseren mangelnden Russischkenntnissen gescheitert. Hier einen englisch sprechenden Russen zu treffen erschien uns als nahezu unmöglich bzw. wie der sprichwörtliche Zufall nach der Suche der Nadel im Heuhaufen.

Die Zeit verging und irgendwann stand die Sonne tief. Wir sahen den Sonnenuntergang in einem Meer aus Wald. Der Himmel verfärbte sich und wir merkten, dass die meisten Russen im Zug früh schlafen gingen. Kurz nach Sonnenuntergang war Abendessen Zeit und es war geschäftiges Treiben beim heißen Wasser und auf der Zugtoilette.
Um 22 Uhr wurde dann auch das Licht im Abteil ausgeschaltet. Ein kleines Leselicht in der Koje stand uns fürs Lesen jedoch noch weiter zur Verfügung.
So legten wir uns ebenfalls relativ früh schlafen, nachdem sich Natalie und ihr Sohn gegen 21 Uhr

hinlegten. Wir packten Ohrstöpsel in unsere Lauscher, lasen noch ein wenig und wurden durch das rhythmische schwingen und scheppern des Zuges schließlich langsam in den Schlaf geschaukelt.

Wirklich gut schliefen wir beide aber leider nicht. Immer wieder wachten wir auf, beispielsweise weil einer der Mitfahrer gegen den ausgestreckten Fuß lief der bei der zu kurzen Liege noch auf den Gang hinaus hängte, oder wenn der Zug bremste und anfuhr. Auch mitten in der Nacht stiegen immer wieder Leute zu und aus.

Wir versuchen das ganze am nächsten Morgen sportlich zu sehen, es war schließlich unsere erste Nacht im Zug gewesen und wir konnten ja nicht davon ausgehen, dass wir in der für uns absolut neuen Situation gleich richtig gut schlafen konnten. Nichts desto trotz war dieses Reisen doch auch viel angenehmer als das Fliegen dachten wir. Hier erlebte man was. Und man hatte Platz zum liegen.

Bereits mit dem Sonnenaufgang standen wir dann doch auch schon wieder auf, bzw. wollten aufstehen. Da Natalie und ihr Sohn jedoch noch länger schliefen, mussten wir erstmal warten bis wir wieder unten sitzen durften.
Es dauerte nicht lange und der Junge reckte sich, so dass wir nach einem kurzen Blickkontakt unten wieder ein Plätzchen hatten.
Auch wenn unsere erste Nacht nun hinter uns lag und die Zugfahrt gerade am Morgen schon

unendlich lange wirkte, so sollte es noch bis 18 Uhr abends dauern bis wir aussteigen durften.

Jekaterinburg - Die Stadt der vielen Namen
(15.7.2013 - 18.7.2013)

Mit einer Stunde Verspätung kamen wir in der Abenddämmerung gegen 19 Uhr müde und erschöpft in Ekaterinburg an. Oder hieß es nun Yekaterinburg? Egal. Wir lasen beide Varianten in den nächsten Tagen in der Stadt.

Erst einmal waren wir beide jedoch froh, uns nach dem Aussteigen mal wieder richtig bewegen zu können, und nicht nur den kurzen Weg im Zugabteil von der Toilette und zur Koje hin und her zu gehen.

Am Bahnhof von Ekaterinburg gingen wir in die kühle Stadt hinaus und schulterten unsere schweren Rucksäcke ziemlich verloren auf einem großen Vorplatz. Es war einer dieser typischen Plätze in Russland, mit einer großen Bronze Statue zur Heldenverehrung in der Mitte, und einem darum liegenden Parkplatz voller Autos, Busse und LKW´s. Auch einen Mc Donald sahen wir gegenüber. Fast wie bei uns dachten wir.

Was uns aber gleich auffiel als wir auf dem Platz umherstreiften, war dass die Autos und Busse die hier parkten, bei weitem nicht so modern wirkten, wie die Fahrzeuge die in Sankt Petersburg und Moskau umher standen. Sah man in den „beiden Hauptstädten" Russlands vor allem neuwertige Autos, darunter auch viele deutsche Fabrikate, so sahen wir hier Autos die wie aus dem Tschechien der 80er und 90er Jahre aussahen.

Zumindest assoziierten ich das so mit meinen tschechischen Erfahrungen als Kind und Jugendlicher.
Viele Autos hier waren bereits angerostet oder eingedellt und die Fabrikate waren eher asiatischer Natur und deutlich älter als bislang. Auch einige russische Lada´s standen hier rum und Busse, die man bei uns eher im Museum finden würde.

Wir suchten uns eine Metro Haltestelle um günstig zu unserem Hostel zu kommen und stellten fest, dass es die bislang billigste Metro in Russland war.
Das war natürlich erfreulich für unser Budget und so fuhren wir für nur 23 Rubel / Person (50 cent) zu der uns per Email mitgeteilten Haltestelle. In Moskau hatte das Metro Ticket noch 30 Rubel gekostet, ca. 25% mehr als hier und in Sankt Petersburg gab es den Drehkreuz - Coin für 28 Rubel, auch das waren noch fast 20% mehr als hier. Wir hofften das nun alles ein wenig billiger werden würde und sollten damit auch ein wenig Recht behalten.

Mittlerweile waren wir schon fast routiniert geworden im identifizieren der richtigen Haltestelle und da das Metro Netz hier deutlich über´schaubarer war als in den großen Metropolen, fanden wir die uns genannte Haltestelle auch ohne Probleme. Auch in Yekaterinburg war die Metro wieder gefühlte 50m unter der Erde verbaut. Die Rolltreppe kam einem ewig lang und tief vor, ähnlich wie in Sankt Petersburg und Moskau, und am Ende der Rolltreppe saß auch hier ein

Staatsbediensteter in einem kleinen Glashäuschen, der die Rolltreppe „überwachte". Zumindest dachten wir uns dass das sein Job sei, was sonst hätte er hier machen sollen? Aber warum musste man eine Rolltreppe überwachen? Weil sie tief war und die Leute oft runterpurzelten? Bestimmt wegen der Sicherheit.

Ab der Haltestelle und zurück auf der Oberfläche mussten wir noch einige schweißtreibende Meter zu Fuß gehen. Mit etwas Mühe fanden wir dann in einem Hinterhof endlich unser Hostel. Wieder einmal hatten wir mehrmals Passanten auf den letzten Metern gefragt, ähnlich wie in Moskau, ob die Hausadresse nun auch wirklich richtig war. Wieder einmal hing kein Schild an der Hausfade und das ganze kam einen abermals ziemlich konspirativ und suspekt vor.

Dieses Hostel war ganz anders organisiert, als die modernen und quirligen Varianten, die wir bislang erlebt hatten. Die Dame an der Rezeption saß einen Stockwerk über dem eigentlichen Hostel, sprach ausschließlich russisch und verlangte erstmal das wir die Schuhe ausziehen beim einchecken. Nun ja - gerne dachten wir, auch wenn das bestimmt keine Freude für sie war nach der langen Anreise im Zug und ohne Dusche.
Insgesamt wirkte ihr „Büro" eher wie ein Wohnzimmer und Sie schien das Hostel von ihrer darüber liegenden Wohnung aus zu betreiben. Ihr Tonfall war nicht gerade höflich, eher genervt und

erstmal wollte sie das Geld sehen. Ja, so sind sie manchmal, die Russen.
Wir bezahlten also 2025 Rubel / Person für 3 Nächte (ca. 45€) und gingen anschließend gemeinsam einen Stockwerk tiefer zu den Zimmern. Wir bekamen zu unserer großen Freude ein wirklich großes Zimmer mit 4 Betten zugewiesen - und das obwohl wir nur zu zweit waren.
Mit einem kleinen Doppelbett und zwei Einzelbetten ausgestattet, bot es uns viel Platz und es war dabei deutlich größer als das 6 Bett Zimmer im Applehostel.
Das Beste aber war ohne Zweifel, dass wir nach über 2 Wochen in Gemeinschaftsräumen, endlich mal wieder ein Zimmer ganz für uns alleine hatten. Ein wahrer Luxus den wir nun zu schätzen wussten und der in Deutschland mehr als alltäglich war.
Endlich wieder Privatsphäre!

Im Badezimmer lernten wir schließlich gleich noch weitere Reisende kennen. Zuvor dachten wir schon, wir seien die einzigen Gäste weil es gar so still war und leer wirkte. Einen Gemeinschaftsraum gab es hier nicht, nur eine kleine Küche war vorhanden, in der maximal 3 - 4 Personen Platz hatten.

Die beiden angetroffenen waren dann aber für unseren ersten Tag, neben uns beiden, auch die einzigen Gäste im Hostel. Wir kamen ins Gespräch und freundlicherweise konnten uns die beiden gleich den Weg zum nächsten Supermarkt nennen.

Endlich konnten wir uns mal wieder mit jemanden unterhalten, wenn auch auf englisch. Wir erfuhren das die beiden jedoch morgen schon weiterziehen würden, auch mit der transsibirischen Eisenbahn in Richtung Ulan Bator.

Die beiden waren ungefähr in unserem Alter und wir merkten wie viele Pärchen sich anscheinend auf die gleichen Spuren begaben. Uns gefiel das natürlich sofort und es hinterließ jedes Mal ein kleines Gefühl der „inneren Verbundenheit", wenn man solche „Gleichgesinnten" traf.

Bevor die beiden am nächsten Morgen das Hostel verließen, gaben Sie uns auch noch ihr gesamtes Info- und Kartenmaterial zur Stadt. Das war einfach nur nett und eine weitere, tolle Erfahrung, wie Backpacker untereinander auf sich achteten und sich hilfsbereit zur Seite standen.

Den restlichen Abend verbrachten wir bei trübem, deutlich abgekühlterem Sommerwetter mit einem Großeinkauf für die nächsten Tage im Supermark bevor er schloss. Und die Läden machten deutlich früher zu als zu Hause.

Wir schleppten unseren mittlerweile obligatorischen 5 Liter Kanister Wasser heim, gönnten uns dazu ein Bier und Chips zum Abendbrot und sahen uns einen Film von der Festplatte an. Wir waren heilfroh endlich mal wieder ungestört in einem Zimmer schlafen zu können. Vor allem auch mal wieder nebeneinander und nicht übereinander, das hatte seinen Reiz.

Der erste Tag in einer neuen Stadt
Den ersten Morgen in Ekaterinburg starteten wir nach einer viel erholsameren Nacht mit einem leckeren Müsli im Gemeinschaftsraum. Das Hostel hatte als gemeinsamen Aufenthaltsraum eine kleine, etwas ältere Miniküche mit einem Gasherd aus Oma´s Zeiten und einem riesigen Kühlschrank, der fast so alt wie das Haus zu sein schien und wohl ein ganzes Kraftwerk für sich alleine brauchte. In der Küche standen auch ein Tisch und ein paar Stühle, aber mehr als 4 Leute fanden dort keinen Platz. Das war aber absolut kein Problem, wir waren ohnehin allein an diesem Morgen.

Anschließend machten wir uns auf den Weg die Stadt zu Fuß zu erkunden. Die uns zur Verfügung stehenden 3 Tage sollten optimal genutzt werden.
Bereits beim Zugfahren fanden wir die Zeit zu besprechen, was uns eigentlich an dieser Stadt interessierte. Es war in erster Linie der Ural den wir irgendwie mitbekommen wollten. Zudem wollten wir eine Stadt entdecken die nicht den Glanz und Glamour von Moskau und Sankt Petersburg mit sich trug. Wir wollten den Kommunismus irgendwie „echter" erleben.

Leider spielte aber das Wetter während unseres Aufenthalts in der Stadt nicht ganz so mit und der Himmel war auch am ersten Tag recht trübe und voller schwerer Wolken, so dass wir erstmals auf der Reise mit Regenjacke und dickem Pulli losmarschierten.

Unsere erste Anlaufstelle war „URAL Tours", einem lokalen Wander- und Outdooranbieter, der im Reiseführer genannt wurde und sich unweit unseres Hostels befand. Ural Tours bot Wanderungen im Ural und ins Umland von Jekaterinburg an.
Leider stellten wir schnell fest das wir etwas zu vage über die Stadt informiert gewesen waren, denn die 1,3 Millionen Metropole lag doch noch rund 40 Kilometer vom Ural entfernt. Eine spontane Wanderung je nach Wetterlage erwies sich damit als schwierig und außer einem umständlichen Bustransfer kam man mit öffentlichen Verkehrsmitteln auch nicht dorthin.

So wollten wir uns nun bei Ural Tours über die für uns geeigneten Wandermöglichkeiten informieren und bekamen auch gleich ein sagenhaft teures Angebot präsentiert.

Stolze 5200 Rubel pro Person sollte ein Tagesausflug mit Besichtigung der „Border - Mark - Asien - Europa", also der Grenzlinie von Europa und Asien, kosten. Das waren nahezu 120€ für die Besichtigung eines Grenzsteines, der uns von anderen Reisenden die den Stein besichtigt hatten, noch dazu als nicht sehr vielversprechend und empfehlenswert verkauft wurde.
Wir hatten anfangs dennoch irgendwie das Bedürfnis dorthin zu fahren, schließlich waren wir schon mal hier - am Ural - doch zu diesem stolzen Preis und auch auf Grund des schlechten Wettern

lehnten wir dann doch dankend ab. Die spinnen die Russen!

Wir sahen uns daraufhin erstmal Bilder des geografisch beliebig aufgestellten Grenzstein im Internet an und kamen zu dem Schluss, dass es eine gute Entscheidung war, nicht dorthin zu fahren.
Viel mehr hätte uns die natürliche Barriere der Natur, der Ural, interessiert, welches die beiden Kontinente seit altersher trennte. Doch in der uns angebotenen Tour war lediglich eine kleine Miniwanderung um den Grenzstein geplant.
Noch dazu lag der Grenzstein nicht recht hoch, so dass der von uns erträumte Blick auf die sibirische Weite ohnehin nicht möglich gewesen wäre.
Etwas enttäuscht über diese uns präsentierten Informationen schlenderten wir durch die Stadt und entschieden uns bei dem immer noch nasskaltem Wetter unsere restlichen Zugtickets für Russland zu kaufen.
Solch ein grauer Tag ließ sich gut mit solch organisatorischen Dingen verbringen und gerade die Zugtickets waren allgegenwärtig in unseren Gedanken.
Wir trugen immer eine kleine Angst mit uns herum, doch noch irgendwo im nirgendwo der russischen Föderation zu stranden, solange wir nicht alle Tickets in der Tasche hatten. Ein abgelaufenes Visum wollten wir bei Leibe nicht riskieren, nur weil wir es nicht schafften zum angegebenen Datum außer Landes zu kommen.

So versuchten wir am Bahnhof das Zugticket für unsere letzte große Etappe von Irkutsk am Baikalsee nach Ulan Bator in die mongolische Hauptstadt zu bekommen und starteten damit eine mehrstündige Odyssee.

Wie immer war viel los vor den Ticketschaltern und obwohl es noch vor der Mittagszeit war, mussten wir an allen der wenigen, geöffneten Schaltern, eine lange Warteschlange in Kauf nehmen. So nervig die Fahrkarten Automaten an deutschen Bahnhöfen auch manchmal sein mochten, hier wünschte man sich sehnlichst ein paar solcher Automaten. Auch wenn wir beide natürlich nicht fähig gewesen wären einen solchen Kasten zu bedienen, so wäre doch vielleicht der ein oder andere Russe nicht in der Warteschlange gelandet.

Nachdem wir uns zur ersten, selbstverständlich nur russisch sprechenden Schalterdame „vor - gewartet" hatten, wurden wir ohne lange Kommentare und mit schnellem Abwinken zur Dame an Schalter Nr. 51 geschickt. Diese sollte wohl englisch verstehen oder für Ausländer zuständig sein, so genau verstanden wir das nicht.

Also fing die Warterei an einer anderen Schlange von vorne an, wenn es auch dieses mal nicht ganz solange dauerte.

Leider verstand die Schalterdame an Nr. 51 aber auch nur rudimentäres englisch und sowohl wir, als auch unsere Notizen, waren ihr ein Rätsel. Das sahen wir ihr an.

Dabei hatte es noch in Sankt Petersburg so gut geklappt die Zugnummer, die Zeit, das Datum und den Ort auf einen Zettel zu zeichnen bzw. zu schreiben und der Schalterdame zu reichen. Wir hatten in Sankt Petersburg so tolle Erfolge mit dieser Technik gefeiert. Aber hier nervten wir die Leute mit unserem anliegen, zumindest diejenigen Schalterdamen auf die wir trafen.

Das wirklich dreiste und im nach hinein auch irgendwie witzige aber war, dass diese mehr und mehr entnervte Dame relativ plötzlich das Gespräch mit uns beendete und ein Schild hervorzauberte welches verdeutlichte, dass sie erstmal 15 Minuten Pause brauchte. Soviel konnten wir durch die Infos auf dem Schild und durch die Blicke von anderen wartenden Reisenden dann doch verstehen. Wir lernten. Russische Schalterdamen haben das Recht bei den langen Warteschlangen sich ihre Pausenzeiten individuell selbst zu gestalten, egal wie lange die Schlange ist.

Eigentlich eine gar nicht so schlechte Regelung im Kommunismus dachten wir uns. Im Kapitalismus würdest du wohl sofort gekündigt werden, wenn du die Arbeit bei so vielen anstehenden Kunden einfach nieder legst. Im ehemaligen Arbeiter- und Bauernstaat schien das anders zu sein. Dennoch war es ein verstörendes Gefühl zum ersten Mal mit dieser Regelung konfrontiert zu werden. Die Dame war schon während des Gesprächs sichtlich entnervt und uns dann einfach das Schild vor die Nase zu stellen sagte uns, verschwindet, bitte, schnell. Das war nicht wirklich gastfreundlich. Es sollte auch nicht das Einzige mal bleiben das wir dieses „Auszeitschild" am Bahnhof in Ekaterinburg sehen würden.

Nach über einer Stunde warten in zwei Schlangen hatten wir somit immer noch kein Ticket.

Da es sowohl in der oberen, als auch in der unteren Bahnhofsetage geöffnete Schalter gab, gingen wir entnervt und frustriert zu den Schaltern der unteren Etage. Dort probierten wir es bei Schalterdame Nummer 3.
Hier saß eine blonde und modern wirkende Russin, die wir uns ganz gezielt aussuchten. Wir dachten je moderner ein Mensch dem Anschein nach lebt und denkt, desto eher hat er auch Zeit und Verständnis für unser Anliegen.
Nach einem kleinen Missverständnis des Abfahrtsortes (sie meinte wir würden von Ekaterinburg losfahren) bekamen wir schlussendlich doch noch ein Ticket bis nach Ulan - Ude, der größten Grenzstadt zur Mongolei. Aber auch Sie benötigte nach unserem Besuch erstmal eine Pause und zog das Schild hervor. Da Sie unsere Tickets vom falschen Abfahrtsbahnhof buchte und nicht von Irkutsk wie wir wollten, zog auch sie ein sehr entnervtes Gesicht als sie alles stornieren und neu buchen musste. Als wir die Tickets endlicht hatten kam auch von ihr das Schild. Das war schon irgendwie lustig. Immerhin war aber sie so nett und hatte uns noch zu Ende bedient.

Eine von uns gewünschte direkte Weiterfahrt zur mongolischen Hauptstadt Ulan Bator war leider unmöglich. Sie war einfach nicht mehr zu bekommen. Zumindest an den paar Tagen unserer

Reiseplanung an denen wir noch flexibel waren, waren alle Züge ausgebucht.
Man versicherte uns aber mehrmals, und auch die Aussagen im Reiseführer bestätigten dies, dass in Ulan Ude ein reger Busverkehr in die Mongolei stattfindet.
So richtig glücklich waren wir dennoch nicht mit dieser unvorhergesehenen Schwierigkeit, obwohl wir im Laufe der Reise, und auch hier in Ekaterinburg, noch mit ganz anderen Problemen konfrontiert werden sollten.

Wir dachten nur, „hoffentlich klappt das dann auch", ansonsten werden wir wohl vom russischen Geheimdienst in ein geheimes Foltergefängnis a la CIA gebracht und uns wird 1000mal dieselbe Frage gestellt. Warum sind wir nicht pünktlich ausgereist und für wenn arbeiten wir insgeheim?

Manchmal begleitete uns tatsächlich ein derart mulmiges Gefühl über die Strenge der russischen Behörden und das nicht erst seit dem Lesen des Buchs „Das Archipel Gulag". Das war verängstigend, faszinierend und belustigend zugleich.
Eine hollywoodreife Vorstellung von den strengen Verhältnissen im „unfreien" Russland begleitete uns oftmals bei Kontakt mit Staatsbediensteten. Retrospektiv kann man nur sagen - das war total irrsinnig - ließ uns aber die Macht der Propaganda aus Film und Fernsehen, sowie des vermeintlichen Erfahrungswissens aus Büchern, hautnah erleben.

Der „Ausflug" an den Bahnhof von Ekaterinburg kostete uns in seiner Gesamtheit mehr als 2 Stunden.

Das Ganze erinnerte mich etwas an den Film „Asterix und Obelix erobern Rom" mit seiner Parodie der Bürokratie. Dort brauchen Asterix und Obelix einen Passierschein um ein weiteres Abenteuer auf dem Weg nach Rom bestehen zu können.

In einem Geister - Irrenhaus werden sie dabei von einem Geisterbeamten ohne Ergebnis zum Nächsten Geisterbeamten geschickt, mit immer neuen Passierscheinen und Formularen im Gepäck, die sie erstmal ausfüllen müssen.

Ja, dieses Gefühl kannten wir nun auch ein wenig. Keine Schalterdame wollte für uns zuständig sein, geschweige denn sich mit uns und unserem Ticketanliegen abmühen.

Nach dem Ticketkauf waren wir erstmal reif für ein Bier und einen kleinen Imbiss. An kioskähnlichen Verkaufsständen, oder „russischen Würstlbuden" wie wir sie nannten, kauften wir uns auf dem Bahnhofsvorplatz gleich etwas zu essen und zu trinken.

Da standen auch die Verkaufsbuden, an denen Sie die vor fett triefenden Hefeteile verkauften, für die Russland berühmt war und die man auch sonst überall im Land fand.

Leider verspürten wir jedoch auch heute nicht die Lust die Dinger zu probieren.

Eigentlich war der Ticketkauf für uns schon mehr als genug Stress gewesen, doch an diesem verregneten 16. Juli sollte es noch dicker kommen.
Als wir wieder einmal liquide werden mussten und uns ein paar Rubel vom Geldautomaten ziehen wollten, bemerkten wir dass die VISA - Karte von mir nicht mehr funktionieren wollte.
Unzähliges eingeben und verfluchen der PIN half auch nichts und selbst nach der x-ten Bank (vielleicht lag es ja an der Bank?) stand ich immer noch ohne Geld da.
Die Karte wurde immerhin nicht eingezogen, dass war schon mal etwas, aber da mir keinerlei hier ansässige Bank Geld geben wollte, mussten wir von dem Schlimmsten ausgehen. Zum Teil kam es vor das eine Bank auch mit VISA Emblem am Automaten eine Auszahlung verweigerte, während eine andere Bank uns anständig mit Geld versorgte. Aber dieses Mal war es nicht die Bank die uns ärgerte, es schien die Karte zu sein.

Die Frustration durch eine Kartensperrung schien zu Beginn grenzenlos zu werden.
Als wir dann zu Hause im Hostel mit einem Skype Anruf bei der Bank feststellten, dass die Karte wirklich absichtlich gesperrt wurde, hatten wir die Gewissheit.
Laut unserer Bank bestand der dringende Verdacht, dass Dritte sich die Kreditkartendaten angeeignet hätten.
Auf der einen Seite war es etwas beruhigend da wir nun den Grund für das Fehlverhalten der Karte wussten und das auch die Sicherheitsmechanismen

der Bank zu greifen schienen. Immerhin ging es ja um unser hart erspartes Geld. Dennoch waren wir erstmal ratlos.
Wir überlegten gemeinsam mit der Nothilfe Dame von der Bank was wir nun tun konnten. Eine Möglichkeit wäre gewesen, das wir immer die Bank anrufen mussten, kurz bevor wir Geld abheben wollten. Sozusagen genau in dem Moment wo wir vorm Automaten stehen. Die Karte würde dann für 10 Minuten frei geschalten werden und wir könnten schnell Geld abheben. Was für ein bescheuerter Vorschlag dachten wir, unsere Handykosten würden explodieren.

Der andere Vorschlag der Bank war uns eine Ersatzkarte zu senden. Aber wohin? Wir waren ja ständig unterwegs.

Wir überlegten, wie das alles hatte passieren können und uns fiel ein, dass wir im W-LAN des Apple Hostels in Moskau, das Hostel in Ekaterinburg mit meiner VISA Karte bezahlt hatten.
Vielleicht war ja dort eine Art Schadsoftware installiert, die solche Kreditkartendaten bei der Übertragung abfängt. Sowas passierte natürlich schon immer wieder mal und irgendwie kannten wir die Gefahr im Vorfeld ja auch, aber warum traf es gerade uns - das war die Frage aller Fragen. So sinnlos wie eh und je.

Schließlich befanden wir uns in Russland und hier war für Cyber - Kriminelle ja vieles möglich.

Zumindest dachten wir uns das so, wobei es natürlich wieder mal ein Klischee war, dass sich aber gerade bewahrheitete.

Als sehr hilfreich erwies sich jetzt, dass wir noch zu Hause in Deutschland 20 $ Guthaben auf unser Skype Konto aufgeladen hatten.
Die dadurch erschwinglichen Telefonate mit der Heimat mittels WI-FI Netzwerk des Hostels, waren für uns unglaublich stützend und beruhigend in dem Moment.
Irgendwo östlich des Ural in einem alten Hostel zu sitzen, welches sich in einem heruntergekommenen Hinterhof befand und trotzdem die Möglichkeit zu haben, kostengünstig mit unserer deutschen Bank und später auch der deutschen Botschaft zu telefonieren, das war praktisch und sehr beruhigend.

Wir telefonierten ca. 30 Minuten in 3 Gesprächen mit der Bank und stellten schnell fest, dass die Notfallzentrale absolut kein Risiko eingehen wollte. Ich würde auf alle Fälle eine neue Karte brauchen, weil beträchtlicher Schaden drohte falls die Daten wirklich abgegriffen waren und die Bank dafür nicht haften wollte. Und mein persönliches Risiko sollte es auch nicht bleiben, schließlich ging es um die gesamten Reiseersparnisse die uns noch weit durch die Welt tragen sollten.
Also vereinbarten wir mit der insgesamt doch sehr emphatischen und gut informierten Dame am Telefon letzten Endes eine neue Karte. Es erschien uns alternativlos.

Nur, wie regelten wir das nun im Detail?
Die Karte musste sofort neu beantragt werden und anschließend unserer Reiseroute zeitlich voraus geschickt werden.
Auf Grund der transsibirischen Eisenbahn und der begrenzten Visums Zeit in Russland, konnten wir nicht an einem Ort bleiben und auf die Karte warten. Wir mussten das Land am 31.7 verlassen und dazu irgendwie in Grenznähe kommen.
Zudem waren die Züge bereits fest gebucht.
Also vereinbarten wir mit der Bank, das wir mit der deutschen Botschaft in Ulan Bator in Kontakt treten würden, um dort die neue VISA Karte bei einem persönlichen Ansprechpartner zu deponieren. Das war das Einzige was mir Einfiel und was zugleich eine sichere Adresse für die Bank darstellte. Irgendwohin wollte die Bank die Karte auch nicht schicken, ich hätte eigentlich den Empfang der Karte persönlich bestätigen müssen.

Nachdem wir aber keinen persönlichen Ansprechpartner in der deutschen Botschaft in der Mongolei erreichen konnten, hatten wir ein weiteres Problem. Die Bank wollte partout nicht einfach an die Botschaftsadresse liefern, sondern verlangte ein persönliches Entgegennehmen per Einschreiben.
Als Glück im Unglück stellte sich nun heraus, dass es in Ekaterinburg eine Außenstelle der deutschen Botschaft in Russland gab, ein sogenanntes Generalkonsulat. Irgendwie wusste ich das von einer Recherche ein paar Tage vorher.

Wir riefen also dort an, erklärten denen Deutsch sprechenden Beamten den Sachverhalt und vereinbarten einen persönlichen Gesprächstermin für den nächsten Tag.
Wir hofften das wir dadurch einen persönlichen Ansprechpartner in Ulan Bator genannt bekommen würden, der auch die Bank zufrieden sollte.
Die freundliche Botschaftsmitarbeiterin wollte sich bis morgen schon mal vorab mit ihrem Kollegen in Ulan Bator ausgetauscht haben. Das war nett, keine Frage, und die Unterstützung durch deutsche Beamte gab uns viel Zuversicht und Hoffnung in dieser Situation.

Vor dem Besuch im Generalkonsulat schrieben wir noch einen handschriftlichen Brief an die Bank um eine neue Karte zu beantragen, fotografierten ihn mit dem Telefon und sendeten ihn wie vereinbart per E-Mail an die Bank. Eine E-Mail hätte nicht gereicht.
Die neue Karte war also in Auftrag gegeben. Die genaue Lieferadresse sollten wir am nächsten Tag nachreichen.

Wir schrieben an diesem Tag mindestens 5 E-Mails mit der Bank und dem Generalkonsulat hin und her. Nach dem Ärger am Bahnhof hatten wir so gar keinen Bock darauf.
Dennoch war es super hilfreich, dass wir in so modernen Zeiten lebten. Was hätten wir ohne Skype und Email gemacht in dieser Situation? Eine Lösung wäre viel komplizierter gewesen.

Vor allem aber auch, was hätte ich alleine in dieser Situation gemacht? Bis in die mongolische Hauptstadt ohne Geld zu kommen wäre ein Problem geworden. So vertrauten wir nun auf unsere einzig noch funktionierende Karte von Martina. Die durfte nun nicht auch noch schlapp machen.

Noch dazu bekamen meine Eltern in Deutschland an genau diesem Tag einen Brief von der Bank, das die Kreditkarte gesperrt wurde. Dies beunruhigte natürlich auch die zu Hause gebliebenen sehr.
Sie versuchten uns gleich am Handy zu erreichen und so mussten wir nach dem ganzen Stress mit der Bank und dem Konsulat auch noch zu Hause anrufen, um dort den Sachverhalt zu erklären und die Gemüter zu beruhigen.

Nichts desto Trotz war nun Fakt, dass ich mindestens in Russland, kein eigenes Geld mehr haben würde und die Angst mit nur einer Kreditkarte in Russland zu reisen, verbesserte nicht gerade unsere ohnehin ziemlich gedrückte Stimmung.

Wir kauften Bier und resignierten den restlichen, regnerischen Tag etwas phlegmatisch vor uns hin.
Die Lust etwas zu starten oder sich die Stadt anzusehen war uns ordentlich vergangen.
Wir hofften beide auf einen aufbauenden, morgigen Besuch im Generalkonsulat der deutschen Botschaft in Ekaterinburg.

Der Besuch beim Generalkonsulat der deutschen Botschaft am 17.7.2013

Die Nacht vor dem Besuch beim Konsulat verlief erwartungsgemäß recht unruhig. Was für eine Scheisse dachten wir uns, und das gleich in den ersten 2 $^{1/2}$ Wochen. Hoffentlich würde uns im Konsulat geholfen werden und es nicht so weitergehen mit unvorhersehbaren Problemen. Erst waren die Züge ausgebucht, dann die Kreditkarte unbrauchbar. Das drückte auf die Stimmung.

Natürlich konnten wir nicht davon ausgehen, dass alles immer nur wie am Schnürchen lief, gerade bei einer so langen Reise.
Vieles was bisher zu erledigen gewesen war, lief jedoch nahezu perfekt und oftmals sogar einfacher als gedacht. Gerade der Zugticketkauf in Sankt Petersburg, oder auch die Orientierung in den Städten, verliefen relativ problemlos.
Das hatte uns in eine trügerisch, euphorische Stimmung gebracht, dass alles bis zum Ende so weiter laufen würde. Jetzt wurden wir wieder geerdet, zurück auf den Boden der Tatsachen.

Im Vorfeld hofften wir noch, dass ein Diebstahl im allgemeinen bzw. ein Klau der Kreditkarten, in was für einer Form auch immer, uns nicht passieren würde.
Und nun wurde uns nicht die Kreditkarte geklaut, sondern die Daten. Das war auch nicht besser.

Irgendwie meinte es das Schicksal aber gut mit uns, denn zum Glück gab es das von uns jetzt benötigte

Generalkonsulat genau in der richtigen Stadt und somit für uns genau im richtigen Moment.

Neben dem Hauptsitz der deutschen Botschaft in Moskau, gab es in ganz Russland insgesamt 4 deutsche Generalkonsulate. Die Konsulate waren in Sankt Petersburg, Kaliningrad, Nowosibirsk und in Ekaterinburg.

Vier Konsulate waren dabei schon viel für ein Land, denn in vielen Ländern betrieb Deutschland gar keine Konsulate. Die Situation hier in Russland war eindeutig der unsäglichen Größe des Landes geschuldet. Konnte man deutschen Landsleuten in Nowosibirsk zumuten, extra nach Moskau zu kommen wenn man auf die Unterstützung der deutschen Auslandsvertretung angewiesen war? Scheinbar nicht.

Nach der kurzen, leicht schlaflosen Nacht frühstückten wir nur eine Kleinigkeit und gingen früh gegen 8 Uhr außer Haus mit dem Ziel das deutsches Generalkonsulat zu finden.

Die Hausadresse kannten wir vom Internet. Der „Parteienvekehr", so nennt sich die Besuchszeit im Beamtendeutsch, begann aber erst ab 10 Uhr. Also machten wir uns auf dem Hinweg erstmal zu einem leider erneut sehr neblig - trüben und nieselnassen Stadtspaziergang auf, der die Zeit füllen sollte.

Das Wetter in Ekaterinburg meinte es nicht unbedingt gut mit uns, auch wenn es erneut ganz gut zu unserer Stimmung passte. Die Idee und den Weg zur Stadterkundung entnahmen wir übrigens den geschenkt bekommenen Infoblätter der anderen Reisenden.

Es war eine Art Kunstinstallation bzw. ein Künstlerweg, der uns an verschiedensten Objekten und Darstellungen vorbeiführte, die für einen jeweils besonderen Anlass in der Stadt errichtet wurden.
Zu Beginn sahen wir dabei erstmal ein ziemlich tristes und graues Bild dieser typischen Industriestadt Russlands.
Es war nicht nur das Wetter, was uns dieses eher trostlose Bild von Ekaterinburg vermittelte. Natürlich war da auch die Ungewissheit was im Konsulat herauskommen würde. Dennoch war die Stadt auf den ersten Blick wirklich nicht schön.
Wir sahen viele heruntergekommene Plattenbauten, noch mehr schrottreife Autos und Busse als wie am Vortag auf dem Bahnhofsvorplatz und insgesamt eine eher lieblose Darstellung des Einzelnen und des Ganzen.

In einer Ecke der Fußgängerzone fanden wir gar eine Bronzestatute von Michael Jacksons. Uns amüsierte das sehr, denn die wollte so gar nicht hierher passen nach unserem Geschmack. Ansonsten reihten sich in der Altstadt oft historische Gebäude die bei uns wohl unter Denkmalschutz stehen würden, in die direkte Nachbarschaft von Plattenbauten ein und hinter den beiden Gebäuden war dann zum Teil noch ein verglastes Business Center zu sehen. Auch solche gab es hier natürlich wieder. Das Ganze ergab aber

für das unerfahrene Stadtauge ein eher skurriles, und liebloses Bild.
Ähnlich wie auch in Deutschland denkt man manchmal, das die Stadtplanung zum Zeitpunkt der Überlegungen wohl gerade Urlaub (oder viele 15 Minuten Pausen?) gemacht haben musste.

Wir sahen viel Eigenwerbung der Stadt für die Bewerbung um die Weltausstellung EXPO im Jahr 2020. Wenn das was werden soll, dann sollte das Stadtbild aber eindeutig noch ein wenig aufpoliert werden.

Mit am hübschesten waren wieder einmal, ähnlich wie auch schon im Kreml in Moskau, die ganz in weiß gehaltenen, orthodoxen Kirchen mit den vergoldeten Zwiebeltürmchen. Auf Kirchenbesichtigungen hatten wir aber an dem Tag keinen Bock.

Wir gingen weiter auf unserem Künstlerweg und fanden eine riesengroße, ebenfalls in weiß gehaltene, PC - Tastatur direkt an einem Kanal gebaut. Das sollte wohl ein Zeichen der Aufbruchstimmung der Stadt ins Internetzeitalter darstellen. Nur wann war das? Letztes Jahr etwa erst? Unweit davon fanden wir eine Musikecke mit der Sihlouette der Beatles. Es war echt schwer hier etwas für die Fotolinse zu finden, ein ganz neues Gefühl.
Wahrscheinlich war es eine hohe Messlatte die sich bei uns für Fotomotive entwickelt hatte, gerade nach dem Besuch in der wunderschönen Stadt

Sankt Petersburg, oder beim Spaziergang durch die Altstadt von Moskau.

Auf unserem Streifzug durch Ekaterinburg fanden wir bislang nicht viel. An einer Ecke standen ein paar Statuen von berühmten Männern der Stadt. Boris Jelzin, der frühere russische Präsident, kam ebenfalls aus Ekaterinburg. Von ihm ließ sich aber keine Statue finden. Ebenso fand das Zarengeschlecht der Romanovs hier 1918 ein grausames Ende.

Wir lasen, das Ekaterinburg auch durch den zweiten Weltkrieg seine Stellung als wichtige Industriestadt Russlands weiter ausgebaut hatte. Während des Krieges wurde viel Schwerindustrie vor den herannahenden, deutschen Truppen im Westen des Landes hierher in Sicherheit gebracht. Viele Fabriken im westlichen Teil Russlands wurden demontiert und in Ekaterinburg neu errichtet.
Die Stadt war aber auch schon vor dem zweiten Weltkrieg auf Grund der vielen Erz- und Rohstofffunde im Ural, eine florierende Industrie- und Bergbaustadt gewesen.
Diesen irgendwie doch eher ungalanten Ruf einer industriell, wichtigen Stadt, hat sich Ekaterinburg bis heute behalten.

Um kurz nach 10 war unser Stadtspaziergang mit vielen Pausen zu Ende und wir standen relativ pünktlich vor dem „World Trade Center" in Ekaterinburg. Wir suchten und fanden tatsächlich eine Tafel an der Hauswand, die ziemlich unscheinbar, auf eine Außenstelle Deutschlands hinwies.

Irgendwie war es ein recht seltsames, faszinierendes und doch auch beruhigendes Gefühl vor dem Generalkonsulat Deutschlands zu stehen. Zum einen waren wir sehr froh zu wissen, dass der deutsche Staat auch im Ausland für seine Bürger sorgt und diese betreut, gerade auch in schwierigen Situationen. Das war gut zu wissen für alles was noch kommen mochte. Für uns war die Kreditkarte die bislang schwierigste Situation der Reise.
Auf der anderen Seite bekam man auch mal hautnah mit wohin die deutschen Steuergelder fließen. Auch das war interessant.
So enthusiastisch und optimistisch wie wir waren, machten wir vor dem Konsulatsschild mit dem deutschen Bundesadler erstmal ein Foto.
Untergebracht war die deutsche Vertretung im wirklich nicht hübschen World Trade Center, einem Businesscenter der Stadt aus den geschätzten 1990er Jahren.
Den Namen hatte der schmucklose Komplex anscheinend nur verdient, weil ein paar ausländische Firmen hier ihre Büros hatten. Auch einige Konsulate von anderen, europäischen Ländern hatten hier ebenfalls einen Sitz. Bei uns in Deutschland hätte das aber auch ein terrassenartiger Plattenbau sein können.
Schön langsam dämmerte uns, dass wohl deshalb so viele Länder hier in Ekaterinburg ein Konsulat betreiben, weil es in der Industrie- und Rohstoffstadt wohl etwas Geld zu verdienen gab.

Wir gingen in das Gebäude und landeten in einem bepflanzten Glasfoyer, welches zwar relativ modern wirkte, aber eigentlich auch überall sonst wo auf der Welt, hätte stehen können.

Mit dem Fahrstuhl fuhren wir hoch ins Konsulat und als sich die Türe öffnete, wirkte es als wie wenn das ganze Stockwert ausschließlich die Vertretung beherbergen würde.

Wir sahen ein paar durchtrainierte Beamte bei denen wir uns nicht ganz sicher waren ob es Russen oder Deutsche waren. Uns kam der Gedanke, ob es hier wohl gefährlich werden kann, wenn solche Schränke von Sicherheitsbeamten gebraucht werden.

In Konsulaten und Botschaften konnte es aber wohl immer fetzig werden.

Schließlich wurden wir von einer Frau in gutem Deutsch hinter einem Tresen angesprochen, wie man uns den weiterhelfen könnte.

Wir nannten den Namen unserer Ansprechpartnerin und nach kurzem Nachfragen und einem obligatorischen Sprengstoff- und Waffenscann der mitgeführten Taschen wie am Flughafen, kamen wir in einen kleinen Raum mit dicker Glasscheibe und einer dahinter sitzenden Beamtin.

Die junge und adrette Verwaltungsleiterin war ungefähr in unserem Alter und kam der Sprache nach, ganz klar aus Deutschland. Es war die Dame mit der ich am Vortag telefoniert hatte. Nachdem unsere Reisepässe von ihr kontrolliert wurden, hörte sie sich unser Missgeschick ein weiteres Mal an. Sie garantierte uns anschließend den Kontakt zu Ihrem Kollegen nach Ulan Bator persönlich zu organisieren. Uns fiel erstmal ein Stein vom Herzen. Gott sei Dank half uns jemand weiter in der Situation und ein persönlicher Ansprechpartner war das, was die Bank zur Übergabe der neuen Karte und der neuen PIN verlangte.

Sie gab uns eine nicht im Internet auffindbare E-Mail Adresse mit der wir ihren Kollegen in Ulan Bator direkt erreichen konnten.

Nach schnellen zwanzig Minuten und ein paar freundlichen Worten zum Schluss, war der Besuch dann auch schon zu Ende. Erleichtert und mit deutlich besserer Laune zogen wir von dannen.

Wir waren nun beide recht zuversichtlich, dass ich die neue Karte in der mongolischen Hauptstadt in Empfang nehmen konnte.

Die Bank hatte gestern schon den Druck einer neuen Kreditkarte veranlasst und endlich hatten wir auch den persönlichen Ansprechpartner der für die Versendung per Einschreiben so wichtig war.

Es schien erstmal alles geregelt zu sein.

Leider hatte sich das Wetter in der Stadt immer noch nicht verbessert und wir gingen bei weiter trüben und regnerischen Aussichten zurück zum Hostel um eine kleine Verschnaufs- und Essenspause abzuhalten.

Die unruhige Nacht und der frühe Stadtspaziergang machten uns schon wieder reif für eine Pause.

Auf dem Nachhauseweg gingen wir noch an einer ganz besonderen Statue vorbei. Wir achteten stets darauf nicht immer den gleichen Weg zurück zu gehen um möglichst viel sehen zu können und die

Ortskenntnis zu erhöhen. Natürlich nur wenn es unsere Orientierungskenntnisse auch erlaubten.

Hoch oben auf einem Podest standen nun die zwei Gründer der Stadt. In engem Schulterschluss präsentierten sie sich uns und wie wir im Reiseführer lasen, war es der 7./8. November 1723 an dem die Stadt nach offiziellen Angaben gegründet wurde.

Maßgeblich dafür verantwortlich war der deutsch - russische Ingenieur Georg Wilhelm Henning der hier nach entsprechenden Erzfunden, eine Fabrik zur Eisenschmelze erbaute. Um diese wuchs dann im Laufe der Jahre die Stadt herum. Gemeinsam mit einem russischen Freund und Kollegen wurde ihm hier die Ehre der Besiedlung zu teil.

Gleich gegenüber den beiden Stadtgründern sahen wir ein beeindruckendes Gebäude, welches wir eigentlich der Zarenfamilie zuordnen wollten. Es war aber das Sewastjanow Haus und stammte aus dem Besitz eines ortsansässigen Goldschürfers, der hier in der Stadt extrem reich wurde.

Der Bau war für uns ein Bespiel eines typisch klassizistischen Herrenhauses. Eigentlich glich es schon mehr einem kleinen Schloss, mit exponierter Lage direkt an dem großen Binnensee der Stadt. Wie auch schon der Winterpalast in Sankt Petersburg und der Katharinenpalast in Puschkin war das Gebäude ganz in blau gehalten und mit viel weißem Stuck verziert.

Die Stadt hatte übrigens mehrere große Seen in direkter Umgebung am Stadtrand und auch im

Stadtzentrum befand sich, ähnlich wie in Hamburg die Alster, eine große Wasserfläche. Rund um diesen Binnensee wuchs das neue, moderne Hochhausviertel der Stadt empor. Ein ganz kleiner Flair von Chicago oder Manhattan machte hier die Runde. Ekaterinburg hatte also doch noch andere Seiten zu bieten, als wie das Plattenbauviertel in dem wir untergebracht waren.

Im Reiseführer lasen wir weiter, dass bedingt durch den Ural, sich viel Regenwasser auf den östlichen Flanken der Bergkette versammelt. Dieses Wasser speist eine ganze Reihe von sibirischen Flüssen, die wiederum einige der vielen Seen im Umland erzeugten.

Was uns zudem auffiel, waren die elektrifizierten Stadtbusse mit ihren Oberlandleitungen, die es hier überall gab. Auch wenn wir diese Technik der Personenbeförderung schon woanders gesehen hatten, waren diese Busse hier etwas besonderes. Sie waren eindeutig in die Jahre gekommen und dennoch fuhren sie relativ leise und noch dazu abgasfrei durch die Stadt. Ganz schön erstaunlich altmodern wie wir fanden.
Daneben existierte hier noch eine wirklich nostalgische Straßenbahn, die man mehr von Bildern San Francisco's der 50er Jahre her kannte. Diese sahen wir aber nur von Weitem.

Das geologische Ural Museum in Jekaterinburg

Nach einem kleinen Schläfchen gingen wir am späten Nachmittag ins geologische Museum der Stadt. Irgendetwas wollten wir mit dem angebrochenen Tag noch anstellen und die Stimmung war durch den vormittäglichen Besuch im Konsulat deutlich gebessert und hoffnungsvoller geworden.

Wir suchten den Weg zum Museum mal wieder selbst und gingen deshalb zu Fuss durch die Stadt. Die Orientierung fiel uns zu Fuß am leichtesten. Der Weg führte uns zuerst an einer ziemlich schmucklose Plattenbau Universität aus den „modernen" 60 oder 70er Jahren vorbei. Der architektonische Bauhausstil aus Beton war einfach grässlich - überall auf der Welt.

Einige hundert Meter weiter passierten wir das alte und mittlerweile leicht verfallene Herrschaftsgebäude der Zarenfamilie, welches die Familie nutzte wenn Sie in der Stadt war und welches ihnen bis zum kollektiven Tod einen Unterschlupf geboten hatte. Viele hohe Bäume und Büsche die sich um das Grundstück angesiedelt hatten, machten einen fast schon verwilderten Eindruck des Geländes. Hier hatte schon länger niemand mehr für Ordnung gesorgt.

Nahezu schräg gegenüber des ehemaligen Zarenhauses stand die berühmte „Kathedrale auf dem Blut", die auf dem Vorplatz rund um die Kirche eine Dauerausstellung zu der Ermordung der Romanov Familie zeigte.

Hier in dieser Stadt war 1918 das Adelsgeschlecht der Romanovs, jener Familie die über 300 Jahre die Geschichte von Russland bestimmte, nach dem Putsch der Bolschewiken 1917, vollständig ausgelöscht worden. Das Adelsgeschlecht der Romanovs, mit großen deutschen Wurzeln in Holstein und auch Darmstadt, bestimmte von der Machtergreifung 1613 bis zur Revolution 1917 die Geschicke und damit vor allem die Moderne des Landes, maßgeblich.

Leider fand die Geschichte der Familie ihr schreckliches Ende in dieser Stadt, als sie von den Kommunisten 1918 im Umsturzchaos ermordet wurden. Die Kommunisten wollten damals nach offiziellen Argumenten keine Gallionsfigur für etwaige kontrarevolutionäre Strömungen dulden. Also wurde die gesamte Familie und auch die nahen Angehörigen, die sich bei ihnen befanden, ermordet.

Mit dem Zaren und seiner deutschen Frau, wurden damals auch alle 5 Kinder der Beiden umgebracht. Man wollte damals wirklich auf Nummer sicher gehen und niemanden hinterlassen.

In der Kathedrale des Blutes wurde heutzutage an das Verbrechen erinnert.

Nikolaus II und seine Familie wurden genau am Ort der Kathedrale in einem Haus erschossen. Das Haus wurde später abgerissen und 1977 entstand dann diese Kathedrale.

Wir gingen einmal um den Kirchenvorplatz herum, sahen die vielen Romanov Herrscher der letzten Jahrhunderte meist grimmig von den Gemälden blickend, als hätten sie schon gewusst was eines

Tages passiert und lasen ein wenig über das unglückliche Schicksal dieser so besonderen, russischen Familie.

Allzu lange wollten wir uns aber von unserem Weg Richtung Museum nicht aufhalten lassen. Der Besuch der Kirche hätte zudem Eintritt gekostet und uns war immer noch nicht nach Kirchenbesuchen zumute. Wir waren immer noch gesättigt von heiligen Ikonenbildern.

Auf unserem weiteren Weg passierten wir noch eine Menge großer, ausgetrockneter Brunnen am Rande eines Stadtparks, von denen in manchen schon meterhohe Bäume wucherten. Hier war also schon seit etlichen Jahren kein Wasser mehr geflossen.

Weiter ging es vorbei an heruntergekommenen Plattenbauten, in denen es wahrlich grässlich sein musste zu leben. Unsere Meinung zu den bereits vergangenen Glanzzeiten der Stadt wurde damit nur noch mehr recht gegeben.

In Ekaterinburg sahen wir deutlicher als bislang, dass die russische Wirtschaftskrise nach dem Zerfall der Sowjetunion und der GUS deutliche Spuren in der Gesellschaft hinterlassen hatte. Vielleicht gerade speziell hier in dieser Industriestadt. Auch wenn Ekaterinburg, als Geburtsstadt Boris Jelzins und viertgrößte Stadt in Russland, eine bekannte und wichtige Stadt war, so suchte man die aufgeräumten und renovierten Ecken oftmals vergeblich.

Am Museumsgebäude angekommen, wirkte auch dieses Gebäude von außen etwas schmucklos und wie hingeworfen. Abermals ein praktischer Bauhausstil war das - ein einfallsloser Kasten aus Beton. Vielleicht verstanden wir aber einfach auch zu wenig von (Sowjet-) Architektur.

Wie so vieles, war auch das Museum schon ein wenig in die Jahre gekommen und das Geld für Renovierungen hielt sich wohl in Grenzen.

Der Eintritt von 100 Rubel (ca. 2,2€) sollte durchaus annehmbar für Backpacker sein, lieferte aber wohl nicht viel für die Instandhaltung.

Das Geld für Museumsbesuche tat mir persönlich nie weh. Zudem hatten wir uns ohnehin schon einiges an Geld gesparrt, da wir von einer überteuerten Wanderung in der Umgebung der Stadt auf Grund des schlechten Wetters abgesehen hatten.

Zum Glück hatten wir durch die ausgefallene Wanderung im Ural wenigstens Zeit gehabt, um den uns zwangsauferlegten Stress mit der Kreditkarte zu regeln.

Um nun aber doch noch etwas über die Geologie des Ural kennen zu lernen, standen wir jetzt vor dem Museum.

Bereits am Eingang vor dem kleinen Kassenhäuschen erwartete uns erstaunliches. Wir sahen im Treppenhaus riesige Kristalle die, mal mehr und mal weniger geschliffen, aufregend funkelten und von denen die größten Exemplare sicherlich hunderte von Kilos schwer waren. Einige waren dabei mannshoch!

Es sollte nur ein fulminanter Auftakt in die Welt der Geologie sein. Wir sahen in dem Museum Steine, die wir noch nie zuvor gesehen hatten und von denen wir auch gar nicht wussten, dass ein solches Farben- und Formenspektrum bei Steinen überhaupt existieren konnte.

Alle erdenklichen Farbtöne wurden von den Steinen wiedergegeben, von blau über gelb bis grün und rot. Dazu gab es Steine die aussahen wie mit Stacheln übersäte Dinosauriereier und anderen waren von der Oberfläche wie Stalaktiten, während wieder andere beinahe durchsichtig erschienen und eine feine innere Struktur aus Fäden aufwiesen. Fast ein wenig wie Adern.

Zwei ältere und sehr aufgeschlossene Museumsdamen demonstrierten uns mit einer Lampe, wie gerade diese Fäden aus den durchsichtigen Steinen mit dem Licht einer Lampe zu einer ganz besonderen Geltung kommen konnten.

Eine von den beiden Damen fragte uns schließlich wo wir denn herkommen würden und als wir erzählten das wir aus Deutschland in der Nähe von München kamen, sprach sie auch gleich ein paar Worte Deutsch mit uns. Es war schon wirklich erstaunlich, wo einem deutsche Bezüge, Wurzeln und Geschichten begegneten.

Die beiden Museumsdamen waren wirklich sehr freundlich und zuvorkommend. Sie freuten sich anscheinend sehr, dass zwei so junge Deutsche sich für Ihr absolut überfülltes und in die Jahre gekomenes Museum interessierten. Lange Zeit schien es auch so, als wie wenn wir die einzigen Besucher wären. Nur in einer Etage begegnete uns einmal eine ziemlich gelangweilt wirkende Gruppe Jugendlicher, wohl eine Schulklasse, die mehr mit ihren Smartphones und mit sich selbst beschäftigt waren, als wie mit den Steinen des Ural.

Wir fanden das Museum wirklich sehr informativ und wirklich heillos überladen mit Gegenständen und Exponaten.
Man sah den Räumen deutlich an, dass die Ausstellungsfläche im Laufe der Jahre einfach zu klein wurde. Nahezu jeder Platz wurde genutzt, um irgendwelche besonderen Gesteinsformationen oder großen Brocken auszustellen.
Wir waren beide fasziniert von der Vielfalt der Farben und Muster der verschiedenen Gesteine. Hier konnten wir gut abschalten und der Kreditkarten - Konsularstress rückte in noch weitere Ferne.

Und wir entdeckten fossile, sibirische Ginkgo Blätter. Der Ginkgo war doch seit unserem Weimar Besuch im Jahr 2012 und dem von Goethe gepflanzten Ginkgo Baum in der Altstadt von Weimar, „unser" Baum geworden. Uns beiden hatte der nahezu ausgewachsene Baum auf Anhieb fasziniert.
Das er auch in Sibirien vor langer, langer Zeit einmal wuchs, erstaunte uns schon sehr.
In einer weiteren Etage des Museums wurden fossile Knochen von Büffeln, Mammuts und von

einem Nautilus gezeigt. Auch diese hatte man hier am Ural gefunden.

Schließlich wurden noch Marmorplatten in den kräftigsten Rot und Pinktönen gezeigt, ähnlich prächtig derer die wir in Moskau im staatlich historischen Museum bewundert hatten. In unseren Gedanken hätten auch wir Verwendung für so schöne Steine gehabt.

In der letzten und modernsten Abteilung waren noch Steine aus den restlichen Teilen Russlands ausgestellt. Wir fanden Reste des Meteoriten „Cheylabinsk" der im Februar 2013, also 5 Monate vor unserem Besuch in Russland, ganz in der Nähe von Ekaterinburg, in der Stadt Cheylabinsk, wie ein glühender Schneeball vom Himmel herabfiel und dabei in viele kleine Stücke zerbrach. Der Meteorit wurde nach der Stadt benannt und versetzte damals die ganze Welt, und vor allem die Apokalypse Anhänger unter uns in Aufruhr, weil es ein einmaliges Naturschauspiel darstellte.

Erstmals in der Menschheitsgeschichte wurde ein solches Ereignis mit diversen Handykameras festgehalten.

Es war angeblich der größte Meteor der seit 100 Jahren auf die Erde fiel und die kleinen Steine, so groß wie ein Handy, verursachten dabei Löcher in denen ein Auto verschwinden konnte. Die von dem Meteor verursachte Druckwelle hatte damals die Kraft viele Fensterschreiben zu zerbrechen.

Wir erinnerten uns, dass wir beide damals noch die Bilder des Meteors in der Tagesschau im Fernsehen gesehen hatten und nun standen wir vor Fotos und einem Schaukasten, am östlichen Rande des Ural,

und begutachteten Bruchstücke genau dieses Meteors.
Beeindruckend war das. Der Meteor sollte 4,5 Mrd. Jahre alt sein und damit ungefähr genau so alt wie unser Planet. Das ganze war quasi ein Überbleibsel aus der Entstehungsgeschichte der Planeten.
Es war einfach nur faszinierend, das gesehene „Fernsehwissen", mit diesen tatsächlich, realen Erlebnissen verbinden zu können.

Nach einem 3-stündigen Besuch in dem Museum waren wir mal wieder platt und so gingen wir kurz vor offizieller Schließung heim in unser gemütliches Zweibettzimmer um uns ein wenig auszuruhen.
Die ersten Wochen der Reise kamen einem noch sehr anstrengend vor. Jeden Tag gab es etwas anderes zu planen, aber auch zu sehen und zu erleben. Dabei reihten sich die ganzen Erfahrungen und Erlebnisse so schnell aneinander, dass man bereits hier in Ekaterinburg und somit nach nur knapp drei Wochen Reisen merkte, dass uns das bestimmt alles viel zu viel wird an Eindrücken. Wir würden Jahre brauchen bis wir das alles verarbeiten konnten.
Wie gut, dass wir alles aufschrieben und so viele Fotos machten. Diese Erinnerungen würden bleiben. Für immer! Die Aufzeichnungen gaben uns die Zeit, das Gesehene auch noch später verarbeiten zu können.
Gerade in Russland hatten wir zeitlich nahezu keinen Spielraum um Pausen einzubauen. Die Tage an denen wir irgendwo Station machten waren bereits festgelegt, bevor wir das Land betraten. Im

späteren Verlauf der Reise sollte sich das noch grundlegend ändern und wir sollten deutlich flexibler in der Gestaltung unserer Aufenthalte sein können.

Mit dem Ende des Museumsbesuches ging auch unser 3-tägiger Kurzbesuch in der Stadt mit den 3 Namen (Yekaterinburg, Jekaterinburg, Ekaterinburg) zu Ende.
Auch die Schreibweise hatten wir mittlerweile etwas besser verstanden. Das Wort Ekaterinburg war wohl die deutsche Schreibweise, während Jekaterinburg im englischen häufig benutzt zu werden schien und Yekaterinburg wohl eher russischer Art war.

Wie dem auch sei - wir bekamen hier erstmals den Eindruck einer russischen Metropole, die geografisch bereits in Asien lag und stellten fest, dass alles in Russlands Osten bei weitem nicht mehr so prächtig erschien, wie noch in Moskau oder St. Petersburg. Seien es die Städte oder auch die Züge.
Russland wurde bislang umso altmodischer und ausrangierter, je mehr wir uns in Richtung Osten begaben. Mit dieser Vermutung sollten wir recht behalten.

Die Zeit schien weiter östlich in Sibirien, einfach ein wenig langsamer zu vergehen als wie im Westen. Während der Westen sich im Jahre 2013 befand, steckt der Osten vielleicht noch im Jahr 1963?

Unseren Besuch in der etwas vergessen wirkenden, schmucklosen Stadt konnten wir dennoch etwas abgewinnen. Wir betraten zum ersten Mal ein Konsulat der deutschen Botschaft, trafen dadurch auch wieder deutsche Staatsangehörige, was ein wirklich beruhigendes Gefühl darstellte nach all den Wochen unter Russen. Und wir lösten bei durchgehend schlechtem Wetter unser erstes großes Problem auf der Reise - die unbrauchbare Kreditkarte.

Bestimmt hätte man die Stadt unter anderen Umständen auch anders kennenlernen können. Wäre beispielsweise traumhaft schönes Wetter für eine Wanderung gewesen und wir hätten zudem keinen Kreditkartenstress gehabt, wären die Erfahrungen sicherlich ganz andere gewesen. Das aber war unser ganz persönlicher Eindruck von Ekaterinburg.

Am dritten Morgen gingen wir in aller „Herrgottsfrühe", wie es bei uns in Bayern so schön heißt, zum Bahnhof, um ja den Zug für unsere längste Etappe nicht zu verpassen.
Uns stand nun eine 56 Stunden Zugfahrt nach Irkutsk bevor, der Stadt, die als Tor zum Baikalsee gilt.

Wir waren früh dran und auch wenn das bedeutete, dass wir über 2 Stunden am Bahnhof warten mussten, so fühlten wir uns dennoch wohler, uns zeitlich gesehen in ganz trockenen Tüchern zu wissen. Schließlich war es das teuerste und längste

Zugstück, das wir nun vor uns hatten und wir wollten kein Risiko eingehen diesen Zug zu verpassen. Wie hätten wir es dann auch rechtzeitig außer Landes schaffen sollen?

Im schmucken Bahnhofsgebäude verbrachten wir die Wartezeit lieber mit den üblichen Erledigungen. Wir schrieben Tagebuch, sortierten und verpackten den noch besorgten Proviant und arbeiteten an den Fotos am Laptop - solange der Akku halt mal wieder hielt.

Ein kleiner Nebensatz noch zur „Zeit" in Russland. Alle Züge und alle Bahnhöfe in diesem riesigen Land fuhren nach Moskauer Zeit. Dies erfuhren wir zum einen durch den Reiseführer, und zum anderen verdeutlichte uns das ein Blick auf die Bahnhofsuhren.
Egal wo man sich also im größten Land der Welt befand - die Bahnhofsuhren liefen immer nach Moskauer Zeit. Das sollte nach offiziellen Angaben die Fahrplan Planung erleichtern und vielleicht auch den Anspruchs Moskaus, als nicht in Frage zu stellende Hauptstadt, unterstreichen. Für uns war es jedenfalls ein Umstand an den man sich erst einmal gewöhnen musste. Wenn der Zug um 11 Uhr Ortszeit losfuhr, war es auf der Bahnhofsuhr erst 9 Uhr, da Moskau zwei Stunden gegenüber Ekaterinburg zurück lag.

Insgesamt gibt es in Russland derzeit 11 verschiedene Zeitzonen, soviel wie in keinem anderen Land. Vorübergehend waren einmal zwei

Zeitzonen wegrationalisiert worden, doch auf Grund von Protesten der Bevölkerung waren es nun wieder die gewohnten elf Zonen. Moskau liegt, je nachdem ob wir in Deutschland Sommer- oder Winterzeit haben, ein bis zwei Stunden hinter unserer deutschen Zeitrechnung.

Eine Umstellung von Winter- auf Sommerzeit gab es in Russland dabei seit ein paar Jahren nicht mehr. Während Deutschland also noch über die Abschaffung alljährlich diskutiert, schufen die Russen die Zeitumstellung einfach ab.

Ekaterinburg war wie gesagt zwei Stunden später dran als Moskau, so dass 12 Uhr Mittag bei uns in Deutschland bedeutete, dass es in Moskau je nach Jahreszeit mal 13/14 Uhr und in Ekaterinburg es 15 bzw. 16 Uhr war. Maximal 4 Stunden Zeitunterschied von Deutschland zu Ekaterinburg konnten also bestehen.

Unser nächstes Ziel Irkutsk hingegen war dann schon 6 bzw. 7 Stunden hinter der deutschen Zeit zurück.

Die Zeitverschiebung zur MEZ (Mitteleuropäischen Zeit) bauten wir auf unserem Weg Richtung Osten somit immer weiter aus. Und noch war kein Ende unserer Ostwanderung abzusehen. Immer der aufgehenden Sonne entgegen - das war unser Motto die ersten Monate.

Transsib - die 2. - Unsere Reise nach Irkutsk.
Es war bereits von Beginn der Reise an klar, dass die Zugfahrt von Ekaterinburg nach Irkutsk, noch relativ am Anfang unserer Auszeit, die Längste sein würde, die wir während der gesamten Auszeit machen. Höchstwahrscheinlich ist es auch die längste Zugreise gewesen, die wir je in unserem Leben gemacht haben.

Insgesamt brauchte der Zug 56 Stunden für die ca. 4500 Kilometer lange Strecke. Schnell waren wir auch dieses mal nicht unterwegs.
Auch mit geringen mathematischen Kenntnissen ergibt sich daraus eine Durchschnittsgeschwindigkeit von 80kmh / Stunde.

Für dieses längste Zugstück auf der Reise wollten wir uns etwas Luxus gönnen und so leisteten wir uns eine 4er Kabine (10200 Rubel / Nase = ca. 240€). Eine ganz persönliche 2er Kabine hätte dabei locker nochmal das 2 bis 3fache gekostet und das war es uns dann doch nicht wert.
Ein klarer Vorteil in einer 4er Kabine war sicherlich, dass man mit Russen hautnah in Kontakt kam und so vieles aus erster Hand über das Land erfuhr. Über Nachteile müssen wir ja nicht wirklich sprechen. Diese sind unter schweißtreibenden und „Deo fernen" Umständen ziemlich offensichtlich. Wenn 4 Menschen auf ca. 4m2 in einem Zeitraum von über 56 Stunden leben, dann beginnt es mit der Zeit zu riechen. Rein menschlich das Ganze.

Irgendwie erwarteten wir beim erstmaligen Betreten der Kabine dennoch etwas mehr Luxus. Vielleicht einen dieser Zarenwagons mit Kronleuchtern und großer Couch wie zu Zeiten der Jahrhundertwende?

Unsere 4er Kabine war lediglich mit einer Tür zum Gang hin verschließbar, was nachts zwar eindeutig mehr Ruhe und Sicherheit garantierte, aber nicht darüber hinwegtäuschte, dass es doch recht eng war. Was wir eigentlich genau erwartet hatten, konnten wir gar nicht sagen. Bislang kannten wir ja auch nur das offene Abteil aus dem ersten 27 Stunden Trip von Moskau nach Ekaterinburg.
Obwohl die Vorstellung bis zum Betreten etwas unklar blieb, hatten wir beide leider ein etwas enttäuschtes Gefühl, als wir die Kabine dann zum ersten Mal sahen. Sie war sehr eng und wirkte mit der Tür irgendwie eingezwängter, als die offene Kabine. Der Vorteil einer abschließbaren Kabinentür kostete natürlich auch Platz und Raum.
Das Gefühl im offenen Abteil im „52er all open Wagon" war eindeutig freier.
Für Klaustrophobiker vielleicht nicht gerade die beste Art zu Reisen dachte ich, aber Gott seit dank hatten wir ja keine Angststörung.

Wieder einmal hatten wir beim Buchen des Tickets nicht wirklich darauf geachtet, wo unsere Liegen sich befanden. Wir entschieden uns wie immer für das günstigste Angebot und so waren wir auch dieses Mal in der „zweifelhaft glücklichen Lage", die zwei oberen Kojen bewohnen zu dürfen. Natürlich gab es damit auch hier wieder das Problem, dass man sich nur nach unten setzen konnte, wenn der unter einem sitzende Reisende, auch geraden sitzen wollte. Wollte dieser schlafen, war man gezwungen sich auch hinzulegen.

Die Betten hingen waren etwas größer & weicher als im 52er all open Abteil, das war erfreulich. Das Alter des Zuges jedoch machte noch einmal einen deutlichen Schritt nach oben was man gerade der Zugtoilette deutlich ansah. Unsere These, je weiter wir von Moskau und Sankt Petersburg Richtung Osten fahren, desto älter werden auch die Züge, schien sich abermals bestätigt.
Die Toilette bestand aus einem schräg stehenden Loch im Zugboden welches mit einer speziellen Vorrichtung mit dem Fuß geöffnet und gereinigt werden konnte. Man sah zwar den Gleisboden nicht beim entleeren, jedoch hörte man die lauten Fahrgeräusche auf den Gleisen beim Öffnen. In Indien gehört hingegen der Blick auf die Gleise mit zur Aussicht in der Toilette.

Das ganze war jedoch wenig hygienisch und sehr wackelig obendrein. Hier wollte ich nicht groß auf die Toilette gehen, was bei der langen Fahrtdauer eine echte Probe darstellte.
Ein weiteres Manko war, dass die Toilette dauernd besetzt war. Ein stilles Örtchen für über 50 Personen pro Wagon war einfach zu wenig.

Während den ersten 5 Stunden Zugfahrt bis nach Tjumen hatten wir nur einen, dafür sehr interessanten, weil gut englisch sprechenden Kabinenkollegen, namens Viktor.

Viktor erzählte uns viel über Russland. Er gab sich als studierter Psychologe und Anwalt aus und war obendrein im Regionalparlament für Putins Partei (Vereinigtes Russland) tätig.

Was für ein Zufall dachte ich, gerade als politisch interessierter Mensch, einen politischen Russen in der Kabine sitzen zu haben. Wann hatte man sonst schon mal jemanden von Putins Partei so hautnah zum Gespräch?

Bei uns in Bayern ist es natürlich kein Problem mit einem CSU Anhänger zu sprechen. Dafür reicht der Gang ins nächste Bierzelt. Andere politische Meinungen muss man in Bayern oft schon mit der Lupe suchen. So gut wie unmöglich war es hingegen in Bayern mit einem überzeugten Angehörigen eines anderen, politischen Systems zu sprechen.

Viktor machte durchaus einen eloquenten, charmanten, und sich zu Benehmen wissenden Eindruck. Zudem war er durchtrainiert wie Putin auf seinen Jagdfotos und er hinterließ einen sehr selbstbewussten und intelligenten Eindruck.

Im Gespräch war es im sichtlich wichtig uns Touristen Russland als absolut fortschrittliche und aufstrebende Nation darzustellen.

Die Stärke die er immer betonte als er von Russland sprach, harmonierte wohl auch ganz gut mit seinem eigenen Selbstbild. Wir dachten uns, dass er wohl nicht stellvertretend für alle Politiker

Russlands stehen konnte. Schließlich kannte man ja auch noch Jelzin mit seinen Trink - Eskapaden. Eher erschien er als eine Ausnahme.

Viktor erzählte, dass er mehr oder weniger neben seiner politischen Tätigkeit in einem Regionalparlament, in seiner Freizeit als „Hobby" Trainingscamps für Führungskräfte anbietet und deshalb wirtschaftlich sehr gut vernetzt sei. Das musste wohl im politischen Russland besonders wichtig sein.

Das eigentlich wirklich überraschende für uns aber war, dass er nach eigener Aussage erst 33 Jahre alt war und schon derart wichtige politische Ämter ausführte.

Dazu besaß er eine 150 qm2 Wohnung im Zentrum von Tjumen (einer großen Stadt mit 500000 Einwohnern) für seine Familie und war gerade noch dabei ein Haus außerhalb der Stadt zu bauen, eine sogenannte russische Datscha. Von beidem zeigte er uns Fotos auf seinem I-phone.

Das große, herrschaftliche Wochenendhäuser gerne am Stadtrand gebaut werden, hat in Russland eine lange Tradition wie er erzählte und das stimmte auch mit den Informationen aus dem Reiseführer überein.

Er erzählte uns mehr oder minder ungefragt von seinen 2 Kindern (13,1) und von der Zeit als er mit 23 Jahren für ein Semester in den USA studiert hatte. Auf die Frage ob es ihm denn gefallen hätte in Amerika so sagte er ja, auf alle Fälle, aber er entschied sich doch für Russland, denn die mittlere Managementebene, die in den USA wohl für ihn

maximal möglich gewesen wäre, sei nichts für ihn. Hier in Russland habe er viel mehr Möglichkeiten und seine voller Stolz vor der Brust hergetragene Erfolgsbilanz, gab ihm ja auch Recht.
Wir hatten einen intelligenten, ehrgeizigen Russen in unserem Abteil sitzen, der sein politisches Interesse mit 33 Jahren schon vollends ausleben konnte und in einem nicht unbedeutendem Regionalparlament einer großen Stadt saß.

Natürlich wollte er aber auch von uns viel wissen, vor allem wie das Leben in Deutschland so sei und wie viel man bei uns verdienen würde. Als wir sagten der Durchschnittslohn Netto bewege sich ungefähr bei 1200€ für eine Vollzeitstelle schien er schon sehr beeindruckt und entgegnete dass dieser in Russland bei ca. 600€ liegen würde. Natürlich sei das Ganze aber auch sehr branchenabhängig und ihm erginge es besser.
Wir redeten über viele Themen. Auf meine Nachfrage hin erzählte er etwas unsicher, dass seines Wissens nach ganz Russland elektrifiziert sei. Bei diesen Dimensionen hier in Sibirien war das schon recht erstaunlich. Im Süden Sibiriens konnten wir uns das ja gerade noch vorstellen. Dieser ist ja relativ warm und bevölkerungsreich, jedoch war der Norden von Sibirien so etwas von einsam und verlassen, zumindest nach unserer Russland Karte mit eingezeichneten Städten bis 10.000 Einwohnern, dass wir das nur bedingt glauben wollten.

Wie noch viele andere Russen mit denen wir während der Reise in Kontakt kamen, gab uns auch Viktor sofort seine E-Mail Adresse bevor er ausstieg. Man wisse ja nie und wir sollten uns mal melden.

Wir fragten uns, aus welchem Elternhaus dieser Typ wohl stammen mochte und welche kommunistische, vaterlandstreue Familie dies im Hintergrund wohl bedeuten musste, damit der Sohn mit 23 Jahren in die USA geschickt werden konnte und bereits mit 33 Jahren eine derartige politische Machtposition im System inne hatte?

Vielleicht hat er seine Seele dabei auch an den Teufel verkauft, da er nun für ein, wie wir im Westen sagen würden, unterdrückerisches und intolerantes Regime unter Putin arbeitet.

Oder vielleicht musste er sich gar nicht verkaufen und sieht halt über manches einfach hinweg. Er holt einfach das Beste für sich selbst heraus und sein persönlicher Erfolg scheint ihm oberflächlich betrachtet, ja auch recht zu geben.

Jedenfalls war es eine echt sehr besondere Begegnung mit ihm und auch wenn wir anfangs gar nicht soviel Lust hatten uns mit ihm zu unterhalten, so entwickelte sich im Verlauf der 5 gemeinsamen Stunden Zugfahrt doch ein für beide Seiten interessantes Gespräch in dem beide Seiten viel voneinander erfuhren.

Viktor stellte sich stets als lupenreinen Demokraten dar, benannte Fehler im System ganz offen und sprach auch davon, dass es in „einem demokratischen Staat überall auf der Welt

Probleme geben würde." Russland sei aber auf einem guten Weg, er habe ja den Einblick. Wir widersprachen ihm nicht zu sehr, schließlich wollten wir ja seine Freundlichkeit erwidern. Das er jedoch von einer Demokratie sprach als er über sein eigenes Land sprach, verwunderte uns aber doch. So also war die russische Selbstwahrnehmung. Wir leben doch in einer Demokratie. Putin ist einfach nur so beliebt!

Wirklich nett von ihm war, dass er uns einen ganz besonderen chinesischen Tee zum probieren gab. Gute Ernährung und hochwertige Qualität des Essens, gerade auch der Genuss von hochwertigem Tee, waren ihm sehr wichtig, wie er betonte.
Die zusammengerollten Teeblätter und Blüten die wir von ihm bekamen, waren getrocknet sehr klein und wirkten wie größere, grüne Maiskörner. Im heißen Wasser öffneten sie sich aber fast magisch auf wundersame Weise und ihre großen Blätter füllten die Tasse nun fast vollständig aus.
Es war ein edler, süßlich duftender Jasmin Tee, den er uns gegeben hatte und er schmeckte wirklich sehr gut und leicht blumig. Viktor meinte, dass er Beziehungen hätte, die ihm solchen Tee direkt aus China besorgen konnten. Gerade die russischen Lebensmittel, aber auch viele chinesische Lebensmittel, seien oftmals von einer schlechten Qualität und seien verseucht mit Giftstoffen. Deshalb lege er sehr viel Wert auf gesundes Essen und die richtigen Bezugsquellen. Und wie gesagt - er habe dazu auch die notwendigen Beziehungen.

Das fanden wir amüsant. In Russland braucht man also Beziehungen und Netzwerke um gesunde Lebensmittel zu erwerben.

Was wir zu Beginn der Zugreise ebenfalls nicht wussten und nur durch Viktors Hilfe erfuhren, war dass wir im Zug etwas zu Essen bekamen.
Als die Schaffnerin plötzlich breitbeinig und etwas vor sich hinmurmelnd vor unserer Tür stand, wussten Martina und ich natürlich anfangs nicht was jetzt los sei.
Wir gaben daraufhin gestisch und mimisch zu erkennen, dass wir trotz ihres Blicks absolut keine Ahnung hatten was sie von uns wollte.
Nun kam Viktor zum Zuge und er übersetzte für uns auf Englisch. Wir verstanden, das wir warme Mittagessen, ähnlich abgepackt wie im Flugzeug, bereits mit unserem Ticket bezahlt hatten und die Dame nun die Bestellung aufnehmen wollte.
Man kommt halt einfach zusammen, wenn man mit den Leuten redet! Auch wieder so eine Volksweisheit die wohl überall auf der Welt gültig zu sein schien. Wir bestellten Fisch und Hähnchen mit Reis.
Nachdem wir noch zu dritt gemeinsam gegessen hatten und Viktor kurz danach in Tjumen ausgestiegen war, hinterließ er uns mit einem leicht seltsamen Gefühl.
Wieder einmal war das Bild Viktor´s über Russland so anders, als das uns sonst von westlichen Medien verkaufte. Mit einem missverständlichen und sehr oberflächlichem Gefühl über unser Wissen von Russland, sowie vom aktuellen, politischen

Geschehen im Land, ließ uns Viktor schließlich zurück. Seine Ansichten waren durchaus logisch. Klar gab es auch bei uns Probleme in der Demokratie und gerade Bayern konnte sich meiner Alleinherrschaft der CSU auch nicht gerade der Vielseitigkeit der Demokratie rühmen. Und das Putin wirklich sehr beliebt war bei seinen Landsleuten drang sogar bin nach Deutschland durch.

Es dauerte nicht lange und 2 russische Damen, so um die 35 - 40 Jahre, stiegen in die 4er Kabine zu. Die beiden wollten nach Novosibirsk, wie sie uns beim ersten Begrüßen gleicht mitteilten und begleiteten uns somit für weitere 16 Stunden.
Mit ihnen konnten wir uns aber leider kaum austauschen, auch wenn beide angeblich Englisch in der Schule gelernt hatten. Eine von den Beiden sprach zwar ein paar Wörter Englisch und war auch interessiert an uns, aber auf Grund des wirklich rudimentären Wortschatzes der Dame, kamen wir nicht wirklich ins Gespräch.
Mehr als einige grundlegende Informationen, z.B. wie man heißt, wohin man fährt und woher man kommt, waren leider nicht drinnen.
Zugegebenermaßen waren aber ihre Englischkenntnisse um ein vielfaches besser als unsere Russischkenntnisse. Auch nach 3 Wochen im Lande beschränkte sich unser Wortschatz immer noch auf „Ja" (da) „Nein" (net), „Hallo" (zdravstvuyte) und „Danke" (spasibo).

Da uns die beiden also nicht so mit Fragen löcherten wie Viktor, hatten wir viel Zeit um in unseren Büchern zu lesen und Musik zu hören.
Die Entspannung und das Ausruhen nach den vielen Stadtbesichtigungen in Ekaterinburg taten richtig gut.
Wir tranken beide Unmengen von Tee beim Zugfahren, vielleicht aus Langeweile oder wegen der Klimaanlage, und aßen alle zwei bis drei Stunden die nicht sättigenden Fertigprodukte. Schön langsam aber sicher hingen uns diese Industrieprodukte zum Hals hinaus. Der Hunger war nie ganz weg mit diesem chemischen Zeugs. Und das natürlichste an dem ganzen Essen war wohl noch das Bild auf der Verpackung.

Die Stadt Novosibirsk erreichten wir am frühen Morgen nach unserer ersten, rhythmisch wackelnden Nacht im Zug.
Während der Nacht hatten wir bereits die ebenfalls große Stadt Omsk passiert. Beide Städte lagen ziemlich nahe an der russisch - kasachischen Grenze. Jetzt waren wir schon echt verdammt weit von zu Hause weg.
Von Omsk erfuhren wir jedoch nur durch den Reiseführer, da wir sie verschliefen.

Die Nacht mit den beiden Damen war insgesamt relativ ruhig verlaufen. Frauen waren einfach leiser und rücksichtsvoller als Männer, das hatten wir schon im ersten Zug festgestellt. Lediglich ein längeres wackeln und anfahren hielt mich mal kurz wach. Ich denke da waren wir in Omsk.

Dank unserer Ohrstöpsel, die wir Gott sei Dank im 100er Vorteilspack von zu Hause mitgenommen hatten, konnten wir im Zug einigermaßen gut schlafen. Natürlich wachten wir oftmals auf, jedoch glaubten wir, dass erst eine gewisse Gewöhnung einsetzen müsste.

Wir rollten so früh am Morgen langsam in Stadt ein. Auch der Zug schien irgendwie müde und langsam zu sein.
Am Bahnhof von Novosibirsk hatte der Zug ca. 30 Minuten Aufenthalt und ich nutzte die seltene Gelegenheit um im Bahnhofsgebäude eine saubere Toilette aufzusuchen. Ähnlich wie bei uns kostete diese 20 Rubel, ca. 50 cent und dennoch war der Preis diesen Komfort wert. Dem Gewackle im Zug zu entgehen war es das auf alle Fälle wert.
Auch wenn ich mir vornahm in den 56 Stunden Fahrt, sowenig wie möglich auf die Toilette zu gehen, gewinnen irgendwann die menschlichen Bedürfnisse über die Selbstdisziplin. Den Tee rauszulassen ging ja noch, aber das Gewackle machte alles sonstige wirklich zu einem Abenteuer. Eines von den Abenteuern, die man wahrlich nicht wirklich braucht.

Natürlich musste auch das Zielvermögen im Zug viel besser sein. Dieses war aber leider nicht bei allen Mitreisenden gleichermaßen vorhanden, wie wir mit zunehmender Reisedauer eindeutig zu sehen und riechen bekamen.
Novosibirsk hatte eine ähnliche Größe und Geschichte wie Jekaterinburg. Beide waren ein

Industriezentrum und auch Novosibirsk hatte einen hübschen, bläulichen, mit weißem Stuck verzierten Bahnhof. Es sollte der Größte Bahnhof in Sibirien sein. Nun ja, wir nahmen den Bahnhof in Jekaterinburg größer war, aber vielleicht zählte das auch noch nicht zu Sibirien im russischen Sinn. Und außerdem musste ja jede Stadt auch seine ganz eigenen Superlative haben.

Was uns auffiel war, dass an der bisher von uns befahrenen transsibirischen Strecke im Abstand von 5 - 7 Reisestunden, immer eine große Stadt lag. Ein regionales Zentrum wenn man so will. Sicherlich war das ganz bewusst so erdacht und da ich davon ausging das frühere Züge wohl noch etwas langsamer unterwegs waren als heutzutage und außerdem eine geringere Reichweite hatten, stellte vielleicht die Strecke zwischen zwei großen Städten die frühere Tagesstrecke dar. Zumindest dachte ich mir das könnte sein.

Die zwei schweigsamen Damen verließen uns nach 16 Stunden gemeinsamer Fahrt und es dauerte nicht lange bis Vitaly aus der Altai - Region (Grenzregion zu Kasachstan und Mongolei) in Novosibirsk zustieg. Er arbeitete in Novosibirsk und wollte nun für ein paar Tage nach Hause.
Die Plätze in den Zügen waren wirklich immer gut gebucht, dass musste man schon sagen.
Mit Vitaly waren wir wieder nur zu dritt in der Kabine, was deutlich angenehmer war als zu viert, Nun konnten auch wir „Obenliegenden" einen unteren Platz zum sitzen dauerhaft in Beschlag

nehmen.

Vitaly war eine absolute Frohnatur und es dauerte auch nicht lange bis wir mit ihm ins Gespräch kamen. Er wollte zurück zu seiner Frau nach Krasnoyarsk, der Stadt mit dem besten Zugang zum Altai Gebirge laut seiner Aussage.

Er entpuppte sich zwar auch nicht gerade als der beste englisch sprechende Russe, lachte aber sehr viel und hatte eine sehr herzliche und quirlige Art an sich. Er war sehr um Kommunikation bemüht, fing immer wieder stotternd zu fragen an und wirkte auf uns sehr aufrichtig und sympathisch.

Er erzählte uns, dass er von Beruf Feuerwehrmann in Novosibirsk sei und er bei seiner Arbeit erst kürzlich von einem örtlichen TV - Sender interviewt wurde. Stolz wie Oskar zeigte er uns schließlich auch das Video, welches er auf dem Handy bei sich hatte. Es war tatsächlich der gleiche Vitaly auf dem Video, als wie der, der hier gegenüber von uns saß. In ernster russischer Mine und mit offizieller Behördentracht sprach er für uns natürlich vollkommen unverständlich in das Mikrofon.

Es war schon unglaublich, wie viele Russen doch mit der transsibirischen Eisenbahn zur Arbeit pendelten.

Ein Arbeitsweg von 40 - 50 Minuten Pendelei, was für uns Deutsche ja schon ein Graus ist, war für die Russen wohl ein geradezu lächerlicher Sprung. Sich über eine solche Pendelzeit aufzuregen, grenzte wohl schon an eine regelrechte Beleidigung.

Vitaly, der von Novosibirsk nach Krasnoyarsk pendelte, war ca. 11 Stunden mit dem Zug für gut 800 Kilometer unterwegs.
Natürlich machte er das nicht wöchentlich wie er erzählte, was wiederum bedeuten musste, dass nicht nur er, sondern mit ihm auch viele andere pendelnde Russen, eine Fernbeziehung führten. Die unglaublich großen Distanzen in diesem riesigen Land und die spärliche Verteilung von großen Städten und damit von Arbeitsplätzen, brachte dies wohl mit sich.

Vitaly fragte auf seine etwas verschrobene Art uns ein wenig aus und wollte beispielsweise wissen, ob wir schon miteinander verheiratet waren. Wir verneinten dies und aus seinen darauffolgenden Gesten schlossen wir, dass wir seiner Meinung nach, wohl gut zusammen passen würden und unbedingt heiraten sollten.
Auch er war unglaublich verliebt wie wir daraufhin erfuhren und er fuhr heim zu seiner Frau, der er zur Verlobung gar ein Auto gekauft hatte. Das musste wahre Liebe sein meinte Martina!
Vitaly zeigte uns anschließend noch mal einige Fotos auf seinem Handy vom Altai Gebirge und von einem großen, wirklich hübsch anzusehenden See, der auch irgendwo in seiner näheren Umgebung lag. Und natürlich sahen wir auch Fotos von seiner Frau und von dem ihr geschenkten Auto.

Ihm gefiel was wir machten. Seiner Meinung nach sollten wir das nächste mal auf einer Russlandreise unbedingt einen Stop im Altai Gebirge einplanen.

Auch der Reiseführer gab ihm dabei Recht. Hier sollte es wunderschöne wilde und bis zu 4000m hohe Berge geben. Dazu eine berühmte weite Landschaft die seines Gleichen suchte.

Natürlich hätte uns das interessiert und wieder einmal wurde uns bewusst, wie viel wir trotz unserer langen Auszeit und unseres bewusst gemächlichen Reisens, doch auch auf der Strecke lassen mussten.

Beim Thema Altai Gebirge fiel mir auch noch die Geschichte einer ehemaligen Arbeitskollegin ein. Sie war in der ehemaligen DDR aufgewachsen und hatte bei einer Gelegenheit im Vorfeld erzählt, dass sie als junge Erwachsene zum damals noch üblichen „Volksdienst" in der DDR eingesetzt wurde.

Damals war es üblich eine Gruppe Deutscher in die Altai Region zu bringen, um am Bau einer Straße mitzuhelfen. Das hatte sich damals noch ein wenig wie Deportation und Zwangsarbeit angefühlt als sie das sagte und auch jetzt waren diese Art von Gefühlen noch sehr lebendig.

Wir wussten jetzt, wie weit das Altai Gebirge von zu Hause weg war und wie leer und einsam die Gegend um ihren damaligen Einsatzort war.

Allerdings schwangen jetzt auch noch andere Gefühle mit. Das Ganze war sicher auch eine tolle Selbsterfahrung, das Schnuppern von Freiheit und weg sein zu Hause, das Erleben von wilder Natur und vielleicht auch gar eine besondere Art von Gemeinschaftsgefühl und Kultur.

Vielleicht, dachte ich, war so ein „Volksdienst" gar nicht das Dümmste was ein Land beschließen kann.

Sollten doch die Banker mal Ärsche putzen und die Ärzte sich mal am Maurern probieren.

Wir in Deutschland hatten mit dem Zivil- oder Wehrdienst schließlich lange Zeit auch etwas ähnliches gehabt. Jetzt gab es mit dem Bundesfreiwilligendienst, eine nicht verpflichtende Alternative. Bei uns in Deutschland ist es ja oft so, dass nur diejenigen BuFdi machen, die nicht wissen wie es nach der Schule gleich weiter gehen soll.
Ein(e) Anwalts- oder Arztsohn /-tochter, weiß aber in aller Regel wohin die Reise geht und so fallen gerade die, die es am nötigsten hätten aus dem Raster des Freiwilligendienstes am Volke. Schließlich sind das die vielbesagten Führungskräfte von morgen.
Vielleicht sollte generell von der UN ein „Weltjahr" eingeführt werden?! Ein Jahr, bei dem jeder Mensch auf der Welt unentgeltlich Dienst an der Menschheit und dem Planeten zu leisten hat. Das würde den Respekt und das Miteinander von Mensch und Natur sicherlich fördern.

Der Blick aus dem Fenster mit der schönen, kargen Berglandschaft brachte uns auf solche Gedanken.

Vitaly verschwand plötzlich und brachte nach kurzer Zeit sich selbst und uns ein wunderbar kühles Bier aus dem Bordrestaurant mit. Was für eine nette Aufmerksamkeit. Gerade der zweite Tag war sehr sonnig und heiß geworden, dass sahen wir schon früh am Sonnenaufgang und am auch beim

morgendlichen Stop in Novosibirsk sollte es warm sein.
Mit zunehmender Sonneneinstrahlung im Laufe des Tages stiegen nun auch die Temperaturen im Abteil beträchtlich an. Bedingt durch die oftmals vom Schaffner beim Vorbeigehen geschlossenen Türen vom Abteil, staute sich die Hitze enorm in der kleinen Kabine. Eine gab zwar eine Art Klimaanlage, aber die sollte irgendwann komplett zu pusten aufhören und ausfallen.
Jetzt konnte man natürlich sagen, ach die Russen, alles marode hier auf der alten Transsib, doch wir erinnerten uns an die ausgefallenen Klimaanlagen der ICE Züge in Deutschland, ein paar Wochen vor unserem Abflug nach Sankt Petersburg. Das also konnte überall passieren und gerade bei diesem alten Zug war es nicht ganz so verwunderlich wie bei den hochmodernen ICE Zügen.

Nachdem wir das erste leckere, kühle Bier gemeinsam ausgetrunken hatten, wollten wir der Gastfreundschaft von Vitaly natürlich etwas entgegenbringen und so ging ich mit ihm gemeinsam zum Bordrestaurant und holte nun auf unsere Kosten ein Weiteres mal zwei Bier. Das Bier im Zug kostete um die 2€ und war damit deutlich teurer als im Supermarkt, aber es war für uns Deutsche immer noch zu einem relativ normalen Preis zu haben.
Die Gelegenheit mit Vitaly sollte übrigens auch das einzige Mal sein, in der wir uns etwas aus dem Bordrestaurant gönnten.

Auch hier siegte die Vernunft und unser Sparzwang über die Gier und Lust auf nicht wirklich Notwendiges. Wir wollten ja schließlich noch weit kommen während unserer Auszeit und ähnlich wie in Deutschland auch, kauften wir nicht gerne da, wo es am teuersten war. So hatten wir halt mal kein kühles Bier zur Stelle oder mussten gerade das essen, was wir dabei hatten und nicht das, worauf wir gerade Lust hatten.
Davon starb man nicht gleich, auch wenn das viele Leute heutzutage zu meinen scheinen.
Wie oft sahen wir nicht schon geknickte Gesichter, nicht nur bei Kindern, weil sie gerade nicht das bekamen, was sie in einem bestimmten Moment entbehrten?
Bedeutet eine Reise zu machen nicht auch mal Verzicht und Entbehrung zu üben?
Schließlich nimmt man 6 Bett Zimmer, durchgelegene Matratzen, 56 Stunden im Zug und was weiß ich noch alles in Kauf, wenn man Russland so mit dem Zug erleben möchte wie wir das wollten. Was macht da schon ein klein wenig Heißhunger oder -durst auf etwas anderes, als das was man gerade hatte?

Ich fand, dass wir bislang immer sehr gut ausgerüstet waren auf unseren Zugfahrten. Wir aßen viel Brot, dazu Gemüse und Kekse (vor allem für Martina), tranken noch mehr Tee, wobei wir den ein oder anderen Teebeutel auch mitgehen ließen im Hostel, und aßen viele, viele Fertigprodukte (Instant Nudeln und Kartoffelpüree) zum aufgießen mit heißem Wasser.

Über Geschmacksverstärker, Zusatzstoffe und potentiell krebserregendes Glutamat machten wir uns dabei mangels Alternativen erstmal keine Gedanken mehr. Was sollte es uns auch hier überfordern? Es gab schließlich kaum anderes Essen was geeignet war 56 Stunden mit uns im Zug zu reisen und die Erfahrungen in Sibirien waren uns erstmal mehr wert als gesundes Essen. Zurück in Deutschland würde sich das auch wieder ganz schnell ändern. Da waren wir beide sicher.

Zu unserer anfänglichen Überraschung hatte uns Viktor, unser erster Zugbegleiter von Putins Partei Vereinigtes Russland ja erzählt, dass man mit dem Ticket nach Irkutsk auch gleich ein Essen mit gekauft hatte. So bekamen wir auch an diesem Tag etwas serviert. Endlich eine Abwechslung zu den Fertigprodukten.
Einmal gab es Reis mit Hühnchen und einmal Reis mit Fisch, was beides ganz ok schmeckte, aber natürlich nichts besonderes war. Auch das Zugessen schien sich zu wiederholen. Ähnliches gab es ja auch schon im ersten Zug.

Irgendwann nach den zwei Bier verebbten die Gespräche mit Vitaly. Wir machten ein gemeinsames Foto von unserem Trinkgelage und wurden zunehmend müder. Die hohen Temperaturen in der Kabine waren Schuld.
Unser Blick schweifte wieder mehr Richtung Zugfenster und wir träumten davon in der Altai Region zu wandern, während wir die Landschaft draußen an uns vorbei ziehen ließen.

Die Sonne ging für uns persönlich ein zweites mal während des Zugfahrens unter und wir hatten zu dem Zeitpunkt bereits über 30 Stunden Zugfahrt hinter uns.
Nach so vielen Stunden auf engstem Raum in der Kabine darf, oder vielmehr muss man schon sagen, solche Zugfahrten sind anstrengend.
Man hoffte, dass man nicht zu oft auf die schreckliche und immer mehr verrohende Zugtoilette musste. Zudem machte uns nun die Hitze im Zug sehr zu schaffen und das ständige aufeinander mit Menschen hinterlässt auch im Geist ein Bedürfnis nach Ruhe und vertrauter Einsamkeit. Wir beide wurden mit der Zeit übermüdeter und genervter.

Nichts desto trotz war es aber auch sehr schön und unterhaltsam im Zug zu reisen. Wir trafen Russen wirklich hautnah und kamen mit Ihnen ins Gespräch. Dabei kamen erstaunlich, andere Perspektiven von Menschen zu Tage, die wir so im Vorfeld nicht erwartet hatten. Dabei muss man natürlich auch sagen, vor lauter Naivität nicht erwartet hatten.
Zu blauäugig waren wir manchmal an die Sache heran gegangen und zu wenig wussten wir über die Lebensumstände der Menschen hier.
Wenn nun in Zukunft einer zu mir sagt, er müsse 800 Kilometer in die Arbeit pendeln, dann frage ich ihn erst einmal ob er den Russe sei.

Insgesamt hatte man natürlich sehr viel Zeit, um sich die Landschaft etwas genauer anzusehen durch die man gerade fuhr. Der Ausblick wurde hier nun deutlich unterschiedlicher als wie zu Beginn des Zugreisens. In der Altairegion war es viel trockener, höher und bergiger. Große Wälder sah man kaum mehr, oder eher zwischen den kargen Gipfeln.

Wir hatten aber auch sehr viel Zeit zum lesen, schreiben, zeichnen und Foto - CD´s machen am Computer während der Fahrt. Zudem lernte man die Leute im Zug kennen, auch wenn man nicht direkt mit ihnen sprach. Die Beobachtung von Mimik und Gestik war der Schlüssel.
Man sah manche Menschen nur ein paar Augenblicke lang und dennoch entwickelt sich so etwas wie basales Vertrauen, selbst in Sekundenbruchteilen. Der will nichts von mir.
Auch untereinander als Paar tauschte man sich ganz anders aus und alles war offener und weniger geheimnisvoll als wie sonst üblich. Ich wusste beispielsweise immer wann Martina aufs Klo musste oder sie müde oder hungrig war. In der Art und Weise wie hier, wusste ich das vorher nicht. Man offenbarte sich gegenseitig einfach viel mehr, als nur seinen Gemütszustand. Schließlich war man jede Minute die verging zusammen.

Wir empfanden zum Glück beide das Zugreisen als viel entspannter, als wie beispielsweise im Flugzeug sitzen zu müssen. Im Flugzeug herrschte deutlich weniger Platz und auch von der gemächlich vorbeiziehenden Landschaft, die ja ihre ganz eigene Wirkung auf den Geist hat wie wir nun wussten, bekam man nichts mit.

Es gab sogar ein paar Steckdosen im Zug. Die waren natürlich wichtig für den Laptop zum Foto Film machen und für das Telefon zum Musik hören. In der Regel nahm aber eine russischen Familie mit zwei Kindern nahezu komplett die Steckdose in unserem Wagon in Beschlag. Immerhin hatten die 4 auch gleich zwei Laptops und mehrere Smartphones gleichzeitig und andauernd zum aufladen - der Jugend und dem Vater wars geschuldet.

Wir hatten dennoch immer wieder die Möglichkeit unsere Sachen aufzuladen und ließen unser Zeugs einfach bei denen im Abteil. Wir hatten dabei keine Angst, das uns etwas abhanden kommen könnte. Schließlich befanden wir uns alle in einem fahrenden Zug, wo hätte da der Dieb schon hinlaufen können?

Da war es wieder, das Gefühl des basalen Vertrauens. Zudem war ja auch noch der Schaffner da, der einem wirklich etwas Sicherheit vermittelte. Es passte einfach jemand auf, hatte man das Gefühl.

Während der Zugfahrt kreierte ich unsere ersten Eindrücke von Sankt Petersburg und Moskau bereits auf Foto DVD. Zu Hause hätte ich sowieso wieder keine Zeit für so etwas.

Zudem hörten wir beide viel Musik und hatten noch mehr Zeit zum nachdenken und gedanklichem dahin sinnieren. Etwas das ja gerade ich so gerne mache.

Zum Teil stresste uns aber wie schon gesagt die nicht vorhandene Privatsphäre auch und machte uns mit zunehmender Dauer auch reizbarer. Wir waren es einfach nicht gewohnt so zu leben und zu reisen. Dieses Gemeinschaftserlebnis, was die Russen durch das Zugfahren kannten, war wirklich schwer mit einem deutschen Alltagserleben gleich zu setzen.

Ich war so froh das Martina bei mir war und wir all diese Erfahrungen gemeinsam erleben durften, auch wenn sie manchmal etwas von meinen schlechten Launen abbekam.

Der Blick aus dem Fenster war oberflächlich betrachtet weiterhin recht monoton. Doch die Landschaft und die Natur änderten sich, wenn auch natürlich sehr langsam. Manchmal fuhr man hier an einer Bergkette oder auch an große Seen vorbei.

Die meiste Zeit allerdings fuhren wir an schier endlosen Weiten von Birkenwäldern, landwirtschaftlichen Feldern und Wildwiesen vorbei. Gerade diese sich langsam ändernden Umgebungsreize ermöglichten aber vielleicht auch den Gedanken erstmalig die Chance, freier und unabhängiger zu werden.

Normalerweise blinkt und leuchtet es ja überall, egal ob zu Hause vor dem Bildschirm, oder selbst wenn man in der Stadt zu Fuß unterwegs ist.

Unser Gehirn ist meist unbewusst ständig am schauen, suchen und darauf reagieren. Hier, in dieser Monotonie der nahezu immer gleichbleibenden Landschaft, haben die Gedanken viel mehr die Chance einmal frei zu werden. Davon waren wir überzeugt.

Zum Teil waren wir einfach nur fasziniert von der Landschaft, staunten wie kleine Kinder über schier endlose Sumpfgebiete mit den immer gleichen gelben Sumpfdotterblumen, die die man auch von zu Hause kannte.
Wir staunten über die riesigen Getreideflächen die sich wie ein Meer im Wind wogen. Dabei genossen wir oft die für uns passende Musik im Ohr. Ich wiederhole mich, wenn ich sage, dass das hören von Musik in so einer Umgebung viel intensiver wird. Man achtete plötzlich auf Textstellen und Rhythmen in Liedern, die man beim sonstigen 100fachen Anhören noch gar nicht so wahrgenommen hatte.

Immer wieder mal, zogen auch kleine Dörfer mit den typischen, recht spartanischen Holzhäuschen am Zugfenster vorbei. Die Dörfer und vor allem die Lage der Dörfer hatten einen ganz besonderen Charme auf mich, jedoch glaubte ich auch, dass das Leben hier bestimmt sehr, sehr hart sein musste. Viele von unseren Freunden und Bekannten würden sagen - nein hier könnte ich nicht leben.
Auch wir wollten hier nicht unbedingt leben.
Wir wussten, dass wir ein gutes Leben in Deutschland hatten und gingen ja nicht aus purer Verzweiflung von zu Hause fort. Die Gewissheit das wir eigentlich ein gutes Leben gelebt hatten in Altötting machte den Schritt alles aufzugeben, bis

hin zum Abschied am Passauer Bahnhof, ja auch nicht gerade einfacher.
Es war die blanke Neugier auf das Unbekannte, auf die Welt, auf ein Abenteuer, was uns antrieb.
Martina und ich hätten uns wohl noch am ehesten vorstellen können, hier ein sehr einfaches, zurückgezogenes und vielleicht dadurch auch glücklicheres, allen voran aber echteres Leben zu leben. Einfach weit weg zu sein, von den ganzen Einflüssen und einhergehenden Anforderungen der sogenannten „modernen Kultur!". Einfach, einfacher Mensch sein.

Viele der Häuser sahen sehr verlassen und verfallen aus beim Vorbeifahren. Ich denke das Phänomen der Landflucht wie wir es auch in Deutschland kannten, kennen vor allem auch solche kleinen russischen Dörfer. Was gab es hier schon großartig für Arbeitsplätze ausser diejenigen, die die Natur bot? Die meisten hier Lebenden arbeiteten wohl in der Vieh- und Forstwirtschaft, wohl auch in einem weitestgehend autarken Dasein.
Was dachten sich wohl die jugendlichen Einheimischen hier, wenn der vorbeifahrende Zug von einer großen weiten Welt erzählte, in der alles möglich schien und in der gar solch riesige Maschinen wie diese Züge gebaut wurden?
Dazu gesellte sich noch das Fernsehen, dass uns blitzsaubere Städte mit lauter glücklichen Menschen vorgaukelte, überall auf der Welt. Ich dachte viele junge Menschen wollen aus solchen Dörfern weg. Für die Arbeit. Für ein besseres Leben.

Irgendwie schade, fand ich.

Wir sahen viele Industriegebiete, die wir beim hinein- und hinausfahren in die größeren Städten passierten. Ihre besten Zeiten lagen eindeutig hinter ihnen. Alle paar Stunden erreichten wir eine größere Stadt deren Namen uns oftmals leider nicht bekannt war. Überall war es das gleiche Bild.
Wir sahen alte, stillgelegte Industrieanlagen mit eingeworfenen Fenstern, verrosteten Türen, bröckelnden Mauern und gemauerten Schornsteintürme, aus denen schon lange kein Rauch mehr aufgestiegen war. Das Gelände war meist überwuchert und die Natur eroberte sich das Gebiet zurück.

Es war ein häufiges, mit der Zeit seltsam vertrautes Bild und wieder einmal dachten wir an den untergegangenen Glanz dieser Nation und erst recht dieser so abgeschnittenen Region. Gerade die russische Wirtschaftskrise schlug hier in diesen entlegenen Teil wohl besonders heftig zu.
Immer wieder lasen wir im Reiseführer Geschichten vom untergegangenem Glanz der von uns passierten Städte.
Viele von diesen sogenannten Satellitenstädten Moskau´s waren auf Subventionszahlungen vom reichen Westen des Landes angewiesen.
Irgendwann aber gab es kein Geld mehr vom reichen Westen. Der war nach 1990 in der Krise.
Aber auch diese Zeiten waren nun schon wieder über zwei Jahrzehnte vorbei und heute sahen wir moderne Shopping - Mals & Business Center aus

Glas in beinahe jeder größeren Stadt die wir durchfuhren. Willkommen in der Globalisierung! Schließlich braucht das jede moderne Stadt heutzutage! Oder nicht?

Die Zeit zog dahin, wir waren müde vom Nichtstun und so gingen wir nach dem Sonnenuntergang und einem kleinen Instant - Essen frühzeitig in unsere Koje.
Das Bier, die Anstrengung des Reisens in den vergangenen Wochen und auch die Anstrengung der letzten Nacht, machten uns hundemüde.
Vitaly döste ebenfalls nach dem Bier und bei unangenehm heißen Temperaturen vor sich hin.
Der uns ans Herz gewachsene Russe verließ uns schließlich nahezu sang und klanglos mitten in der Nacht, als wir seine Heimatstadt Krasnoyarsk erreichten.
Ich wurde noch kurz wach als der Zug bremste und sich in der Kabine etwas regte. Ich gab Vitaly freundschaftlich die Hand zum Abschied, schenkte ihm ein furchtbar verschlafenes und gerädertes Lächeln und beobachtete Martina noch kurz im Schlaf mit ihrer lustig aussehenden Schlafbrille. Dann drehte ich mich zur Seite und versuchte weiter zu schlafen.
Es dauerte nicht lange bis mich das schaukeln, vibrieren und rhythmische Scheppern des Zugfahrens, wieder in den Schlaf wiegte. Ich wurde erneut oftmals wach in dieser Nacht, aber schlief vor Müdigkeit immer wieder schnell ein. Dennoch wahr auch die zweite Nacht ein ganz oberflächlicher Schlaf.

Die Zweite Nacht im Zug
Vitaly ging und zwei neue Männer, Max und John, stiegen mitten in der Nacht in Krasnoyarsk zu.
Eigentlich wollten wir weiterschlafen, aber daraus wurde erstmal nichts. Die beiden waren aus einer ganz anderen Welt in unsere Kabine gekommen und noch so gar nicht müde. Sie unterhielten sich lange, tranken ein Bier und hörten dabei Musik. Auch wenn die Musik leise war, so fanden wir das ziemlich rücksichtslos und es kostete eindeutig Sympathiepunkte.

Am nächsten Morgen erwachten Martina und ich sehr spät und bekamen ca. eine halbe Stunde später schon unser Mittagessen serviert. Wie sich herausstellte waren die beiden neuen Mitfahrer schon längst wach und etwa in unserem Alter. John, der Jüngere und offenere war vielleicht so um die 27 und Max , der Ältere und Nachdenklichere, war vielleicht Mitte 30.

Unsere Morgenlaune war nach der unruhigen Nacht nicht die Beste. Nachdem wir nun fast 40 Stunden Zugfahrt hinter uns hatten und uns mittlerweile schon ziemlich gammlig fühlten wie nach 3 Tagen Festival ohne Duschen, mussten wir trotz unserer miesen Laune feststellen, dass die beiden trotz des Musikhörens am Vorabend, sehr freundlich und entgegenkommend waren.
Sie machten gleich Platz auf der unteren Koje nachdem wir erwacht waren und so saßen wir beim Essen zusammen. Wir merkten schnell, dass beide

ein relativ gutes Englisch sprachen. Das war schön, denn so erfuhren wir nun einiges über die Beiden.
Wir mussten wie üblich erst einmal erklären wer wir waren, woher wir kommen und was wir vorhatten. Und was wir arbeiteten, damit wir uns das Leisten konnten.
John, der Lebenslustige, fing an zu erzählen das er bei einer Servicefirma in der Ölindustrie irgendwo im Nirgendwo arbeitet. Er zeigte uns nach dem Essen Videos von seiner Arbeit, die eine Ölförderanlage im Norden Sibiriens zeigte. Es war hart und gleichzeitig total interessant was wir da zu sehen bekamen. Die Videos zeigten Schneestürme und vormittägliche Dunkelheit und das an seinem Geburtstag Mitten im April.
Auf Grund der nördlichen Lage der Ölförderanlage waren die Nächte und der Winter insgesamt extrem lange und hart.
John erzählte er habe seinen letzten Geburtstag im Stockdunkeln gefeiert, mit einem ordentlichen Schneesturm vor der Tür wie wir auf seinem selbst gedrehten Handyvideo sahen. Das war schon verrückt.

Andere Videos die er uns zeigte, wurden wohl direkt während der Arbeit gefilmt. Unglaublich wie sich der Permafrostboden im Frühjahr wandelte. Straßen gab es hier natürlich nur auf dem Firmengelände. Bei Transportwegen brauchten die Arbeiter für ein paar Meter durch tiefen kniehohen Schlamm manchmal Stunden wenn nicht gar Tage. Selbst die geländetauglichsten Lastwägen und Jeeps schienen hier zu kapitulieren. Immer wieder

versanken die großen Reifen der Lastwagen nahezu vollständig im Schlamm. Die Arbeiter sahen alle aus wie wenn Sie in ein Moorbad gestiegen waren.
Zudem zeigte er uns ein Werbevideo der Ölförderanlage, in dem diese diese um neue Arbeiter warb. Auch wenn man dort gut verdiente wie uns John garantierte, war es wohl nicht so einfach Menschen dorthin zu bewegen.
Eingeleitet wurde dieses Anwerbungsvideo von einem Hubschrauberrundflug mitten im grünen sibirischen Urwald, bis dann plötzlich ein quadratisches Firmengelände am Horizont erschien, auf der eine riesige industrielle Anlage stand.
Es war nicht die Firma von John die wir hier sahen. Er arbeitete bei einer Servicefirma die diese großen Anlagen betreuten. Sie waren aber auch auf demselben Gelände untergebracht.
Die Musik und die Ansprache zum Film hatten schon etwas kinoreifes und cineastisches an sich.
Die Arbeiter waren nahezu als Helden inszeniert und ein wahrlich hollywoodreifer Hubschrauberrundflug zum Ende des Videos zeigte uns erneut das ganze Areal. Hier schien mit der Abgeschiedenheit geworben zu werden und es wurde ein Hauch von Abenteuer versprüht. Ähnlich wie in der Marlboro Werbung. So etwas hatten wir noch nicht gesehen.

Dem schönen Schein und der bombastischen Musik zum Trotz, schienen diese entlegenen Arbeitsplätze jedoch auslaugend, ja fast dramatisch zu sein. John erzählte, dass er manchmal 5 Wochen am Stück durcharbeitet und anschließend 4 Wochen frei hat.

In seinen 5 Arbeitswochen hatte er dabei sieben Tage in der Woche pro Schicht bis zu 14 Stunden zu arbeiten.

Man stelle sich vor was das an Dauerbelastung bedeutete! Das entsprach einer 98 Stunden Woche ohne freien Tag. Und das 5 Wochen lang. Da erschienen die 4 Wochen Urlaub im Anschluss auch als dringend notwendig.

Respekt wer das aushielt, gesund konnte das aber nicht sein. Natürlich gab es wenig Alternativen was man außer der Arbeit dort sonst noch machen konnte. Also wurde halt gearbeitet.

Die Arbeitsbedingungen waren zudem sicherlich nicht die schlechtesten in ganz Russland, wenn man von seinen Bildern der Quartiere und der Kantine ausging.

Andererseits war es im April an seinem Geburtstag um 11 Uhr Mittags immer noch stockdunkel und da waren halt diese ständigen Schneestürme. Die Natur verlangte dort viel von einem ab. Nicht geradezu ideal für Menschen mit einem Hang zur Melancholie oder Vitamin D Mangel würde ich behaupten.

Da waren uns doch unsere deutschen Arbeitsbedingungen viel lieber gewesen und es war im Vergleich zu denen wirklich absoluter Luxus, dass wir gemeinsam in einer Wohnung wohnen konnten.

John nutzte die lange Erholungszeit von 4 Wochen oft für eine Heimfahrt zu seinem Bruder der in Irkutsk lebte. Deshalb saßen wir nun hier zusammen.
Nach einem mehrstündigen Hubschrauberflug vom Firmenareal im Nirgendwo zurück nach Krasnoyarsk, musste er noch 15 Stunden Zug fahren, um zu seinem Bruder zu kommen.
Was für eine verrückte und fremde Welt das hier für uns war.

Max, unser zweiter, stillerer Mitfahrer erzählte das er in Moskau arbeiten würde und dort Ölprojekte betreute, die den Bau von Pipelines betrafen. Er war also auch im Energiesektor tätig und so etwas wie ein Ingenieur.
Die Energiebranche schien wirklich die Branche in Russland zu sein und es deckte sich mit dem was wir schon im Vorfeld wussten. Rohstoffe auszubeuten war sicherlich ein lukratives Geschäft in diesem riesigen Land.

Er erzählte, dass er auf dem Weg zu seiner 4jährige Tochter in Angarsk war, einer ziemlich neuen 230.000 Einwohner großen Stadt, kurz vor Irkutsk.
Die Stadt war aus wirtschaftlichen Gründen erst nach dem zweiten Weltkrieg 1948 gegründet worden, lasen wir im Reiseführer.
Max wirkte von Beginn an viel ruhiger als John und er hatte wohl keine einfache und unbeschwerte Lebensgeschichte hinter sich. Als er erzählte das seine Frau kurz nach der Geburt gestorben war und

seine Tochter jetzt bei den Großeltern in Angarsk aufwuchs, wussten wir auch warum.
Was für ein Schicksalsschlag den er jetzt in seinem Leben meistern musste!
Unter diesen Umständen nahmen wir ihn plötzlich ganz anders wahr. Er war nun nicht mehr der stille und schüchterne Einzelgänger der selten lächelte, sondern er war ein nachdenklicher junger Mann, der sich seine Zukunft bestimmt anders vorgestellt hatte und nun mit den schwierigen Gegebenheiten des Lebens irgendwie zurecht kommen musste. Ausgesucht hatte er sich diese Situation sicherlich nicht.

Man sollte sich eben nie auf sein Schubladendenken stützen, bevor man die wahren Hintergründe kannte. Ich fühlte mich gerade auch als Therapeut beschämt, so über ihn gedacht zu haben. Obwohl das wohl sehr häufige menschliche Denkmuster waren.

Nach ein paar Stunden gemeinsamer Unterhaltung stellen wir jedenfalls unumstößlich fest, dass beide auf ihre eigene Art sehr nett waren. Im weiteren Verlauf lernten wir gar noch ihre äußerst hilfsbereite Seite kennen. Vielleicht sahen wir aber auch einfach so hilfsbedürftig aus, wer wusste das schon?
Nachdem wir Ihnen von unserem Plan für die restliche Zeit in Russland und in Irkutsk erzählten, wollten gleich beide für uns bei der Touristeninfo in Irkutsk anrufen.

Wir hatten sie lediglich nach einer öffentlichen Verkehrsverbindung zu der anstehenden Fahrt zu unserer Unterkunft am Baikalsee befragt. Beide wussten darüber nichts und wollten sich nun für uns schlau machen.
Uns war das plötzlich unangenehm, da wir ja schon eine Transportmöglichkeit vom Hotel am Baikalsee in der Tasche hatten, und wir nur eine günstigere Alternative suchten. Vielleicht wussten die Beiden ja etwas über den öffentlichen Nahverkehr vor Ort. Dem war aber nicht so.

John schlug uns schließlich vor, dass wir in Irkutsk gemeinsam mit ihm und einem Taxi bis zu unserem Hostel fahren konnten. Am liebsten hätte er uns gleich noch vor die Touristeninfo gefahren, das lehnten wir jedoch energisch ab. Wir wollten erst mal ankommen, duschen und essen, bevor wir uns weitere Infos einholten.

Der Transport vom Bahnhof zum Hostel war also schon im Zug geregelt. Das war perfekt und ein beruhigendes Gefühl breitete sich auf.
Die Zugfahrt mit den Beiden sollte jedoch noch bis zum Abend andauern.
Die Städte und Zentren die wir hier in der Mitte Sibiriens passierten, hatten mittlerweile den Anschein, dass sie umso kleiner wurden, je weiter wir nach Osten kamen.

An vielen vorbeiziehenden, landwirtschaftlich genutzten Wiesen sahen wir Menschen die etwas

einsammelten, was jedoch genau das war konnten wir nicht erkennen.
Es wirkte ein wenig nach Kartoffelernte von Hand.
Und dann war da noch die erste Kuhherde, die wir nach all den tausend Kilometern am Zugfenster vorbei ziehen sahen.
Im Nachhinein war es eigentlich sehr verwunderlich, dass die Viehhaltung in Sibirien bei diesen endlosen Grasflächen, nicht einen größeren Stellenwert eingenommen hatte.
Russland hätte Weidefläche um 1000 und noch mehr Kuhherden zu halten, aber irgendwie exportierten die Russen lieber Rohstoffe als Rindfleisch.
Vielleicht war es aber auch ganz anderes und es gab viele Nutztiere hier, jedoch nicht an den zur Eisenbahn angrenzenden Wiesen? Wir wussten es nicht.

Die letzten Stunden im Zug wurden während der erneuten, nachmittäglichen Hitze dann noch zur Sauna.
„In der fahrenden russischen Sauna mit Max und John", hätte der Abschnitt auch heißen können.
Die Klimaanlage oder besser gesagt die alte Lüftung, war ausgefallen und in den Kabinen wurde es mehr als tropisch.
Martina litt wie gewöhnlich sehr unter dieser Hitze.
Und selbst wenn ich als hitzeerprobter von uns beiden galt, war es auch mir viel zu heiß.

Während der letzten zwei Stunden vor Irkutsk standen nahezu die Hälfte der Passagiere an den Fenstern am Flur und schauten sehnsuchtsvoll hinaus in die kühlere Landschaft.
Viele Reisende spielten auch „tote Fische" in den Kabinen, wie wir im Kinderzentrum dazu sagten, wenn man regungslos die Zeit vergehen lassen musste. Wir alle schwitzten in der Enge um die Wette.

Unsere längste Zugfahrt nahm damit ein recht heißes Ende und eine ganz besondere Zeit fürs lesen, malen und Musik hören, aber auch um mit Russen in Kontakt zu kommen, ging vorbei.
Im Nachhinein waren die 56 Stunden schneller vergangen als wie anfangs erwartet und sie waren aufregender und abwechslungsreicher gewesen als gedacht.

Irkutsk *(20.7.2013 - 22.7.2013)*
Nach 2,5 Tagen Nonstop im Zug sitzen waren wir wieder wo. Aber wo genau?
Wir waren in Irkutsk angekommen, der größten Stadt rund um den Baikalsee und mit ca. 600000 Einwohnern auch der Verwaltungssitz des gleichnamigen „Oblast Irkutsk".
Ein Oblast entsprach dabei so in etwa einem deutschen Bundesland.

Für uns Deutsche Zugliebhaber, und Martina und ich würden uns durchaus als solche bezeichnen, war es etwas ganz besonderes gewesen, so lange im Zug zu fahren.

In Deutschland oder Europa, war so etwas gar nicht möglich. Selbst wenn man vom westlichsten Winkel Portugals an die östliche lettische Grenze mit dem Zug fahren würde, wäre man wohl nicht solange unterwegs gewesen.
Auf alle Fälle wären es bestimmt nicht so viele Zugkilometer gewesen, wie auf dieser Strecke.

Laut Reisetabelle des Lonely Planet waren es 5162 km von Moskau bis hierher (unsere zusätzliche Fahrt von Sankt Petersburg nach Moskau nicht mitgezählt).

Diese unglaublichen Dimensionen von landschaftlicher Weite und Zeit, bekommt man durch eine Fahrt in der transsibirischen Eisenbahn hautnah vermittelt. Wo sonst in unserem Alltag können wir dies so intensiv erleben?

Die Zugfahrt lieferte für mich den besten Eindruck von der Größe und Weite Russlands und Sibiriens. Was hätten wir schon von Sibirien gesehen, wenn wir nach Irkutsk geflogen wären?

Der gehetzte Mitteleuropäer westlicher Kulturprägung, der die „Spaß- und Ablenkungsgesellschaft" zu Hause gezielt verlässt, musste sich bei so einer langen Fahrt jedoch erstmal an die verordnete Langeweile gewönnen. Höher, schneller, weiter war hier nicht.

Überhaupt schien Langeweile für die meisten Menschen heutzutage etwas ganz schlimmes zu sein. Mehr denn je zuvor. Und auch für uns war es eine Herausforderung. Wie sich beschäftigen in all den Stunden?
Vor allem die jüngere, russische Generation lebte dabei augenscheinlich das gleiche Smartphone und Displayleben, wie überall sonst auch auf der Welt.
Es sollte einem bloß nicht langweilig werden. Als wie wenn Langeweile tödlich wäre!
Nur gut, dass normalerweise in unserer Spaß- und Ablenkungsgesellschaft alles mögliche medial geboten wird, um ja nicht Langeweile verspüren zu müssen.
Uns wird heutzutage nahezu alles vorgegeben, was wir zu tun und zu denken haben, um gerade „in" und nicht „out"zu sein.
Wäre es denn so schlimm, wenn die Generationen sich selbst zu beschäftigen anfangen würden?
Wie kann ich mich überhaupt sinnvoll beschäftigen? Was interessiert mich wirklich? Und warum

sind die Quoten der Fernsehsendungen so wichtig? Fragen die heutzutage kaum einer stellt.

Schließlich kurbelt „in sein" das System und auch unseren Konsum an. Und das ist doch gut oder? Immer mehr und mehr - von Allem! Auch für die Russen! Was reden alle immer von endlichen Ressourcen? Allen soll es doch gleich gut gehen auf der Welt! Alle sollen ein Smartphone und ein Auto besitzen und zu Mc Donalds und H&M gehen können. Das wäre doch toll, oder?
Stellen sich nicht viele so eine moderne Welt vor?

Nur die ältere Generation, sozusagen die Generation 50 Jahre + x, fuhr noch deutlich anders Zug. Sie sitzt zusammen, schaut aus dem Fenster und spricht miteinander. Oder trinkt auch mal einen gemeinsamen Wodka hier in Russland! Gerade dieses Klischee fanden wir beim Zugfahren doch auch mal bestätigt.

Wir jedenfalls hörten viel Musik, lasen und arbeiteten am PC. Auch das war Ablenkung, klar. Wir kamen dem ganzen System auch nicht vollständig aus.
Immer wieder versuchten wir aber auch zu träumen, gedanklich frei zu werden und sich auf das Gegenüber im Gespräch wirklich zu konzentrieren. Präsent zu sein, mit seiner ganzen Person in diesem Augenblick, in diesem Gespräch.

Natürlich geißelte uns der „Spaßvirus" auch ab und an. Man stelle sich vor, ich wurde gleich genervt, als

mal das Ladegerät für den PC nicht funktionieren wollte.
Manchmal wunderte ich mich in so einem Moment über mich selbst. Über meine „Art" die Dinge zu bewerten und meinen selbst fabrizierten „Stress". Wieso fühlte man sich dadurch gleich genervt? Was sollte das? Fährt man deshalb nach Ostsibirien - zum Baikalsee - um sich über schwindende Akkuenergie aufzuregen? Irgendwie hatte ich da etwas Wesentliches noch nicht verstanden.

Immer wieder ging ich achtsam mit der Situation um und versuchte ganz bewusst aus dem Fenster zu schauen und die Landschaft und die Menschen (die wenigen die man sah) so bewusst wie möglich wahrzunehmen. Mich also hinein zu fühlen in die Lebenssituation der hier Lebenden.
Vielleicht hätte ich das noch ein wenig mehr machen sollen... Aber waren diese Zweifel nicht auch typisch? Hatte ich etwas verpasst vorm PC?

Wir waren dennoch glücklich und sowohl psychisch als auch körperlich sehr erleichtert, als wir den Zug verlassen konnten. Dieser abrupte Umstieg auf die Langeweile war anfangs schwer gewesen.
Am wieder mal blauen und mit weißem Stuck verzierten Bahnhof von Irkutsk, brachte uns der fürsorgliche John wie schon versprochen mit einem geteilten Taxi, direkt zu unserem Hostel. Das wir uns keine Gedanken machen mussten wie wir jetzt günstig und schnell zu unserer Unterkunft kamen, empfanden wir als wahren Luxus. Wir waren

heilfroh nicht so orientierungslos am Irkutsker Bahnhof umher zu stehen wie andere Backpacker die wir beobachteten und die sich nach so einer langen Zugfahrt erstmal mit den Taxipreisen abmühen mussten.
Die Taxipreise für westliche Touristen hätten dabei bestimmt wieder einen erheblichen Aufpreis bedeutet. So war das hier.
Es zahlte sich eben so gut wie immer aus, wenn man offen und nett den Mitmenschen begegnete. Überall fand man dadurch viel mehr Unterstützung und bekam sie oftmals auch angeboten.

Am liebsten hätte uns John wohl direkt bis zur Haustür des Hostels begleitet, denn obwohl wir offensichtlich, im richtigen Hinterhof standen, war er immer noch besorgt um unsere Sicherheit und Orientierung.
Ich war froh als er dann endlich wieder ins Taxi stieg und weiterfuhr, da seine Unsicherheit auch uns etwas verunsicherte. War das hier etwa alles so gefährlich, das man so sorgenvoll mit Touristen umgehen musste? Gerade beim Ankommen in einer neuen Stadt hatte man solche Sicherheitsgedanken.

Wir bekamen bei der Verabschiedung noch das Angebot einer Stadtführung von ihm. Gemeinsam mit seinem Bruder wollte er uns die Stadt zeigen und wir sollen doch bei Interesse einfach anrufen. Wir ließen das Angebot offen und fühlten uns auch geehrt von dieser Einladung, nahmen es dann aber

auf Grund der begrenzten Zeit und der eigenen Planungen doch nicht an.
Wir wollten die Stadt selber erkunden - und hatten nach der Enge der letzten Tage gerade auch genug von anderen Menschen oder Gruppen.

Vielleicht kurz ein paar Infos zu der Stadt.
Irkutsk wurde im Jahre 1661 aus einem bereits bestehenden Kosakenfort am Fluss Angarsk gegründet. Ziemlich genau zwei Jahre vor unserer Ankunft feierte die Stadt 2011 somit ihr 350jähriges bestehen.
Bereits 1760 wurde auf Erlass des Zaren eine Fernstraße, der sogenannte „sibirische Trakt" oder auch Teestraße genannt, fertiggestellt. Diese Straße von Moskau nach Irkutsk ließ den Handel mit China und ganz Asien deutlich einfacher werden.

Die erste transsibirische Eisenbahn erreichte gut 130 Jahre später, 1898 die Stadt.
Seit nunmehr 115 Jahren fahren also Züge von Moskau hierher, um entweder die Pazifikküste bei Wladiwostok zu erreichen, oder sich auf ihrem Weg ins Reich der Mitte, nach China zu begeben.
Irkutsk galt dabei schon immer als wichtiger Verkehrsknotenpunkt und als ein Handelszentrum für diese östliche, sibirische Region. Die Lage am mächtigen Angarsk Fluss war von Beginn an ideal, um vor allem Waren aus China Richtung Westen zu bringen.
Als nun die Eisenbahn als wichtiges Transportmittel hinzukam, erlebte die Stadt zu Beginn des 20. Jahrhunderts einen sagenhaften Aufschwung.

Typisch für diese Stadt war nach wie vor ein großer Bevölkerungsmix aus vielen unterschiedlichen, ethnischen und religiösen Gruppen.

Da waren zum einen natürlich die freiwillig gekommenen Russen, denen hier von den jeweiligen Zaren Land und Wohlstand versprochen wurde. Dann gab es noch die Gruppe der nicht ganz so freiwillig deportierten Gulag Russen (vgl. Das Gulag - Archipel) die hierher kamen und schwer arbeiten mussten.

Auch Aussiedler anderer Nationen, darunter viele Polen und Juden, ließen sich hier nieder. Und es gab die Gruppe der Kriegsgefangenen (darunter auch Deutsche), die neben den bereits hier lebenden lokalen Volksstämmen, den Bevölkerungsmix ausmachten.

Vor allem die Burijaten und die Tataren lebten hier bereits seit Jahrhunderten. Beide Volksgruppen hatten deutliche, asiatische Gesichtszüge und wir kamen zum ersten Mal, mit dieser für uns ganz neuen Ethnie in Kontakt.

Die absolute Mehrheit bildeten aber die Russen.

Zu Beginn der Kultivierung dieses Gebietes um Irkutsk wurde vor allem Landwirtschaft und Viehzucht betrieben. Natürlich wurden auch die vorgefundenen Naturressourcen ausgebeutet.

Gerade die einzigartige Baikalrobbe, die einzige, reine Süßwasserrobbe der Welt, wurde intensiv und fast bis zum Aussterben bejagt. Später gewann dann auch der Bergbau durch alle möglichen Erzfunden zunehmend an Bedeutung.

Unser Unterkunft in der Stadt, das „Baikaler Hostel" an der Lenin Straße (www.baikaler.com) in Irkutsk war echt zu empfehlen.
Nach unserer späten Ankunft im Hostel machten wir am ersten Abend nicht mehr viel. Wir checkten bei Olga, einer hervorragend deutsch sprechenden jungen Hosteldame ein und ließen uns die notwendigen Infos für die nächsten beiden Tage geben. Wichtig war immer, wo ist die nächste Bank, der nächste Supermarkt und wie kommen wir zu den Orten die wir besuchen wollten.

Das Hostel war insgesamt recht geschäftig und wurde stark als Durchgangsstation genutzt. Bereits bei unserem einchecken standen Unmengen von Gepäck im Flur von Leuten, die gerade weiter zogen. Hier waren zudem auch erstaunlich viele ältere Hostelgäste, die bereits so um die 50 waren. Das war bislang nicht die üblich Altersspanne für russische Hostels gewesen.

Eigentlich machte alles einen organisierten, sauberen und gemütlichen Eindruck hier. Ein echter Glücksgriff.
Vorausgesetzt man hatte in der Nacht nicht gerade 3 besoffene, stinkende, postpubertäre Belgier in seinem 6 - Bett Zimmer.
In der Begegnung mit solchen Leuten merkten wir unser „Erwachsensein" besonders deutlich. Wir spürten beide eine aufkeimende Intoleranz und Verständnislosigkeit gegenüber solch rücksichtslosem Verhalten, obwohl gerade ich „früher" wohl genauso gewesen wäre.

Da war es wieder - das Gefühl des aufkeimenden Konservatismus in einem Selbst. Irgendwann wählen wir alle CDU!!

Die Belgier aus unserem Zimmer waren jedenfalls in der ganz typischen Altersklasse für ein Hostel. Sie hatten gerade eine Treckingtour hinter sich und waren zu Fuß vom Baikalsee nach Irkutsk gegangen. Dazu waren Sie wohl ein paar Tage on Tour, denn immerhin lag die Stadt noch gut 70 Kilometer vom See entfernt.

Die Aktion war eigentlich sehr interessant wie ich fand und ich hätte mich auch gerne mit ihnen darüber unterhalten. Jedoch kam es leider nicht dazu.

Denn nach so einer ausgiebigen Mehrtageswanderung hätte sich für uns erst mal eine Dusche und eine Neusortierung des Gepäcks und der Ausrüstung angeboten.

Die Belgier im Alter von 18 - 21 Jahren waren jedoch ganz anders drauf. Sie wollten Ihre erfolgreiche Ankunft erst einmal ausgiebig mit russischem Wodka feiern.

Sie checkten kurz nach uns im Hostel ein und verschwanden gleich darauf wieder in der dämmrigen Stadt, bis sie um 3 Uhr morgens torkelnd und randvoll ins Zimmer zurück fielen.

Wir wurden bei Ihrer Ankunft natürlich wach und auch wenn wir dank unserer Ohrstöpsel relativ schnell wieder einschlafen konnten, war es nervig weil sie Krach machten und das Licht ewig brennen ließen.

Am nächsten Morgen sahen wir dann das Ganze Ausmaß der Verwüstung. Keiner von denen war gestern mehr in der Lage gewesen, sich der Kleidung zu entledigen. Mit den immer noch dreckigen Wanderschuhen, die sie nach Sichtbefund wohl seit einer Woche nicht mehr ausgezogen hatten, lagen sie kreuz und quer auf den Betten. Einer schaffte nicht mal mehr das.
Völlig verdreht lag er vor dem Stockbett seines Freundes auf dem Boden. Oder war er gar herunter gefallen in der Nacht? Ich denke nicht, denn das hätten wir ganz bestimmt gehört.
Dazu herrschte ein sagenhafter Körpermief in unserem Zimmer. Mir wurde richtig übel als mir nach dem ersten Erwachen der Duft etwas bewusster in den Kopf stieg.

Unser Mitgefühl hielt sich in dieser Situation sehr in Grenzen. Obwohl das Fenster zur Straße hin zeigte, mussten wir es sofort nach dem Aufwachen öffnen. Der Straßenlärm war uns immer noch um ein vielfaches lieber, als dieser unglaubliche Mief, der uns in die Nase zog.

Wir waren dann ebenfalls nicht gerade leise und rücksichtsvoll als wir uns anzogen und zum frühstücken in die Küche rüber setzten. Gleiches mit Gleichem vergelten war meine morgendliche Devise. Die Belgier konnten von Glück sprechen das mich Martina noch ein wenig im Zaum hielt.
Kaum waren wir in der Küche und wärmten das Teewasser, da stand plötzlich derjenige der am Boden genächtigt hatte, in der Türe. Wir hatten ihn

wohl aufgeweckt. Immer noch mit schwerer Schlagseite und mit dreckigsten Schuhen zog er verschmitzt lächelnd seine Runde im Hostel.
Eigentlich gab es ein durchaus sinnvolles Straßenschuhverbot im Hostel. Gemeinsam mit anderen Belgiern, die mit uns am Frühstückstisch saßen und nicht gesoffen hatten, wiesen wir sie freundlich darauf hin. Am liebsten hätte ich denen gesagt, dass sie nicht der Mittelpunkt der Welt seien und auch mal Rücksicht auf den Boden, die Putzfrau und andere Hostelgäste nehmen sollten. Aber was hätte das bei Alkoholisierten schon gebracht?

Schwer getroffen und etwas verstört von den vielen Informationen die auf ihn einprasselten, zog unser Zimmergeselle sofort die Schuhe aus und legte sich anschließend wieder hin. Das war wohl auch das Beste was er machen konnte. Immerhin fand er diese Mal auch sein Bett.
Eine wirklich unglaubliche, leider unangenehme Truppe war das.
Und auch wenn solche Geschichten im Nachhinein durchaus ihren Erzählwert hatten, so konnten wir mittlerweile ganz gut auf solche Vorkommnisse verzichten.

Nachdem wir unser kleines Frühstück zu uns genommen hatten, es bestand aus dem Teilen eines Snickers und viel Schwarztee, zogen wir erstmal los um etwas essbares in einem Supermarkt zu finden. Danach galt es die Stadt zu entdecken.

Es war ein sonniger, warmer Tag mit dem die Stadt uns begrüßte und wir waren froh uns nach dem langen Sitzen im Zug, endlich mal wieder bewegen zu können.
Bestimmt über 25° wurden heute gemessen und das war schon nah dran am Maximum für diese Stadt wie wir erfahren sollten.

Das Klima von Irkutsk wird übrigens als „hochkontinental" bezeichnet, mit starken jahreszeitlichen Schwankungen. Hier gab es sehr kalte Winter (bis zu - 24 Grad Durchschnittstemperatur in den Monaten Dezember und Januar) und angenehm heiße Sommer (bis zu + 25 Grad im Durchschnitt in den Monaten Juni und Juli).
Die Stadt gefiel uns auf Anhieb besser als Jekaterinburg. Vielleicht war es aber auch nur das Wetter, das wir schöner fanden?
Nein, bestimmt nicht.

Wir fanden auf Anhieb viele Straßen mit Alleen auf unserem Streifzug. Nahezu direkt gegenüber unseres Gebäudes war schon ein kleiner Grünstreifen mit vielen Bäumen. Das Grün fehlte in Jekaterinburg eindeutig.
Zudem sahen wir viele Häuser mit Stuck im alten Sovjetbaustiel, eindeutig vor der Zeit der Plattenbauten entstanden und leider viele davon sehr renovierungsbedürftig.
Natürlich gab es auch hier die modernen Business Centern nach westlichem Architekturstil, die oftmals erneut leicht deplatziert an den Alleen standen.

Immer wieder zeigte sich uns jedoch auch das „alte" Irkutsk mit seinen (meist) schiefen, aber großen & reichlich verzierten Holzhäusern.
Diese spezielle Bauart der Holzhäuser hatte dort schon seit den Anfängen der Stadt eine lange Tradition, war aber bei einem großen Stadtbrand im 19 Jhd. natürlich verheerend.
Über 75% der Stadt, also mehr als 4000 Häuser, gingen damals 1879 bei der größten Feuerkatastrophe der Stadt verloren. Das waren wirklich apokalyptische Ausmaße.
Verständlicherweise wurde anschließend mehr auf Steine und Ziegel als Baumaterialien gesetzt.

Wir gingen viel durch Stadt, was nach der langen, erzwungenen Inaktivität im Zug eine wahre Wohltat war. Wir mussten uns einfach mal wieder bewegen und vor allem ich war ja ein „Bewegungstyp."

Unser Spaziergang startete am kleinen Park gegenüber des Hostels. Auch hier stand eine obligatorische Lenin - Statue, die den Besuchern wieder einmal grüßend seine ausgestreckte Hand zeigte.
Danach flanierten wir an der Karl - Marx Straße entlang und kamen schließlich zu einem großen und ganz nett gestaltetem Stadtpark, der uns die 350 Jahrfeier der Stadt etwas näher brachte.
Hier waren viele bunte Blumenbeete weiter gepflegt worden und aus den Lautsprechern im Park, die wirklich gut versteckt waren so das wir sie anfangs gar nicht fanden, spielte uns Enya mit

„Only Time" auch den für die Situation passenden Sound ins Ohr.

Gerade das öffentliche Spielen von Musik, vor allem in Parkanlagen, ist uns in Russland nun schon mehrmals begegnet. Mir gefiel das sehr gut.
Das sollten die Deutschen doch auch mal überlegen. Es muss ja nicht die ganze Zeit sein. Vielleicht eine Stunde lang am Samstag, oder immer 20 Minuten in der Mittagspause ab 12 Uhr? Das bringt die Leute zusammen! Und das Musik entspannt ist schließlich unbestritten!
Nur, was würde wohl die deutsche Musik - Verwertungsgesellschaft (was für ein schlimmes Wort!!!) GEMA dazu sagen? Die würden sicher Eintritt verlangen im Park und wehe du hörst illegal!

Wir gingen langsam durch den Park und waren mit den Gedanken bei der Geschichte dieser Stadt. Das hierhin auch Deutsche deportiert wurden und sehr hart arbeiten mussten um sich etwas aufzubauen, war eine ganz besondere Vorstellung.

Das Wetter war wahrlich fantastisch an dem Tag. Der Himmel strahlte in dunklem blau, während einzelne kräftig weiße Wolken und die bunten Blumen des Parks, dem Ganzen schon etwas malerisches gaben.
Wir machten ein paar Fotos und standen schließlich an einem schön angelegten Platz, der um die Erlöserkirche von 1723 gestaltet worden war.

Dieses älteste historische Baudenkmal der Stadt, wurde damals von einer polnisch - katholischen Gemeinde gebaut.

Anschließend entschieden wir an das Flussufer von Irkutsk zu gehen. Wir ruhten uns an der Angarsk etwas aus und spürten schnell, wie erschöpft wir doch noch waren von den unruhigen Nächten im Zug.

Leider war ja dank der Belgier, auch unsere erste Nacht im Hostel nicht die erholsamste geworden.

Der Fluss war hier etwa so breit wie die Donau in Passau, jedoch wirkte das Ufer bei weitem natürlicher. Wir legten uns auf Steine an einer Uferpromenade und machten eine kleine Brotzeit.

Den restlichen Tag gingen wir etwas gemütlicher an. Abends leisteten wir uns noch den Besuch in einem Pizza Fast Food Restaurant (Papa Joh´s).

Eigentlich hatte Martina ein ganz bestimmtes Lokal aus dem Lonely Planet herausgesucht (unsere Ausgabe war von 2010). Trotz Fragen an die Passanten und langem Suchen fanden wir es aber nicht.

Das Restaurant war anscheinend geschlossen oder verlegt worden - so genau konnte uns das keiner sagen oder verständlich machen.

So war das eben mit veralteten Reiseführern, wobei das bislang neben zu niedrigen Eintrittspreisen, auch schon die größten Irrtümer waren.

Des Hungers wegen nahmen wir schließlich eine Pizzeria, welche direkt auf unserem Weg lag. Auf Pizza hatten wir beide sowieso mal wieder Lust, gerade nach den ganzen Fertigprodukten. Also wurde es Papa Joh´s - ein ziemlich amerikanisch geführter Laden mit roten Ledersesseln und Schallplatten an der Wand. Fast ein wenig wie Pizza Hut. Typisch russisch waren hier nur die Preise in Rubel.

Wie um alles in der Welt musste jetzt ein russisches Restaurant eigentlich aussehen? Wir wussten es immer noch nicht.

<u>Der Besuch im Holzviertel von Irkutsk</u>

Am zweiten, erneut super sonnigem Tag in der Stadt, hatten wir zum Glück eine etwas ruhigere Nacht hinter uns.

Die Belgier waren etwas vernünftiger und müder gewesen als wie am Vortag. Das war ja durchaus verständlich.

Zudem fanden sie den Weg zur Dusche nach Ihrer Ausnüchterung, was für eine deutlich angenehmere Luft im Zimmer sorgte.

Nichts desto trotz wurde es gegen 9 Uhr ziemlich warm im Hostel und auch der Krach von anderen Ausflüglern, Abreisenden oder Ankömmlingen, ließ uns nicht so lange schlafen, wie wir eigentlich gewollt hatten.

Die Temperaturen sollten heute über die 30° gehen und wir hofften, dass es auch die nächste Woche noch so schön bleiben möchte.

Unsere Vorfreude auf eine Woche lang privates Glück im Einzelzimmer am Baikalsee war riesig und stieg durch diese belgische Hostelerfahrung in Irkutsk noch einmal um ein Vielfaches an.

Wir waren mittlerweile knapp 21 Tage unterwegs und bis auf die 3 Nächte in Jekaterinburg waren wir immer in einem 6 Bett Zimmer untergebracht. Bald sollte diese Zeit jedoch vorüber sein und wir wären in einem schönen Zimmerchen direkt am See.

Nach wie vor waren wir uns jedoch unsicher, wie wir zu unserer Unterkunft am Ufer des Baikalsees kommen sollten. Mir erschien der angebotene Transfer des Hotels zu teuer (ca. 12€/Person), und so wollten wir heute noch mal nach Transportalternativen Ausschau halten.
Wir fragten nach dem Verlassen des Hostels am nahegelegenen Busparkplatz nach weiteren Möglichkeiten um nach Sarma zu kommen.
Es schien wirklich keine Alternativen zu geben, was für mich solange unverständlich blieb, bis ich schließlich dort hinfuhr. Wir konnten uns nicht vorstellen wie die Straßen und Wege dorthin wirklich aussahen und das kein regelmäßiger Busverkehr existieren sollte. Ich willigte schließlich ein und wir buchten noch schnell per E-Mail den Transfer den uns die dortige Unterkunft angeboten hatten, bevor wir in den weiteren Tag starteten.
Diese Entscheidung sollte sich noch als besonders weise herausstellen.

Unser Ausflugsziel des Tages sollte anschließend ein extra für Touristen renoviertes Holzbauviertel sein. Es war berühmt die Besonderheiten des alten Irkutsk aufzuzeigen und zu erhalten.

Wir gingen zu Fuß dorthin und machten das auch ganz gerne. Die Wege hier waren bei weitem nicht so lange wie in den anderen großen russischen Millionenstädten die wir bereits besucht hatten. Zudem gab es hier auch gar keine Metro.
Natürlich wollten wir auch ein wenig Geld sparen, um im insgesamt doch teurer als gedachten Russland, nicht zu viel von unserem hart Erspartem ausgeben zu müssen.

Auf dem Weg dorthin liefen wir an den alten Straßenzügen von Irkutsk entlang. Auch hier standen schon ganz besondere Holzhäuser, mal mehr und mal weniger verfallen.
Teilweise schien der Boden unter Ihnen im Laufe der Jahre nachgegeben zu haben, so dass die Häuser buchstäblich den Eindruck machten, im Boden zu versinken. Die Fenster waren zum Teil so niedrig über dem Boden gebaut, dass man dachte das Haus sei im Laufe der Jahre mindestens 50cm eingesunken. Und was man da alles so sah als wir vorbei gingen an den Fensterscheiben. Ziemlich schockiert standen wir vor einer Scheibe in der ein ziemlich echt aussehender Revolver am inneren Fensterbrett lag. Ob das wohl zur Abschreckung für Diebe gedacht war?
Einen relativ einbruchsicheren Eindruck machten die Häuser jedenfalls nicht. Man konnte quasi mit einem etwas erhöhten Treppenschritt gleich durch das Glasfenster ins Haus einsteigen.

Am Museumsgelände angekommen waren wir heilfroh, dass das Gelände überhaupt noch geöffnet hatte und doch auch etwas enttäuscht, weil alle Häuser, Läden und die Führungen geschlossen hatten. Der 21. Juli, unser letzter Tag hier in der Stadt, war nämlich ein Sonntag. Das hatten wir gar nicht beachtet. Und Sonntags war hier alles zu.

Wir gingen dennoch in der schön angelegten Anlage umher und bewunderten die reich mit Schnitzereien verzierten Häuser von außen.
Dabei träumten wir von so einer Art Holzhaus für uns beide in der Zukunft. In einem hinteren Teil der Parkanlage standen verschiedene Geschenke der Partnerstädte aus allen möglichen Ländern.
Die Partnerstädte aus Japan, Korea, der Mongolei, Deutschland, Polen und noch anderer Länder, hatten hier ein kleines Präsent hinterlassen.
Wie wir erfuhren, hatte die deutsche Stadt Pforzheim eine Partnerschaft mit Irkutsk. Pforzheim stellte sich dabei mit einem keltisch anmutenden Armreif mit Schlange und Stein auf einem Bild dar und präsentierte ein paar Fotos der Stadt.
Das Ganze erschien ziemlich langweilig im Gegensatz zu dem was die anderen Partnerstädte stifteten. So eindrucksvoll und pompös wie die tanzenden Bronzefiguren aus Korea, oder auch der seltsam anmutende Dämon aus der Mongolei, war es bei Weitem nicht.

Nach dem Besuch wanderten wir weiter auf einen chinesischen Markt der unweit von hier im Reiseführer empfohlen wurde und auf dem ich mir ein paar neue Flip Flops besorgen wollte. Meine aus Deutschland mitgebrachten, hatten während der langen Zugreise ihren Dienst verweigert und waren ausgerissen.

Wir fanden den Markt schließlich, mussten uns aber eingestehen, dass wir nicht sehr beeindruckt waren, von der Vielfalt und der Qualität der Waren.

Natürlich gab es allerlei billigen Krimskrams und fast alles wurde von Asiaten oder bereits mongolisch und chinesisch aussehenden Verkäufern dargeboten. Die Russen flanierten hier ebenfalls nur durch und waren keine Verkäufer.

Die Stände sahen insgesamt recht schäbig aus und waren mit einfachsten Mitteln zusammen gezimmert. Viele leicht angeschimmelte Sperrholzplatten und noch mehr Wellblech, halfen die Stände voneinander abzugrenzen.

Wir blieben nicht lange und kauften bei einem bereits sehr mongolisch aussehenden Verkäufer, unsere gewünschte Wäscheleine, die Flip Flops und bei einem Stand gegenüber dann auch noch eine Sonnenbrille.

So mussten die Mongolen wohl aussehen dachten wir uns nach dem Einkauf. Etwas chinesisch mit einem sehr rundlichen Gesicht und ebenfalls recht schmalen Augen, mit einem relativ kleinen, aber kompaktem und kräftigem Körperbau. Wir würden es ja bald sehen.

Ich blieb hart beim Verhandeln um auszuprobieren was geht und drückte so den Preis für ziemlich schlechte Kopien von Adidas Flip Flops auf 150 Rubel. Das waren nicht ganz 4€ und somit für mich

und mein Budget OK. Mehr wären mir die Flip Flops aber auch wirklich nicht wert gewesen.
Mit der Wäscheleine (50 R.) wollten wir am Baikalsee unsere Wäsche mal selbst waschen. Das war mittlerweile dringend notwendig, da wir bislang in Russland noch nicht gewaschen hatten. Die Hostels boten zwar einen Waschservice an, jedoch war uns der zu teuer und noch hatten wir nicht unbedingt neue Kleidung benötigt.

Mittlerweile wurde ich immer besser im verhandeln und konnte dabei recht hart bleiben, wie Martina meinte. Mein Gradmesser war immer, wie viel mir die Sachen selbst Wert waren. Und manche Dinge konnte man auch bei uns in Deutschland im 1€ Laden kaufen und die hatten vielleicht sogar noch eine bessere Qualität.

Schön langsam jedenfalls, gab vieles von dem, was ich aus Deutschland mitgenommen hatte, den Geist auf. Ich hatte bewusst alte Kleidung und Utensilien mitgenommen und wollte diese während der Reise durch Neue ersetzen. Das sparrte Platz im Rucksack, wenn man auch mal etwas wegwerfen konnte.

Nach dem kurzen Marktbesuch gingen wir in den gleich dahinter liegenden, weitläufigen Park um uns auf der Picknick Decke zu entspannen.
Natürlich fanden wir auch in diesem Park wieder ein vaterländisches Kriegsdenkmal und eine wirklich überall vorkommende Leninstatue.

Die „russische Identität" wird wohl sehr durch die überall präsente Erinnerung an den Sieg des Kommunismus über den Faschismus geprägt.
Die Heldenverehrung in Russland, vor allem gegenüber historischen Führern wie Lenin, aber auch Stalin, ist schon enorm und so ganz anders als bei uns in Deutschland. Wir Deutsche sind doch eher verstört und beschämt von unserer Vergangenheit.

Im Park aßen wir unser Mitgebrachtes, wurden daraufhin leicht müde und hatten doch irgendwie ein mulmiges Gefühl hier einzuschlafen. Immer wieder gingen Leute an uns vorbei, die so anders aussahen als wir und die uns genau so seltsam beobachteten beim vorbeigehen, wie wir sie. Vielleicht war es aber auch nicht üblich sich auf eine Picknick Decke zu legen? Wir wussten nicht warum uns die Leute so ansahen.

Bevor es dunkel wurde, wollten wir aber doch lieber zu Hause sein. Offensichtlich wurde Russland allem Anschein nach immer ärmer, je weiter wir uns Richtung Osten begaben.
Wurde es damit vielleicht auch ein wenig gefährlicher?
Der Park wirkte bei weitem nicht so gepflegt und sicher wie in den großen Städten. Auch der nahe chinesische Markt zog ja nicht unbedingt die „reichen Leute" an.

Nun ja, zumindest fühlten wir uns in dem Moment nicht ganz wohl und so wollten wir das Schicksal auch nicht herausfordern.

Nach einer kurzen Verschnaufpause gingen wir müde zurück zur Unterkunft, kochten, packten und gingen erneut früh schlafen. Der gebuchte Hotelbus der uns am nächsten Tag zum Baikalsee bringen sollte, startete ja auch schon um 8.15 Uhr.

Die Fahrt zum Baikalsee *(22.7.2013 - 28.7.2013)*
Am Montag den 22.7.13, dem vorerst letzten Morgen hier in Irkutsk, verließen wir früh das Hostel und schleppten unser schweres Gepäck bei erneut strahlend, heißer Sonne zum Busparkplatz.
Da wir am Baikalsee nur für die Übernachtung gebucht hatten, schleppten wir noch viele Essensvorräte mit uns.
Wir wussten zwar das unsere Hotelanlage ein Restaurant mit dabei hatte, wollten uns den Luxus dort Essen zu gehen, aber nur wenige Male gönnen. Die Zubuchung einer Halbpension wäre recht teuer gewesen und wir zahlten ohnehin für das Zimmer schon recht viel.
Fast 20€/ Person / Nacht wollten das Chara Resort in Sarma an der Mukhorski Bucht haben (www.booking.com). Das war der bislang höchste Preis, den wir uns für eine Unterkunft in Russland gönnten.
Wir hatten diese Unterkunft, wie alle Unterkünfte bis einschließlich Irkutsk, schon im Vorfeld in Deutschland gebucht. Uns überzeugte vor allem die hübsche Bucht, die Nähe zur Insel Olchon auf die wir wollten und die abgeschiedene Lage am Baikalsee.
Hier wollten wir die nächsten 6 Nächte endlich Ruhe und Natur finden, nachdem wir bislang vor allem die russische Kultur in den Metropolen bereist hatten.

Wie per E-Mail vereinbart, wurden wir um 8.15 Uhr von einem Toyota Mini Bus mit 8 Sitzplätzen am Busbahnhof aufgelesen. Das Warten auf

Abholungen hatte dabei jeweils sein ganz eigenes Gefühl. Die Frage ob man sich hier auf die Leute verlassen konnte, kam unwillkürlich in einem hoch.
Man konnte es - zumindest hier.
Zum Chara Resort waren es circa 250 Kilometer wie uns zu Beginn der Fahrt mitgeteilt wurde.

Die Busfahrt war wirklich mehr als abenteuerlich und dauerte mit Pausen bis 14 Uhr. Fast 6 Stunden Fahrzeit für 250 Kilometer waren sehr lange.
Unser Fahrer schenkte sich zwar wirklich nichts auf dieser Naturpiste, Straße konnte man dazu höchstens am Anfang noch sagen, dennoch kamen wir nicht wirklich schnell voran.
Lediglich zu Beginn, die ersten paar Kilometer um Irkutsk, gab es eine (buckelige) Teerstraße.
Der Fahrer überholte hier wie wild und es schien ihn nicht zu interessieren, dass wir zwei kleine Mädchen mit an Bord hatten.

Es dauerte jedoch nicht lange und wir verließen diese asphaltierte Straße und bogen in einen Schotter- und Feldweg ab.
Den tiefen Fahrspuren nach zu urteilen wurde der Weg zwar intensiv befahren, aber die Vorstellung, dass die nächsten gefühlten 200 Kilometer so buckelpistenartig aussehen würden, hatte nichts erfreuliches. Viel Straßen in Sibirien mussten wohl noch so sein. Nur um die Städte herum gab es anscheinend eine Infrastruktur aus asphaltierten Straßen, so wie es wir in Deutschland flächendeckend gewohnt sind.

Russland hingegen schien viel zu groß zu sein, als das jede Straße mit Teer überzogen sein konnte.

Kurz vor dem Baikalsee während der letzten Stunde Fahrt, verließen wir auch diese Schotterpiste und fuhren nun querfeldein auf „Trampelpfaden" über Stock und Stein zu unserer Bleibe.
Nun wurde es richtig abenteuerlich und wir wünschten uns wenigstens die Schotterpiste zurück.
Der regelmäßige Verkehr ließ hier zum Teil mehrere parallel verlaufende Wege entstehen, die allesamt ziemlich schlecht waren und durch schiefe und löchrige Verläufe beeindruckten.
Alle im Bus wurden wirklich ordentlich durchgeschüttelt und das kleine Mädchen, musste sich während dieser Horrorfahrt auch 2 x übergeben. Soviel also dazu.
Sie war vielleicht um die 5 oder 6 Jahre alt und machte insgesamt bereits einen recht bleichen und kränklichen Eindruck, auch ohne diese Reisestrapazen. Zum Glück war ihre große Schwester dabei die den Beutel für sie hielt.

Irgendwann waren wir dann endlich da - an unserem heiß ersehnten Ruhehort, dem Baikalsee.
Nach dem Städtemarathon der letzten 22 Tage mit dem Besuch unzähliger Kirchen, noch mehr Museen und einer wahrlich erschlagenden Informationsflut, lechzten wir beide nach der Stille und der beruhigenden Ausstrahlung der Natur.

Zusätzlich erhofften wir uns einen erholsamen Schlaf und viel Zweisamkeit in unserem Doppelzimmer. 6 Nächte wirkten dafür erst einmal ewig, fast ein wenig so, als wie wenn man für eine Woche in den Urlaub fährt.

Der Baikalsee sollte für uns diese Woche Urlaub vom Reisen sein. So alle paar Wochen hatten wir bewusst solche Auszeiten vom umherziehen und neugierigen Reisen geplant.

Das Chara Resort machte einen guten Eindruck auf uns. Gerade in dieser Abgeschiedenheit wirkte das Resort doch wohlig durchdacht und liebevoll gestaltet.

Wir erwarteten das nicht automatisch, wenn man so sich doch so weit abseits begab, um Urlaub zu machen.

Und das wir uns mitten in der Wildnis befanden, verdeutlichte uns der Anfahrtsweg.

Das Resort war eines von einer handvoll Resorts die hier in dieser Bucht an den Hängen um den Seen platziert waren.

Das Chara bestand aus vielen kleinen Holzhütten, die für je eine Familie gedacht waren. Die Hütten bestanden meist aus einem großen Zimmer und viele davon hatten noch eine kleine Terrasse. Die nobleren Varianten der Häuser standen so am Hang, dass sie einen tollen Ausblick auf den See hatten.

Zudem gab es ein größeres Hauptgebäude, in dem die Rezeption, das Restaurant und ein kleiner Kiosk untergebracht waren.

Wir bezogen eine günstigere Variante - ein großes Holzhaus.
Auf jeder der zwei Etagen des Hauses gab es 3 Zimmer mit einem davor liegendem, durchgezogenem und großzügigem Balkon.

Natürlich hätten wir auch lieber eine kleine Holzhütte für uns alleine gehabt, jedoch war uns klar, dass wir bei der billigsten gebuchten Kategorie das nicht bekamen.
Bis zu unserer eigenen kleinen Hütte am Wasser mussten wir noch bis Indien bzw. Südostasien warten. Aber das kam schon noch.

Nahezu alle Hütten und auch unser Holzhaus, hatten ein grünes Wellblechdach. Das sah eigentlich ganz nett aus und passte gut zu den Bäumen in die Landschaft. Es sollte jedoch einen ganz entscheidenen Nachteil mit sich bringen. Hier am Resort lebten wirklich viele Möwen, die unter anderem auch das Logo von Chara zierten. Diese saßen zwischendurch immer mal wieder gerne auf dem Dachgiebel. Bei jedem Landeanflug und bei jedem Start ergab dies aber ein ordentliches Geschepper auf dem Wellblech.
Nachts flogen die Möwen zum Glück nicht und dadurch war der Krach für das Einschlafen nicht von Bedeutung. Jedoch landeten die Möwen sobald es wieder hell wurde auf dem Giebel und machten krach. Und hier wurde es früh hell.
Ab 5.30 Uhr erhellte die Sonne den Tag und mit dem ersten Licht kamen auch die Möwen.

Der Krach sollte mich jeden Tag ein wenig mehr nerven, bis ich schließlich eines Tages Steine ergriff, um den Möwen das Fürchten zu lehren. Leider hatte das aber nicht die erhoffte Langzeitwirkung.
Eine Konditionierung der Möwen war in 6 Tagen wohl nicht hinzubekommen und die Tiere vergasen recht schnell - oder hatten eine sehr gute Gefahreneinschätzung? Ich konnte den Tieren mit meiner Aktion nämlich wahrlich nicht gefährlich werden.

Wir sahen, dass viele andere Gäste des Chara scheinbar mit dem eigenen Auto angereist waren. Das war für uns absolut unvorstellbar bei den Straßenverhältnissen und den nicht vorhandenen Wegweisern in dieser Prärie. Die waren echt verrückt die Russen.

Das Resort lag hübsch gelegen in einem kleinen Tal einer Bucht. Links und rechts war es von einer steilen und steinigen Hügellandschaft umgeben.
Eine Seite des Hangs war ein wenig mehr bebaut, die andere Seite dafür kaum. Zwischen den Häusern, und vor allem um die Resorts herum, standen viele kleine Nadelbäume. Laubbaum sahen wir keinen Einzigen.
Wir checkten ein und stellten mit einem kleinen Schrecken fest, dass nur eine einzige Angestellte vom Chara englisch sprach. Ansonsten sprachen hier alle nur russisch.

Das stellte sich als ein kleines Problem heraus, denn wann immer wir die nächsten Tag etwas fragen wollten, musste erstmal Alisa geholt werden. Das dauerte manchmal wie wir bald merkten.

Der erste Eindruck vom Zimmer in unserem Holzhaus war durchaus schön und romantisch. Es war ein kleines, aber für unsere Ansprüche vollkommen ausreichendes Zimmer.
Alle Seiten und auch die Decke waren mit einer Holzvertäfelung beschlagen. Außer unserem großen Bett stand noch ein ein Nachtkästchen, ein kleiner Tisch und zwei Stühle im Zimmer. Mehr brauchten wir auch nicht.

Dazu hatten wir einen netten Balkon auf dem wir zu zweit gut sitzen konnten und von dem wir aus die uns umgebende Natur bis hinunter zum Baikalsee gut sahen.
Auch wenn der See noch ein paar hundert Meter entfernt war, so strahlte das Panorama vom Balkon erstmal viel Natur und viel Ruhe aus.

Leider machten wir früh noch mit einem nicht ganz so schönem Detail im Chara Resort Bekanntschaft - den Gemeinschaftstoiletten. Hier standen Plumpsklos in 3er Reihen, die fürchterlich stanken und noch dazu einen äußerst ungepflegten Eindruck machten.
Bei vielen Benutzern war anscheinend schon mal etwas daneben gegangen und es wirkte, als wie wenn keiner die Lust gehabt hätte dies jemals zu beseitigen.

Dazu herrschte ein so penetranter Ammoniakgestank, wie wir ihn noch nie zuvor in unserem Leben gerochen hatten.
Lediglich die Fliegen erfreuten sich daran zu Hunderten. Das was wir hier sahen, war wirklich grauenhaft! Ohne Zweifel das Schlimmste bislang dagewesene.
Bereits die letzten Meter zur Toilette stieg einem dabei dieser Geruch in die Nase. Die Mischung aus menschlichen Hinterlassenschaften und chemischen Zersetzern sollte uns die nächsten Tage immer wieder den Schauer über den Rücken laufen lassen.

Ein weiterer Nachteil war die Tatsache, dass es keinen Supermarkt im „Ort" gab. Wir hatten zwar einen kleinen Resort - Kiosk, der aber äußerst Bescheiden ausgestattet war.
Es gab lediglich Wodka, Wasser, Tabak, Schokolade und Chips und das natürlich auch noch übelteuert.
Sarma als „Ort" zu bezeichnen war schon sehr grenzwertig. Es war eine Agglomeration von Resorts und Anlagen, aber eine dörfliche oder gar städtische Infrastruktur war nicht vorhanden.

Wir hatten „zum Glück" noch viele Instant Nudeln von der Zugfahrerei nach Irkutsk dabei, sowie aufgießbaren Kartoffelbrei, und die obligatorischen Kekse, die wir die nächsten 9 Monate wirklich so gut wie immer dabei hatten. Kekse und Reise - das gehörte für Martina zusammen.
Dazu hatten wir noch 3 Liter Wasser, so dass wir auf alle Fälle den ersten Tag überleben würden.

Nachdem wir uns kurz organisiert und etwas erholt hatten, gingen wir zum ersten Mal, zum für uns so sagenhaften See.

Der Baikalsee sprengte dabei nicht uns unsere eigene Dimension. Er war für uns persönlich ein mystischer Ort und gleichzeitig erfüllte er noch mehrere weltweit geltende Superlative.
Mit seinen unvorstellbaren 1642 Metern ist er der tiefste See der Welt. Das war wirklich tief, so tief, dass man es sich kaum vorstellen konnte was das heißt. Tiefer als 20m war ich unter Wasser sowieso noch nicht gekommen.
Sein geschätztes Alter von 25 Millionen Jahren brachte ihm darüberhinaus den Titel des ältesten, noch existierenden Süßwassersee der Erde ein.
An seiner längsten Nord - Süd Ausdehnung misst er sagenhafte 673km und die durchschnittliche Breite beträgt 48km, wobei 82km die breiteste Stelle darstellte und ganz in der Nähe von uns an der Nordspitze der Insel Olchon lag.

Mit seiner riesigen Wasseroberfläche von über 31000km2 und der sagenhaften Tiefe von über 1600m bildet der Baikalsee das größte Süßwasserreservoir der Erde. Nirgendwo sonst auf der Welt gibt es also soviel Süßwasser auf einem Fleck.
Bedingt durch die Abgeschiedenheit im sibirischen Hinterland und bedingt durch das hohe Alter des Sees, konnte sich hier eine ganz besondere Flora und Fauna entwickeln.

Viele der Fischarten im Baikalsee sind endemisch, das heißt sie kommen nur in diesem See vor und haben sich ganz eigenständig aus gemeinsamen Urfischen entwickelt.

Das bekannteste Beispiel war sicherlich der Omul, eine kleine Forellenart, die vor allem nach dem zweiten Weltkrieg zu einer industriellen Entwicklung am Baikalsee beigetragen hatte und der nach wie vor in allen Varianten gegessen wird. Geräuchert, Gekocht, Gebraten, aber auch roh.

Zusammen mit einer florierenden Papier- und Zellstoffindustrie waren die Fische die beiden wichtigsten Gründe für die Siedler, die Wirtschaft und die Regierung, den See trotz der schwierigen, klimatischen Bedingungen zu entwickeln.

Als ein weiterer, wichtiger Wirtschaftszweig stellte sich zudem zeitweise die Robbenjagd heraus.

Am Baikalsee lebte und lebt noch immer die Nerpa, die einzige Süßwasserrobbe, die es auf der Welt gibt. Mittlerweile ist sie zahlenmäßig leider sehr minimiert, aber es gibt sie noch.

Von vormals geschätzten über 1.000.000 Tieren blieben nach intensiver Bejagung in den späten 1980 Jahren noch rund 47000 Tiere übrig. Seit diesen Tagen wird allerdings auch viel für den Schutz der Robbe unternommen und es herrscht ein offizielles Jagdverbot, was nach offiziellen Angaben auch zu einer Erholung der Nerpa geführt hat.

Der Baikalsee, der im Übrigen mehr Wasser enthält als die Ostsee, gilt gleichzeitig auch als der kälteste See, der Welt.

Seine Jahresdurchschnittswassertemperatur liegt bei unter 10° C. Meist sind es im Durchschnitt etwa 7°, denn bedingt durch die schier endlose Tiefe und die Umwälzungsprozesse im Wasser, erwärmt sich das Wasser kaum. Auch in den beiden heißesten Monaten des Jahres, Juli und August, steigt die Temperatur oftmals nur gering über 10° C.

Das alles mach ihn nicht gerade zu einem gemütlichen Badeweiher wie wir schnell feststellten. Wir hatten ihn kalt erwartet, aber das es der kälteste See der Welt war, wussten wir nicht.

Im Winter kann die Temperatur am See unter -50°C fallen, was trotz der Größe zu einer dicken Eisschicht führt, die dann von den Einheimischen als Straße benutzt wird.

Leider geschehen hier immer wieder Unfälle wir wir lasen, sprich spektakuläre Eiseinbrüche, gerade in der Tauzeit.

Im Sommer beträgt die Durchschnittstemperatur der Luft 15° C, und sorgt damit für ein recht angenehmes Klima. Die Tagestemperaturen von Juni bis August können dabei oft über 20° C erreichen.

Auch wir sollten das Glück haben sehr warme Tage am See erleben zu dürfen, natürlich gerade dann, wenn wir uns für eine Wanderung entschieden hatten.

Neben vielen anderen interessanten Fakten die wir über den See lasen, waren für uns vor allem noch zwei Punkte faszinierend.

Zum einen soll um den Baikalsee ein Fernwanderweg der „Great Baikal Trail" entstehen, ein sicherlich einzigartiger Weg mit Möglichkeiten den See mittels einer Wanderung kennen zu lernen. Insgesamt hat der See allerdings eine Uferlänge von über 2100km, so dass man schon ein wenig Zeit mitbringen sollte, wenn man den ganzen See zu Fuß umrunden möchte.

Zum anderen war unsere Bucht ganz nahe an der größten Insel des Sees, der Insel Olchon, gelegen. Dieser wollten wir gerne einen Besuch abstatten.

Olchon war ebenfalls groß. Die Insel ist maximal 73km lang und maximal 10km breit und wurde erst 2005 an das Stromnetz angeschlossen.

Mit circa 1700 Einwohnern hat sie eine durchaus überschaubare Bevölkerung. Der überwiegende Bevölkerungsanteil auf der Insel wird nach wie vor von den Burijaten gebildet.

Wir waren gespannt wie kleine Kinder, als wir dem See endlich etwas näher kamen.

Auch wenn es letzten Endes doch nur ein „See" war, die Gewissheit hier in Sibirien am Baikalsee zu liegen, war etwas besonders. Die Gedanken an die abenteuerliche Anreise hierher und die letzten ereignisreichen Wochen waren noch sehr präsent und all das verlieh dem Ganzen ein irgendwie erhabenes Gefühl.

Wir gingen ganz nah an die felsige Küste an einen Felsvorsprung und der See lag vielleicht 2 - 3 Meter unter uns. Die mitgebrachte Picknickdecke schützte uns etwas vor dem steinigem Untergrund. Alles

fühlte sich hier irgendwie echter und authentischer an als zu Hause.
Wir saßen am Baikal und konnten es kaum glauben, dass wir beide es wirklich bis hierher geschafft hatten.
Nach wenigen Minuten sehnsuchtsvollen Blickes auf den See, wurde unser Moment auch leider schon wieder zerstört. Eine Bekanntschaft mit riesenhaften Ameisen stand an. Sie waren größer als alle uns bislang bekannten Arten und liefen kreuz und quer über unsere Decke. Sie schienen total verwirrt von den „Touristen". Wir wurden schließlich solange malträtiert von den Viechern, bis wir uns entschlossen den Ort zu wechseln.

Wir gingen ein Stück die Küste entlang und sahen einen Platz an dem viele selbst angereiste Russen mit ihren Autos und Zelten einen wohl inoffiziellen Campingplatz bildeten.
Die Umstände hier ohne Toilette zu zelten, waren sicherlich nicht gerade ideal für einen Campingurlaub. Das schien aber den Russen nichts auszumachen und das arme Ufer musste die Hinterlassenschaften wohl irgendwie aufnehmen.
Zum Glück sahen wir nichts ekliges.
Hingegen wurde es plötzlich lustig als ein Fischer mit seinem Schlauchbott genau auf unser Uferstück zugefahren kam. Je näher er kam, desto mehr war klar, dass es nicht die Wellen waren die ihn schwanken ließen, sondern der Russe hackevoll war.
Schwankend schaffte er es das Boot irgendwie am Ufer fest zu machen. Direkt zwischen seinem Boot

und dem Ufer hielt er sich am Schilf fest und pinkelte ans Ufer. Das wir und andere Camper ihm dabei zusahen, schien ihn in seinem Zustand nichts weiter auszumachen.

Warum, weshalb und woher er zu seinem Rausch und dem Schlauchboot kam, war für uns ein Rätsel. Vielleicht ein frustrierter Omul Fischer ohne Fang? Schließlich waren ja auch die Omuls stark dezimiert worden, ähnlich wie die Robben. Oder doch wieder familiärer Stress? Nur wo war dann die Familie? Versenkt im See?

Und wieso fährt man überhaupt ans Ufer um zu pinkeln, nur um dann doch ins Wasser zu urinieren? Könnte man sich da nicht auch auf offener See entledigen? Oder wäre er da zu sehr geschwankt? Es ergaben sich Fragen über Fragen durch diesen Zwischenfall.

Der Russe fuhr nach seiner Entledigung allerdings wieder recht schnell hinaus auf den See, bis wir ihn aus den Augen verloren. Leider konnten wir ihm keine Fragen stellen.

Weitere ausländische Touristen schien es hier erstmal nicht zu geben und so verwunderte es uns auch nur anfangs, warum wir Allisa beim Einchecken erklären mussten, was ein junges deutsches Pärchen hier in dieser Bucht ohne Internet und Partygelegenheit machen würden.

Ganz ungläubig hatte sie uns gefragt, ob wir nicht einen großen Fehler gemacht hatten als wir hierher kamen? Vielleicht sollten wir lieber gleich wieder zurück nach Irkutsk fahren?

Nachdem wir versucht hatten ihr zu erklären, dass wir genau aus diesen Gründen der Abgeschiedenheit hierher gekommen waren, fragte sie zwar nicht mehr nach, aber ganz verständlich schien es für sie immer noch nicht zu sein. Wir wollten eben nicht nach Listjwanka fahren, wo alle anderen Touristen der transsibirischen Eisenbahn einen Stop am See machten.

Abends gingen wir dann mit Alisa, die wie schon gesagt die einzige gut englisch sprechende Angestellte des Hotels war, und einer Gruppe ebenfalls neu angereister Russen, auf einen nahegelegenen Hügel und hörten uns dort die möglichen Ausflüge des Resorts an.
Natürlich alles nur auf russisch, so dass wir kein Wort verstanden und wir sowieso nur wegen der kleinen Abendwanderung und der Aussicht mitgegangen waren.

Der Berg wurde noch ohne sinnvollen Weg bestiegen und jeder trampelte irgendwo seinen eigenen Pfad. Das gefiel uns ehrlich gesagt gar nicht.
Es hat natürlich einen optischen Reiz einen Berg ohne Trampelpfade zu sehen, aber wenn es der Preis war das jeder die Natur großflächig zertritt, dann war uns ein Trampelpfad doch lieber.
Nachdem Allisa freundlicherweise alles kurz für uns in Englisch zusammenfasste und ein wenig vom Ausflug zur Insel Olchon erzählte, entschieden wir uns am Donnerstag der „Exkursion" zur Insel anzuschließen.

Die 1780 Rubel / Nase (43€), waren zwar ein stolzer Preis und anfangs überlegten wir auch, aber immer wieder kam einem hier der Gedanke, dass man am Baikalsee wohl nur einmal in seinem Leben stehen wird. Wir würden es sicher irgendwann bereuen, nein gesagt zu haben.
Gerade in Ländern, in denen das Geld von vornherein knapp kalkuliert war, stellte sich diese Frage aber öfter.
Sollten wir dies oder das machen oder lieber nicht? Wir hatten beide um die 12000€ und das sollte für 300 Tage reichen.
Wenn wir noch nach Australien und Neuseeland kommen wollten, wo wir im Vorfeld schon wussten das dies sehr teure Länder sein würden, dann mussten wir das von vornherein einkalkulieren. Das hieß halt manchmal sparen zu müssen.
Andernfalls hätten wir nach 150 Tagen schon wieder heimfahren können. Dies war aber immer auch ein Plan B für uns. Hätten wir wirklich sehr falsch kalkuliert und wäre das Geld früher zu Ende als gedacht, dann müssen wir eben heimfahren.
Dennoch fanden wir es wichtig sich bewusst zu machen, wie einzigartig die Möglichkeiten waren, die einem hier angeboten wurden. Wir sparten deshalb mal lieber beim Essengehen, als wie beim Ausflug.

Bis zu dem nun geplanten Donnerstag hatten wir noch 2 Tage Zeit und da wir den Besuch von Olchon nun in der Mitte unseres 6 - tägigen Aufenthalts eingeplant hatten, überlegten wir, was wir die anderen Tage noch so machen wollten.

Eine Wanderung auf einen der Berge sollte unbedingt mal drin sein und natürlich wollten wir auch einmal nichts tun und am See rumliegen.

Wir setzten die Wanderung also gleich mal für den nächsten Tag an, da wir dann den Mittwoch noch zum erholen hatten für den Ausflug zur Insel am Donnerstag. Außerdem sollte das Wetter für die Wanderung morgen auch mitspielen.

Ach ja, und was unsere und vor allem meine Stimmung im Chara deutlich verbesserte, war die Nachricht, dass mittlerweile der PIN meiner sehnsüchtig erwarteten Kreditkarte in der Botschaft in Ulan Bator eingetroffen war.

Mit DHL Express ging der Brief sprichwörtlich in 3 Tagen um die Welt.

Laut Internetverfolgung wurde der Brief am Fr. um 14 Uhr in Berlin aufgegeben und anschließend über Frankfurt und Seoul nach Ulan Bator in die Mongolei geflogen. Am Montag um 16 Uhr war er bereits in der Botschaft in Ulan Bator abgegeben worden.

Das war schon wirklich beeindruckend, wie schnell das heutzutage in der globalisierten Welt funktionierte und auch wie sich das alles Dank Internet nachvollziehen ließ.

Was das wohl gekostet hatte? Und wer das wohl bezahlen würde fragte ich mich insgeheim?

Die Antwort war - die Bank bezahlte. Freiwillig.

Auch wenn das angepriesene kostenlose WLAN des Resorts extrem langsam war und immer mal wieder

ganz ausfiel, reichte es doch aus, das diese beruhigende Nachricht zu uns hierher durch drang. Von der Geschwindigkeit fühlte man sich hier noch an die guten alten Modemzeiten in Deutschland zu Beginn des Internets erinnert.
Zum Glück war das Personal an der Rezeption sehr verständnisvoll und nachdem wir Alisa die Sachlage erklärt hatten, durften wir immer wieder mal am Computer vom Personal nachschauen, wo der Brief sich denn gerade befand.
Das Internet der Mitarbeiter war doch bedeutend schneller und zuverlässiger.
Trotz aller Funklöcher und Verbindungsprobleme mussten wir aber sagen, das Internet hier zu haben war an sich schon ein kleines Wunder.
Es hier nutzen zu können - mitten in Sibirien - am Baikalsee - kurz vor der Insel Olchon - die 2005 erst Strom bekam - das war schon mehr als erstaunlich.
Oh schöne neue, einfache, Welt?!

<u>Die Wanderung auf den Mount Eagle</u>
An unserem zweiten Tag am Baikalsee machten wir uns gegen 10 Uhr vormittags zur Besteigung des Mount Eagle auf. Wir gingen dazu einfach in die von Alisa uns gestern beschriebene Richtung und hofften schon am richtigen Berg anzukommen.
Das Frühstück fiel mangels Alternativen leider etwas dürftig aus. Wir aßen unser restliches, mitgebrachtes Gemüse und das viel zu weiche, russische Brot. Kulinarisch würde der Baikalsee

nicht hervorstechen auf unserer Reise, soviel schien klar.

Dafür war das Wetter wahrlich grandios an diesem Tag. Wir hatten bereits beim Losmarschieren um die 25°C. Das war zum Wandern ja fast schon zu warm. Nach dem bedeckten ersten Tag gestern und einer wirklich kühlen Nacht in unserer dünnwandigen Holzhütte, waren wir jedoch sehr froh über diese wärmeren Temperaturen.
Die erste Nacht am See hatte stark abgekühlt und das Holzhaus war dünn und schlecht isoliert. Wir konnten uns nun gut vorstellen, warum diese Hütten im Winter nicht vermietet werden konnten. Eine Heizung war ja nicht vorhanden.
Gerade an den Nächten spürten wir, das wir in Sibirien waren.

Als wir dem Berg schrittweise näher kamen, stellten wir schnell fest woher er wohl seinen Namen bekommen hatte. Immer wieder sahen wir Adler über uns hinweg fliegen, die uns auch auf dem gesamten weiteren Weg begleiten sollten.
Unser therapeutisches Fachbuch über die Abenteuer von Adler Anyel, welches kurz vor Abreise in vielen Nachtschichten gerade noch fertig wurden, schien uns hierher begleitet zu haben.

Wie so oft unterschätzten wir die Distanz zum Berg. Anfangs schien er gar nicht so weit entfernt zu sein, doch war die direkte Luftlinie sehr trügerisch. Ein erster großartiger Blick auf den Mount Eagle bot sich uns nachdem wir kurz am See entlang

gegangen waren und eine kleine Talbiegung hinter uns gelassen hatten.
In dieser Einsamkeit und Wildnis entlang zu gehen war sehr besonders. Die Wiesen wirkten auf den ersten Blick deutlich karger und vegetationsärmer als wie bei uns zu Hause. Der Bewuchs war bei Weitem nicht so dicht wie gewohnt.
Bei genauerem hinsehen stellten wir allerdings fest, dass erstaunlich viele und oftmals sehr blumige und farbenfrohe Pflanzen hier wuchsen. Auch eine Art Edelweiss fanden wir und Martina war so verzückt von dem Fund, dass sie gleich eine neue Idee für ihr erstes Tattoo hatte.

Sie überlegte nun schon seit längerem sich eventuell ein Tattoo stechen zu lassen und wenn es den mal soweit wäre, dann sollte es dieses hier gefundene Edelweiss werden.
Nachdem wir weitere Resorts und einen äußerst steilen und holprigen Straßenweg hinter uns gelassen hatten, kamen wir an einer Art Karate - Trainingscamp vorbei. Es war direkt am See gelegen und gerade eine Trainingseinheit im Gange als wir vorbei liefen. Geschätzte 100 Karate Begeisterte waren dabei in Formation am Seeufer aufgestellt und bewegten sich rhythmisch und lauthals zu den jeweiligen Kommandos.
Das war schon eine sehr genialer Platz für ein Trainingslager, dass mussten wir zugeben. Wir beobachteten die Sportler ein wenig bei Ihrem Treiben und liefen schließlich einen Hang hinaufgehend an Ihnen vorbei. Danach wurde es immer einsamer um uns.

Nun waren nur noch einige Wildcamper vereinzelt zu sehen. Unser Weg querfeldein führte uns durch die hier typischen Nadelwälder aus kleinen, verschrumpelten und krumm gewachsenen Fichten und Lärchen. Die Bäume im Wald standen dabei bei weitem nicht so dicht wie wir es von unserem Wald zu Hause her kannten.

Immer wieder gingen wir an bizarren Gesteinsformationen vorbei, die hier überall aus dem Boden ragten. Manche schienen dabei regelrecht aus der Erde Richtung Himmel zu wachsen. Sie waren dabei so sehr mit Moosen und Flechten überwuchert, als wie wenn sie einem mystischen Fantasieroman entsprungen wären. Alles war hier sehr steinig.
Wir waren langsam unterwegs und blieben oft für Fotos stehen. Wie Kinder waren wir fasziniert von den seltsamen hier lebenden Pflanzen, die wohl alle mit felsigem und wasserarmen Untergrund ganz gut zurecht kamen.
Nachdem wir einen weiteren kleinen Berg überschritten hatten, sahen wir die hinter der Uferbergkette gelegene Straße zum ersten Mal. Natürlich war auch das ein nicht asphaltierter Feldweg. Dennoch war die Straße für unsere Orientierung Gold wert.
Der Blick zum Mount Eagle wurde nun immer freier. Im Schatten kleiner Bäume legten wir aber nun erstmal eine kleine Rast ein.
Die Mittagssonne war mittlerweile wirklich kräftig geworden und die vielen Berghänge die es bislang

zu überwinden galt, ließen uns mächtig ins schwitzen kommen.
Uns kam es so vor, als wie wenn der felsige Untergrund die Wärme zusätzlich absorbierte und gleichermaßen an uns zurückstrahlte, denn auch vom Boden schien eine konstante Wärme auszugehen.
Wir sahen das auch an der Vegetation die sich mit dem Untergrund veränderte. Besonders häufig fanden wir nun Arten von hitzeresistenten Pflanzen, die man bei uns in Deutschland eher in Steingärten oder auf begrünten Haus- und Garagendächern fand.
Es war wirklich vollkommen still hier, denn auch auf dem Feldweg hörten wir kein einziges Auto. Als sich nun auch noch mehrere, wilde Blumenwiesen in voller Pracht auf unserem Weg zeigten, wussten wir warum wir hier waren. Wir suchten und brauchten die Natur nach 3 Wochen wildem Gewusel in den Metropolen. Und hier hatten wir sie gefunden.

Der Weg zum Berg kostete uns jedoch auch viel Kraft. Die Hitze ließ uns viel trinken und wir merkten das wir etwas sparsamer mit unseren Reserven umgehen mussten.
Am Fuße des Berges sahen wir einen kleinen Bach, der vom Berg kommend in Richtung See floss. Der Bach hatte im Laufe der Zeit ein kleines Tal in den Berg gegraben, in dem es nun vor grüner Vegetation nur so strotzte. Wir kamen dem Ganzen etwas näher und sahen uns diesen kleinen grünen

Dschungel um den Bachlauf herum etwas genauer an.
Hier standen auch Laubbäume, vor allem wieder Birken, und es war ein deutlich dichterer Bewuchs als wie auf den steinigen Wäldern und Wiesen ringsherum. Es wirkte wie eine kleine Oase, die sich nur hier am Bach bildete.
Wir gingen am Bach entlang und nach einer kurzen Zeit auf einem vorgetretenem Trampelpfand standen wir vor einer Entscheidung. Eine Abzweigung führte nun nach links und eine nach rechts.
Wohin sollten wir gehen?
Zum einen ging der Weg in die Richtung des Berges und zum Anderen ging es weiter am Bach entlang. Ich war für den direkten Weg zum Berg. Martina wollte erst einmal dem Fluss weiter folgen. Nach einer kurzen Diskussion ließ sich Martina jedoch auf mein Argument ein und wir gingen den direkten Weg zum Berg. Wie so oft, wurde ich aber vom Schicksal schnell eines besseren belehrt. Ich sollte auf der Reise noch oft erleben müssen, dass ich bei der Navigation besser auf Martina vertraute.
Der Weg rechts löste sich nämlich alsbald auf und es wurde schnell steiler und steiler. Dennoch waren wir ohne Zweifel auf einem Weg zum Berg. Wir waren ja schon dabei ihn zu erklimmen. Oder führte diese Weg gar nicht auf den Mount Eagle? Vielleicht war der Nachbarberg ja Mount Eagle und wir gingen auf diesem sich aufgelöstem Weg gar auf den „falschen" Berg?

Zweifelnde Gedanken kamen hoch und die Stimmung sank auf einen Tiefpunkt. Der Weg wurde von Kuppe zu Kuppe immer steiler und teilweise brauchten wir gar die Hände um uns am Hang festzuhalten. Martina schwitzte und keuchte nicht nur, sondern fluchte innerlich noch, weil ich mich beim Weg durchgesetzt hatte. Ihr Blick verriet vieles.

Nach einer kleinen nicht ungefährlichen Kletterei wurde es endlich wieder besser und der Hang flachte ab. Martinas Blick war jedoch immer noch ein wenig böse.
Ich versuchte ihr meine Beweggründe abermals zu erklären, jedoch wollte sie sich nicht überzeugen lassen. Mir war mit am Wichtigsten das wir uns nicht verlaufen. Ich empfand es daher als beruhigend, den Berg immer direkt im Blick zu haben.
Nichts desto Trotz wäre es wohl besser gewesen auf Martina zu hören und den anderen Weg einzuschlagen bzw. auszuprobieren. Manchmal bin ich da wohl zu durchsetzungsstark und Martina lässt sich vielleicht auch zu schnell auf mich ein. Wir müssen da beide noch ein wenig dazulernen.
Meine Besorgnis jedenfalls stieg mit der Diskussion nur an und ich war froh, dass Martina trotz der schwirigen Kletterbedingungen so gut zurechtkam und durchhielt.
Schließlich waren die letzten Meter geschafft und der Ausblick entschädigte uns für die Anstrengung. Die Sicht die wir von hier oben auf den See und

die Landschaft genießen durften, war wunderschön.
Immer noch war es heiß, absolut still und menschenleer - gerade hier auf dem Gipfel. Nur die Adler zeigten sich ab und an.

Wir gingen einen kleinen Grad am Gipfel entlang, bis wir einen Wald sahen, der äußerst schwarz und verbrannt wirkte. Beim näheren betrachten stellten wir nun tatsächlich eindeutige Brandspuren fest.
Wir konnten uns nicht vorstellen das an dieser abgeschiedenen Ecke, Menschen für diesen Waldbrand verantwortlich waren. Wer würde diesen mühsamen Aufstieg machen um Bäume anzuzünden? Und einen landwirtschaftlichen Rodungsversuch zur Gewinnung von Ackerfläche konnten wir bei dem steilen Hang auch ausschließen.
Höchstwahrscheinlich gab es eine natürliche Ursache, vielleicht einen Blitzeinschlag nach extremer Dürre oder ähnliches.
Wie mochte das wohl ausgesehen haben fragte ich mich, wenn nach einer langen Trockenzeit und einem Gewitter mit Blitzschlag, gerade die Spitze des Berges, wie von Geisterhand entzündet, abbrannte?
Und das vielleicht auch noch in der Abenddämmerung oder bis in die Nacht hinein?
Der Anblick musste bestimmt majestätisch schön gewesen sein.

Vor den schwarzen Bäumen stehend, war für uns alles absolut nachvollziehbar und natürlich was hier geschah. Wir wären aber wohl nie von alleine darauf gekommen, dass es am Baikalsee solche spektakulären Waldbrände geben konnte.

Manche Bäume machten trotz der Brandspuren noch einen ganz passablen und gesunden Eindruck. Sie hatten das Inferno überlebt und da der Wald auch hier nicht ganz so dicht stand, bot das sicherlich einen natürlichen Vorteil bei Waldbränden.

Wir schauten uns weiter um und fanden schließlich einen schönen Aussichtsplatz mit einem großen Stein auf dem man bequem sitzen konnte. Viele russische Sprüche waren auf den Stein geschrieben worden. Das gab uns Mut, denn zumindest waren wir nicht ganz falsch und es hatte sich schon mal jemand anderes diesen beschwerlichen Aufstieg zugemutet.
Über 2 Stunden waren wir bis zum Gipfel unterwegs gewesen und nun hatten wir uns die Pause mit diesem grandiosen Blick auf den kleinen Baikal, Maloe More genannt, auch redlich verdient. Maloe More, war die offizielle, wohl burijatische Bezeichnung für die große Bucht des Sees zwischen dem Festland und der Insel Olchon. Hier auf der Westseite der Insel war das Wasser nur wenige hundert Meter tief, während es direkt auf der Ostseite von Olchon, bis zum tiefsten Punkt des Sees auf unter 1600m abfiel. Das wiederum bedeutete, dass der kleine Baikal auf Grund seiner geringeren Tiefe noch am ehesten zum baden geeignet war, da sich das Wasser hier ein wenig

mehr erwärmen konnte als anderswo. Uns war es dennoch zu kalt.

Wir standen auf einem Gipfel und konnten immer noch nicht sicher sein ob es überhaupt der richtige Berg war. War das nun der Mount Eagle?
Mittlerweile war es uns egal und wir genossen die sagenhafte Aussicht. Es war heiß, aber leider mussten wir das Trinkwasser immer mehr einteilen. Soviel hatten wir leider nicht mehr dabei und mit Temperaturen von mittlerweile über 30°C, hatte auch keiner von uns gerechnet.
Nach einer kleinen Fotorunde gönnten wir uns erstmal unsere kleine, spartanische Brotzeit aus Keksen & Äpfeln. Das war alles was unser Proviant noch hergab.
Wir genossen den Blick auf die menschenleere Gegend und bewunderten den ganz besonderen Verlauf kleiner Flüsse die in unzähligen Kurven sich Richtung See schlängelten. Von hier oben konnten wir einige Zuflüsse gut erkennen.
Getrübt wurde der Naturblick nur durch große, zivilisatorische Strommasten. In dem Moment hätten wir uns gewünscht, dass die Menschen hier immer noch nicht ans Stromnetz angeschlossen wären. Natürlich war die Elektrizität ein enormer Zugewinn für die hier wohnenden Menschen. Die Romantik der unberührten Landschaft hatte unter den Strommasten aber eindeutig zu leiden.

Nach circa einer halben Stunde am Gipfel, machten wir uns auf den Rückweg.

Wir wählten dieses Mal den geraden Weg nach unten, hin zu dem bereits vom Gipfel aus sichtbaren Feldweg. Es war dieselbe Uferstraße, die wir schon gesehen hatten und die uns Orientierung gab auf unserem Weg zurück zum Resort.
Den steilen Hang, den wir bei unserem kuriosen Zick Zack Aufstieg verwendet hatten, wollten wir auf keinen Fall ein zweites Mal gehen.
Aber auch dieser direkte Abstieg hatte es in sich. Er wurde nach einigen Metern sehr, sehr steil und auch wenn die Blumenwiese lange Grasstängel bot um sich etwas festzuhalten, hatten wir ein etwas mulmiges Gefühl beim Abstieg. Hinfallen mit Fotoapparat auf steinigem Untergrund war für Technik und Knie nicht erstrebenswert.
Lediglich ein paar Meter ging es immer wieder Mal relativ akzeptabel bergab um anschließend hinter eine Kuppe erneut steil abzufallen. An verbrannten Bäumen, die ein wenig Schatten in der Mittagssonne boten, wartete ich auf Martina, die langsamer und unsicherer unterwegs war.
Nach ca. 45 Minuten war der Abstieg geschafft und wir waren auf einer flachabfallenden rosa-gelben Blütenwiese angekommen. Geschafft!

Der Weg zurück zum Feldweg war nun einfach und wir kürzten mit der Überquerung eines nahezu ausgetrockneten und stark zugewachsenen Flussbett zusätzlich ab.
Mittlerweile waren wir schon recht müde, gerade weil auch der Abstieg vollste Konzentration abverlangte. Die Hitze hatte ihr übriges dazu getan.

Endlich wieder am Seeufer angekommen, legten wir dort für etwa eine halbe Stunde eine kleine Rast ein. Wir überquerten eine Kuhweide, die wir an den Kuhfladen und nicht an den nicht vorhandenen Kühen erkannt hatten, und legten uns ins zuvor gut abgesuchte Gras.
Der See lag nun direkt vor unseren Füßen. Das tat gut!
Unsere Versuche ein wenig Abkühlung im See zu finden, waren jedoch mehr als kurzweilig und kümmerlich und brachten uns nur kurz die erhoffte Erfrischung. Selbst die heißen Temperaturen halfen da nichts. Der Baikalsee war einfach zu kalt.
Geschätzte 12° - 15° C, mehr hatte der See auch in unmittelbarer und knietiefer Ufernähe nicht zu bieten.
Martina schaffte es immerhin bis fast zu den Knien ins Wasser und auch mein Bauchnabel blieb abermals trocken. Die geplanten Schwimmversuche im See wurden erneut eingestellt.
Etwas enttäuscht von dieser eisigen Erfahrung lagen wir noch eine Weile auf der Decke und erholten uns.

Naiv wie wir zum Thema Sibirien von Anfang an waren, hatten wir gedacht, man könnte wenigstens ein wenig im See schwimmen. Irrtümlicherweise gingen wir davon aus, dass die Seetemperaturen im sibirischen Sommer mit den doch recht angenehmen Wassertemperaturen im Hochsommer bei uns in Deutschland identisch wären. Dem war nicht so. Der Baikalsee war der kälteste See der

Welt und das hätte man auch schon vorher recherchieren können.

Nach gut 4,5 Stunden waren wir schließlich wieder beim Chara Ressort angekommen. Bevor wir voll verschwitzt in unser Zimmer zurück kamen, zogen wir noch ein stilles Plätzchen in der Natur, dem grauseligen Pumpsklo vor.

An diesem anspruchsvollen Tag wollten wir uns nun den Luxus des Restaurants gönnen. Das hatten wir uns redlich verdient fanden wir.
Zuvor gönnten wir uns für je 80 Rubel auch noch die erste heiße Bezahldusche im Chara. Fast 2€ für eine warme Dusche zu bezahlen gefiel uns natürlich gar nicht, aber nach der Wanderung heute war es nötig. Den Luxus des allgegenwärtigen warmen Wassers empfand man in Deutschland als Selbstverständlichkeit. Hier lernte man diese kleinen Freuden wieder zu schätzen.

Abends gingen wir hungrig und nahezu mangelernährt durch das dauernd konsumierte, schlabbrige Brot und die wenig gehaltvollen Instant Nudeln, zum ersten Mal ins Restaurant. Wir bestellten uns für je 10€ mit Käse überbackenen Omul mit Pommes (ich) und Omul mit Reis für Martina.
Der Omul war dabei ein recht zarter Fisch wie wir feststellten, einer Forelle ähnlich, und sehr, sehr lecker.
Krönender Abschluss des Tages sollte ein kühles Bier aus dem Kiosk sein.

Als wir vor dem Hauptgebäude saßen und genüsslich tranken, lernten wir noch einen Österreicher kennen. Er hatte uns angesprochen, weil er sich freute mal wieder Deutsch zu hören.

Wir erzählten ihm was wir so vor hatten in der nächsten Zeit und auch er erzählte uns sehr viel von sich.
Er behauptete tatsächlich in Dubai auf der aufgeschütteten Palme zu wohnen. Nachdem ich ihn etwas ungläubig fragte wie er sich das den leisten könne, meinte er, er habe viel Geld in der Mobilfunkbranche in den Emiarten verdient. Er sei auch schon immer viel gereist mit seiner Arbeit.
Schließlich habe er irgendwann auf seinen Reisen seine jetzige Frau, eine Buriatin, kennengelernt. Und das die Buriaten so etwas wie die Ureinwohner der Baikal Region waren wussten wir schon.

Seine burijatische Frau sprach ebenfalls ein wenig Deutsch und als wir sie uns so ansahen im Gespräch, nahmen wir zum ersten Mal die Fremdartigkeit dieses Volkes gegenüber unserem Äußeren sehr deutlich wahr. Die Buriaten haben wirklich ein ganz anderes, sehr plattes Gesicht.

Highlight des Gesprächs war für mich eine Geschichte über ein buriatisch, schamanistisches Ritual, dem unser Österreicher mit seiner Frau beigewohnt hatte.
Seit er mit ihr verheiratet war, ist er schon ein paar mal in diesem für die Buriaten heiligen Land rund

um den Baikalsee gewesen. Seiner Frau war es wichtig, ihm ihre Heimat und ihre Kultur näher zu bringen.

Bei dem von ihm gesehenen Ritual wurde ein heiliger buriatischer Mann, der bereits seit langem Tod war, nahezu unversehrt aus seinem Grab gehoben und an einem bestimmten Tag des Jahres im Dorf aufgebahrt.
Es war ein sehr heiliger und besonderer Tag mit einem großen Fest bei dem viel gegessen und getrunken wurde und auf dem auch viel getanzt wurde. Der Leichnam des heiligen Mannes durfte dem Fest sozusagen beiwohnen.
Er habe es schließlich selbst nicht glauben können als ihm erzählt wurde, dass dieser Mann an der Feier wieder zum Leben erwachen würde.
Geradezu fassungslos und konsterniert war er, als dieser Tote auf seiner Aufbahrung plötzlich zu atmen anfing. Vor seinen eigenen Augen!
Martina und ich reagierten etwas skeptisch auf diese Geschichte und wir taten es als kulturelle Irreführung ab. Wie weinende Madonnen sozusagen.
Er beschwor jedoch den Wahrheitsgehalt seiner Geschichte mehrmals. Wir dachten uns, das er wohl etwas zu viel getrunken hatte an dem Abend, gingen jedoch jeder weiteren Diskussion aus dem Weg. Vielleicht hatte er doch einen an der Waffel?

Etwas verstört durch dieses uns aufgedrückte Gespräch, gingen wir müde in unser Bett. Ein weiterer, aufregender Tag ging damit zu Ende.

Der faule Mittwoch, am 24. Juli 2013
An unserem Ruhetag gönnten wir uns die Vollverpflegung vom Chara. Wir wollten mal sehen was uns dafür erwartet. Unser mitgebrachtes Essen neigte sich darüberhinaus ohnehin dem Ende zu. Für knapp 17€ pro Person wurde uns morgens, mittags und abends ein Buffet serviert. Das war ein ordentlicher Posten in unserem Tagesbudget von 40€, dennoch waren wir relativ alternativlos in dieser Abgeschiedenheit. Das Buffet war dann aber leider auch das Geld nicht wert. Vielleicht war es sogar das schlechteste Buffet das ich jemals gesehen habe? Könnte schon sein. Immerhin tauchten wir wenigstens einmal in die russische Küche ein.

Am Morgen gab es eine Art „Grießbrei", der leider viel zu stark gesalzen schmeckte und obendrein noch ziemlich flüßig war. Nicht gerade eine Delikatesse, wie wir uns beide einig waren. Dazu etwas seltsame Wurst die nicht gerade mein Vertrauen erweckte, schlabbriges Brot, Zwieback, Butter, Tee sowie Äpfel und Orangen.

Nun ja - wir aßen also um satt zu werden. Die letzten 3 Wochen in Russland hatten wir ohnehin gelernt mit einem einfachen und oftmals faden Essen zurecht zu kommen. Auch unsere Instant Nudeln waren keineswegs hitverdächtig. Einen Preis hätte dieses Buffet allerdings sicherlich nicht gewonnen.

Nach dem relativ zügigem Frühstück machten wir an diesem Tag bewusst nichts. Morgen stand ohnehin der Ausflug zur Insel Olchon an und nach der Wanderung gestern war Faulsein heute das

Gebot der Stunde.
Vor dem Speisesaal trafen wir erneut auf den Österreicher, den wir leider vergasen nach dem Namen zu fragen, und auf seine burijatische Frau.
Sie erzählten uns von ihrem Umzug in unser Chara Resort, denn ihre Blechhütte im Nachbar Resort hatte keinerlei Fenster die sich öffnen ließen. Da das Zimmer wohl zudem ziemlich dreckig war und das Plumpsklo noch unbeschreiblicher war als bei uns, zogen sie zu uns um. Dabei hatten wir bei unseren Toiletten gedacht, dass es bestimmt nicht mehr schlechter ging.

Das Wetter zeigte sich an diesem Tag von seiner bescheidenen Seite und wir hatten wirklich Glück gehabt mit unserem Wandertag. Es regnete immer wieder und draußen bzw. auf dem Balkon vor unserem Zimmer, war es sehr kalt und ungemütlich.
So machten wir es uns im Zimmer gemütlich, arbeiteten an der Foto DVD und den Fotos und lasen viel.

Das Mittagessen war ähnlich spartanisch wie das Frühstück und wiederum nicht wirklich berauschend. Es gab zwar Kopfsalat und viel Buchweizen, aber die Soßen mit einer Art Spinat schmeckte nicht wirklich. Es war ein einfaches, relativ ungewürztes Essen mit einem starkem, besonderen Eigengeschmack des Gemüses. Von der von uns zu Hause in Deutschland so geliebten Gewürzvielfalt war das Essen leider meilenweit entfernt.

Nachmittags wurde das Wetter schließlich ein wenig besser und wir beschlossen zu einer Nachbarbucht zu gehen, die wir auf der Hügelwanderung am ersten Tag erspäht hatten. Dort legten wir uns ein wenig auf die Picknickdecke zum Weiteren relaxen.

Wir blickten auf den See hinaus und beschlossen, dass es heute bei der kalten Umgebungstemperatur, erst recht definitiv zu kalt zum Baden war. Auch die Russen gingen nicht ins Meer, obwohl die an die Kälte doch bestimmt gewöhnter waren als wir.

So saßen wir beide am Seeufer und malten. Gerade während der Reise wollten wir uns auch mal solchen Beschäftigungen widmen. Vor allem ich wollte üben, Stimmungen in einem Bild auszudrücken. Martina malte ohnehin schon viel während der Reise, vor allem im Zug. Aber auch zu Hause drückte sie sich immer wieder mal in Bildern aus.

Ich fand die Malerei eigentlich immer sehr interessant und bewunderte was manche Menschen aufs Papier brachten. Gerne hätte ich in diesem Bereich mehr Talent gehabt, aber ich war schon immer ein sehr schlechter Zeichner gewesen.

Die Zeit auf der Reise wollte ich daher ein wenig zum Üben nutzen.

Ich versuchte mich an einem kleinen Holzhaus, welches in Ufernähe stand und ich bequem von der Picknickdecke aus hinsah. Mir ging es um die Details, die ich möglichst komplett erfassen wollte. So saß ich da, konzentriert und leidenschaftlich, vor meinem Blatt Papier und mit einem Bleistift bewaffnet. Neben mir saß Martina und eigentlich war alles hervorragend in dem Moment.

Trotzdem wurden wir beide mit der Zeit etwas getrübt in unserer Laune und gaben den kalten Temperaturen und der Anstrengung von gestern die Schuld. Wir waren noch müde von gestern und jeder von uns nahm sich heute mal ein wenig Zeit für sich.
Auch diese Phasen kamen und gingen immer wieder während der ganzen Reise.
So lange wie diese ersten 22 Tage in Russland, waren wir bis dahin noch nie am Stück zusammen gewesen. Natürlich sollte das noch länger so gehen.
Während dieser 22 Tage sahen wir uns nahezu 24 Stunden am Tag. Es war nicht zu vergleichen mit der Zeit die man zu Hause miteinander verbrachte. Zu Hause hatte jeder seine Arbeit, seine Hobbys und vielleicht sogar sein eigenes Zimmer in dem man sich aufhielt. Die gemeinsame Zeit war selbst beim Zusammenleben oft unterbrochen. Hier war das ganz anders. Wir teilten einfach alles - jeden Moment.
So tat es immer wieder auch mal gut, sich ein paar Stunden mit sich selbst beschäftigen zu können. Vor dem Laptop mit unseren Fotos, beim Lesen oder eben beim Malen.
Jeder konnte an dem Tag seinen ganz eigenen Gedanken nachhängen.

Zum Abendessen gab es dann das dritte Buffet. Erneut war da sogar ein Salat, jedoch genau wie

mittags, einfach nur ein Kopfsalat ohne jegliches Dressing. Das Ganze wirkte ziemlich lieblos.
Dazu gab es bereits geschnittene Wurststücke und das allgegenwärtige schlabbrige Brot.
Appetitlich und sättigend war leider auch das Abendmahl nicht und so beschlossen wir, die Vollverpflegung auf keinen Fall mehr zu wählen. Für diese Qualität waren 17€ einfach zu teuer. Vielmehr kam uns der Gedanke auf der Insel Olchon vielleicht einen Supermarkt aufzutreiben.

Die Exkursion zur Insel Olchon *(25.7.13)*

Der Ausflug zur Insel Olchon sollte etwas ganz besonderes werden. Noch erahnten wir das aber nicht.
Die größte und längste Insel im Baikalsee war das Ziel unserer von der Unterkunft gebuchten Exkursion.
Für die hier schon immer beheimateten Buriaten war die Insel ein sehr heiliger, schamanistischer Ort. Auch mich interessierte die Insel und der Schamanismus der sich dort entwickelt hatte. Was genau war überhaupt Schamanismus? Eine Art Naturreligion? Was waren die Aufgaben eines Schamanen? Sozusagen Psychologie, Theologie und Medizin in einem Mann versammelt?

Zudem bot sich durch den Ausflug die Gelegenheit etwas mehr vom Baikalsee und der Landschaft drum herum zu sehen.

Dabei wollte die Insel, die sich auf Grund der Größe gar nicht wie eine Insel anfühlen sollte, jedoch erst einmal erreicht werden.

Wir starteten pünktlich um 8 Uhr in einem etwas in die Jahre gekommenen Reisebus direkt vor dem Chara. Das war recht angenehm.
Leider war das Wetter aber weiterhin ein Grau in Grau. Zudem hatte der Regen der Nacht viel Dunst und Nebel hinterlassen und es tröpfelte immer noch ein wenig vor sich hin.

Natürlich hätten wir uns ein besseres Wetter gewünscht. Wir sollten die Sonne jedoch noch sehen an diesem Tag.

Wir fuhren ungefähr eine Stunde über sehr holprige Straßen durch nahezu menschenleeres Gebiet zur Fährstation. So früh am Morgen zeigte uns der See immer wieder seine nebelige und etwas mystische Seite. Eigentlich war der Weg zur Fährstation gar nicht weit, das verriet die Karte, aber wir waren abermals sehr langsam unterwegs. Die Straßen bzw. Feldwege, hatten sich durch den Regen der vergangenen 2 Tage in eine äußerst schlammige Spur verwandelt. Geteerte Straßen sollten wir an diesem Tag nicht sehen.
Ludmila, unsere Reisebegleiterin vom Hotel, die leider fast nur russisch sprach, gab sich während der Fahrt viel Mühe uns zumindest ein paar Brocken ihrer Erklärungen auf englisch mitzuteilen.

Alisa konnte leider nicht mitfahren und eigentlich fanden wir das auch gar nicht weiter tragisch. Sie war zwar nett, aber alles wollten wir auch nicht mit ihr teilen.
Zudem war ein Reiseführer unser Begleiter und auch wenn wir sicherlich ausführlichere Informationen vom Ludmilla erhalten hätten, so waren wir ganz froh nicht immer alles hören zu müssen.

Wir kamen an der Fährstation an und sahen ein winzig kleines Häuschen, das gebaut war um den Witterungen hier zu trotzen. Die Insel lag trotz des Nebels schon deutlich zu erkennen nicht weiter als 1 - 2 Kilometer weit weg. Die Überfahrt würde also nicht lange dauern.
Die Fähre war gerade losgefahren als wir ankamen. Ohnehin mussten wir ein wenig warten bis wir an der Reihe waren, denn erstaunlicherweise warteten hier viele Autos. Mehr als wir erwartet hatten. Wir fragten uns, wo die den plötzlich alle herkamen?

Sicherlich war die Insel Olchon aber auch das Hauptausflugsziel in dieser nördlichen Gegend am See, gerade auch für all die campenden Russen.
Die Wartezeit von ca. 5 Minuten nutzten wir um uns die Landschaft etwas genauer anzusehen.
Wir gingen erstmal Richtung Ufer und sahen, das das Wasser trotz der schlechten Lichtverhältnisse superklar war. Es wirkte bei dem trüben und windigen Wetter allerdings noch kälter, als wir es ohnehin schon in unserer Vorstellung hatten.

Wir sahen zur Insel hinüber und bemerkten das nahezu die gesamte Umgebung dort baum- und strauchlos war. Ein ganz karger Boden war das hier. Auch die umliegenden Buchten des Festlandes waren sehr spärlich bewachsen. Ob das schon immer so gewesen war? Oder sahen wir hier das Ergebnis einer flächendeckenden Rodung? Eher nicht war mein Gefühl.

Wir machten ein paar Fotos von dieser düsteren, dunklen Stimmung und waren froh um unsere Regen- und Softshelljacken die uns etwas wärmten. Das war dann aber auch schon die wärmste Kleidung die wir auf der Reise mit dabei hatten.
Es war wirklich schwierig mit einem Rucksack für jede Wetterlage ausgestattet zu sein und so hofften wir das wir hier am Baikalsee vorerst einen Temperaturtiefpunkt erreicht hatten.

Wir sahen der Fähre zu wie sie sich drehte um auf der Insel anlegen zu können, wie sie schließlich wieder ablegte, sich abermals drehte, und ihren Weg zu unserem Ufer zurück nahm. Wie oft der Kapitän der Fähre sich wohl pro Tag drehen würde mit seinem Gefährt?

Die Fähre war recht klein und so erklärte sich auch die lange Autoschlange und unsere Wartezeit. Viele Fahrzeuge passten nicht hinauf.
Bevor nun auch wir mit unserem Bus übergesetzt werden sollten, gingen wir auf Zuruf von Ludmilla mit dem Rest der Gruppe auf einen kleinen Hügel, nur ein paar Meter von der Straße entfernt.

Ludmila führte uns dort in ein schamanisches Ritual der Buriaten ein. Im Kreis aufgestellt mussten wir alle mit den Fingerspitzen Richtung Himmel zum Element Luft, Richtung Wasser zum Element Wasser (natürlich) und Richtung Boden zum Element Erde schnippen - warum hatten wir aber leider nicht so genau verstanden.
Wahrscheinlich war man für alle Elemente dankbar und alles irgendwie heilig.
Zum Schluss sollten wir noch einen ganz innigen Wunsch gen Himmel schicken. Das hatten wir wieder verstanden und so taten wir wie geheißen.

Nach dem kleinen Ritual gingen wir ein paar Meter auf der Spitze des Hügels entlang. Dort stand auch ein kleiner, lasergravierter, schwarzer Obelisk, der mal wieder einer russischen Heldenverehrung diente.
Die Silhouette des eingravierten Menschen sah jedoch durchaus buriatisch aus. Ludmilla erzählte uns, dass sich der dort eingravierte Buriate mit einem unaussprechlichen Namen, sehr für die Entwicklung und Erschließung dieses abgelegenen Landesteils eingesetzt hatte.
War er nun ein Heilsbringer und Wohltäter für die ärmlich lebenden Menschen hier oder ein Zerstörer unberührter Natur? Das durfte wohl jeder selbst entscheiden.

Ludmilla erklärte uns zudem, wieso der einzige mannshohe und eher gebrechlich aussehende Baum an der Fährstation, voll mit bunten Bändern behangen war. Bei den bunten Stoffbändern

handelte sich um symbolische Wünsche und Sorgen der hier vorbei Reisenden.
Die Gedanken wurden dazu auf ein Band geschrieben, an den Baum gehängt und mit dem Wind in alle Richtungen davon getragen wurden. Es war ein wenig wie bei den bunten, tibetischen Gebetsfahnen. Da der Baum fast ausschließlich aus bunten Stoffbändern bestand, symbolisierte er recht eindrücklich die Unmengen von Wünschen und Sorgen der Menschen.

Solche behangenen Bäume sollten wir auf der Insel dann noch einige sehen.

Schließlich wurden wir zum Bus gerufen und es ging los.
Nach einer kurzen regenfreien, aber durchaus kalten und windigen Überfahrt zur Insel, fing es leider wieder konstant zu regnen an. Wir hatten die Überfahrt außerhalb des Busses verbracht, um trotz der Kälte die Landschaft besser sehen zu können. Die Glasscheiben des Busses waren zu beschlagen um diese einzigartige Welt durch das Fenster wahrnehmen zu können.

Nun folgte ca. eine weitere Stunde Busfahrt durch absolut menschenleeres, karges Land. Ein weiterhin sehr dichter Nebel zog sich von der Straße die Hänge vom Ufer hinauf.
Natürlich waren auch die Straßen auf Olchon nicht asphaltiert und zusammen mit dem Regen blieb es eine richtig schlammige Angelegenheit.

Schließlich erreichten wir den Hauptort Khuzir, der von den ca. 1700 Einwohnern der Insel, ungefähr 1300 Personen beherbergte. Damit stellte er das einzig größere Zentrum von Olchon dar.

Khuzir war ein kleiner, sehr dörflich wirkender Ort. Er bestand aus einer breiten Hauptstraße, welche gerade durch die Ortsmitte verlief, und vielen kleinen Nebenstraßen die davon abzweigten. Durch den sandigen, matschigen Eindruck in dem der gesamte Untergrund war, wirkte alles nicht besonders anziehend.
Die Häuser waren allesamt recht niedrig gebaut und nahezu vollständig aus Holz und mit einem Wellblechdach geschützt.
Sie machten ehrlich gesagt nicht den Eindruck diesem kalten Klima auf Dauer trotzen zu können. Viele Häuser wirkten schlecht isoliert und windschief zusammengenagelt. Auch waren sie wohl kaum für eine größere Familie geeignet.
Kein Haus sah dabei aus wie das Andere und die allermeisten hatten einen hohen Bretterzaun der das Grundstück umschloss. Vor was man sich hier wohl schützen musste? Bären gab es wohl nicht auf der Insel. Oder doch?
Vielleicht diente der Schutz aber auch nur vor dem Nachbarn, ähnlich wie in Deutschland.

Der Busfahrer fuhr als erstes das kleine Inselmuseum an, natürlich auch komplett aus Holz und mit einer Art Schachbrettvertäfelung an den Wänden.

Bevor wir uns der Gruppe beim Museumsbesuch anschlossen, fragten wir Ludmilla und den Busfahrer nach dem nächsten Supermarkt, um unsere Vorräte aufzufüllen.
Zum Glück war ein paar hundert Meter weiter die Schlammstraße hinunter auf gleich ein kleiner Laden.

Hier in dieser Abgeschiedenheit einzukaufen hatte ein ganz besonderes Gefühl. Wir kauften recht viel ein, damit wir nicht mehr auf die zweifelhaft leckere Vollpension vom Chara Resort angewiesen sein würden.
Die Auswahl in dem kleinen Laden, der von einer buriatischen Familie geführt wurde, war jedoch sehr begrenzt.
Hinter der Theke standen auf großen Holzregalen vereinzelt einige Dosenlebensmittel herum, dazu weiches Brot und Kekse.
Die Regale hätten zwar noch viel Platz geboten, aber die Sortimentsfülle war einfach zu gering.
Überall in Russland, egal wie klein der Laden auch war, fanden wir dieses nicht nahrhafte und sättigende Knabberzeugs.
Aßen die Russen das wirklich so gerne? Für uns war das kaum vorstellbar.

Zum Glück gab es noch einen kleinen Verkaufsstand mit Obst und Gemüse bzw. Äpfel, Birnen und Paprika waren vorhanden um genau zu sein. Das war alles. Wir entschieden uns für einige noch frisch aussehende Äpfel, da die im Normalfall länger hielten und gut zum Frühstücksmüsli

passten. Die bereits deutlich gealterten Birnen liessen wir lieber liegen.
Vom Paprika suchten wir uns noch die Beste aus und nahmen Sie ebenfalls mit. Natürlich deckten wir uns wieder mit Instant - Nudeln und dem härtesten und dunkelsten Weichbrot ein, das wir finden konnten.
Billig war der Laden dennoch nicht. Wir waren zwar heilfroh, endlich wieder Haferflocken und frische Milch für unser Müsli zu haben, aber Schnäppchen sahen anders aus.
Da man aber kaum Preise im Supermarkt fand, hätte es auch sein können, dass „touristische" Preise in die Kasse eingegeben wurden und wir es schlicht und ergreifend nicht merkten.

Nachdem wir unseren Einkauf in den vorm Museum wartenden Bus zurück gebracht hatten, suchten wir uns einen Weg um zur Reisegruppe im Museum zu stoßen.
Die Dame vom örtlichen Museum hatte die Tür des Museums hinter der Gruppe verschlossen. Nun war es mit einem großen und dennoch nicht sehr vertrauenswürdigem und in die Jahre gekommenen Sicherheitsschloss, verschlossen.
Hier kamen wir also erstmal nicht hinein.

Wir schlichen auf dem Gelände umher und suchten einen anderen Weg ins Gebäude. Dabei betraten wir das Nebengebäude, was eine spartanisch eingerichtete Schule war wie wir herausfanden, die sehr leer und farblos wirkte.
Einen Weg ins Museum fanden wir hier aber nicht.

Also gingen wir noch mal zur verschlossenen Museumstür zurück.

Mittlerweile warteten noch zwei andere russische Nachzügler vor der Tür und wollten ebenfalls ins Museum.

Plötzlich stand Vitaly unser Busfahrer auch im Vorhof. Als ich an der Tür klopfte und rüttelte um Aufmerksamkeit zu erzeugen, hatte ich mit ihm einen Gehilfen der mir schließlich beim Öffnen der Tür behilflich war.
Und wie gesagt - die deutschen TÜV Bestimmungen für ein Sicherheitsschloss, hätte dieses hier sicherlich nicht erfüllt.

Gemeinsam bekamen wir die Tür auf und die Museumsdame war sichtlich nicht erfreut über unsere Aktion. Zum Glück hatten wir aber Vitaly auf unserer Seite und er schnatterte irgendetwas auf russisch zurück und auf einmal war es auch gut. Die Dame schien überzeugt worden zu sein und ließ uns, sowie die beiden weiteren russischen Nachzügler, noch zu ihrer Führung dazu. Natürlich erst nachdem wir bezahlt hatten.

Im kleinen und sehr vollgestellten Inselmuseum bekamen wir einen kurzen Überblick über das was es hier an Entwicklung gegeben hatte.
Das Museum begann erst mit dem Jahre 1854 und im Zeitraum von 1854 bis 1945 passierte noch dazu nicht sehr viel. Eine einfache Holzhütte war rekonstruiert worden. Sie wirkte wie zu Zeiten des

späten Mittelalters. Die Hütte bot keinerlei Komfort und war lediglich mit dem allernötigsten ausgestattet und natürlich vollkommen aus Holz.
Wie sehr diese Hütte wintertauglich war wussten wir nicht, aber sie konnten wohl sehr kalt werden.

Nach 1945 wurde die Erschließung der Insel durch die Omul - Fischerei gezeigt. Man hatte den Eindruck, dass alleine der Fischreichtum des Sees für eine dauerhafte Besiedlung verantwortlich war.
Die alten Fotos zeigten dutzende Arbeiter, die den Fisch in großen Fabriken zum trocknen oder Räuchern aufhingen. Riesige Fischberge waren in Netzen zu sehen.
Über 14000 Tonnen Omul, gefangen zwischen den Jahren 1960 und 1980, stellten dabei das absolute Produktionsmaximum dar. Seit den 1980 Jahren ging die Fangmenge deutlich zurück. Wohl ein klassisches Anzeichen einer Überfischung, gerade weil sich im kalten Wasser die Fische nur sehr langsam entwickelten und vermehrten, wie wir lernten.

Wir sahen Bilder von den einfachen Boote, mit denen vor 50 Jahren nach dem Omul gejagt wurde. Es waren kleine Holzboote die einen nicht sehr vertrauenserweckenden Eindruck machten.
Das Museum enthielt auch eine maßstabsgetreue Ausgabe eines von den burjatischen Ureinwohnern eingesetzten Kanus. Es war aus einem einzelnen Stück Baumstamm gefertigt.
Über die frühgeschichtlichere burjatische Besiedlung fanden wir leider nichts.

Weiterhin war noch eine etwas fortschrittlichere Hütte zu sehen, die gefühlt in etwa unseren bäuerlichen Hütten zu Beginn der Jahrhundertwende entsprach. Die Häuser waren nicht ganz so groß und noch etwas einfacher und spartanischer.

In einer Vitrine wurden verschiedene Fische und Krebse, die alle im See lebten, ausgestellt. Darunter waren sogar Seesterne, bei denen wir uns fragten wie die wohl in dem kalten See leben würden können. Bei Seesternen dachten wir bislang eher an warmes Wasser.
Leider stand alles wieder einmal nur in russisch an den Erklärungstafeln, so dass wir mit unseren Fragen alleine blieben.

Eine weitere Vitrine zeigte Geld aus aller Welt. Hier sahen wir neben ein paar russischen Scheinen mit dem Konterfei von Lenin, sogar alte deutsche Reichsmark.
Wie würden die wohl hierher gekommen sein?
Für uns war das ein Anzeichen für die Anwesenheit deutscher Aussiedler oder sogar, dass deutsche Zwangsarbeiter hier gewesen sein mussten?
Leider blieb auch diese Frage unbeantwortet.
An einer Wand sahen wir schließlich relativ aktuelle Werbung mit Fotoaufnahmen vom Besuch einer Bremer Volkstumsgruppe, hier am Baikalsee.
Ein wenig wirkte die Gruppe wie der leibhaftige Besuch der Bremer Stadtmusikanten. Faszinierend wo unsere Landsleute überall so hinkamen und deutsche Kultur vermittelten.

Nach dem ungefähr einstündigen Museumsbesuch fuhren wir weiter.
Die nächste Station war ein ordentlich geführter und schick aussehender Souvenirladen der, wie überall sonst auch auf der Welt, am Ende eines Museumsbesuches die Besucher zum Konsum einladen sollte.
Nur das dieser Laden hier nicht direkt ans Museum gebaut worden war, sondern wir extra dorthin gefahren wurden. Ein Museumsladen war also auch in Russland mittlerweile en vogue. Auch in diesem Punkt schien sich Russland mittlerweile nicht mehr vom Westen zu unterscheiden. Oder war dieses Konzept der Museumsvermarktung gar russisch? Wir glaubten das eher nicht.

In dem Laden wurden wir auf einen ganz besonderen Stein aufmerksam gemacht, dessen Namen wir leider vergasen. Er hatte eine helllila Farbe und wurde äußerst kunstvoll zu Schmuck verarbeitet. Angeblich war diese Gesteinsart auch nur hier in der Baikalregion zu finden.
Das hätte durchaus wahr so sein können, da wir so eine Farbe noch nicht zuvor gesehen hatten und überall auf der Welt ein bestimmtes, wertvolles Gestein vorkam, wie wir aus dem Uralmuseum in Jekaterinburg noch wussten.
Wir blieben skeptisch, auch wenn der Stein sehr schön gewesen wäre. Zudem wäre das Ganze wieder einmal budgetsprengend gewesen. Wir entschieden uns eine Meditation - DVD vom Baikalsee zu kaufen, die mit traditioneller

buriatischer Musik hinterlegt war. Auch das war eine Erinnerung die uns gefiel.

Nach dem Souvenirladen ging es zurück zur Hauptstraße und wir suchten zur Mittagszeit einen Fischstand auf.
Bereits vor unserem Besuch am Baikalsee hatten wir im Fernsehen eine Reportage über den Omul gesehen und jetzt einen essen zu können, war etwas ganz besonderes.

Wir kauften uns drei Omul, leicht geräuchert und noch leicht warm. Sie dufteten lecker und sahen sehr gut aus. In einem kleinen Aufenthaltsraum, gleich neben dem Verkaufsstand, ließen wir uns zwei von den dreien schmecken. Einen nahmen wir uns für morgen mit.
Beim Essen saßen zwei Lehrerinnen aus Wladiwostok mit an unserem Tisch. Eine davon, die Kunstlehrerin, war sehr interessiert an uns beiden und stellte recht viele offene Fragen.
Leider konnten aber beide nicht wirklich englisch sprechen, was uns bei Lehrern doch sehr verwunderte. Für Pädagogen dachten wir gilt die Sprachhürde in Russland nicht.

Nach dieser Stärkung ging es mit der Gruppe weiter zum heiligen Schamanenfelsen von Olchon, dem eigentlichen Ziel des Ausflugs. Dieser Felsen galt als einer von den fünf heiligsten, schamanischen Orten für die Buriaten. Er stellte sozusagen die Hauptattraktion der Insel dar.

Der Fels hob sich in einer langgezogenen u-förmigen Bucht steil aus dem See empor. Zusammen mit der Umgebung sah er aus wie die Rückenflosse eines sehr großen Fisches der kurz vor der Bucht gerade untertauchte.
Zu Beginn sollten wir den Felsen aber nur erahnen können.
Wie es der Zufall nämlich so wollte, sollte genau an diesem schamanischen Felsen etwas seltsames, fast mystisches, geschehen.

Der ganze Ausflugstag war ja bislang wie beschrieben äußerst grau und regnerisch gewesen. Der Nebel hing weiter sehr tief in den Tälern und Buchten der Insel und zog sich wie ein dichtes Band um die Steilhänge.

Nach unserem Museumsbesuch und dem Ausweichen der Schlammpfützen beim umhergehen in Khuzir, wurde der Regen zwar etwas leichter, jedoch war es immer noch recht windig und ungemütlich.
Auch in dem Moment in dem wir das erste Mal vor dem Felsen standen, konnten wir ihn kaum erkennen, so nebelverhangen wie er war.

Bevor wir uns nun für 2 Stunden frei auf dem Gelände bewegen durften, bestand Ludmilla auf einer Wiese am Steilhang darauf, mit uns ein zweites burijatisches Ritual zu voll ziehen.
Sie sprach ausführlich zu den russischen Touristen, um uns anschließend ebenfalls kurz den Zweck des Rituals zu erklären.

Es ging darum „great, big wishes" zum „Skyoffice" zu senden und wir tanzten den „i love money - money loves me" - Tanz indem wir, ähnlich wie Cheerleader, uns an den Händen fassten und in der Mitte zusammen liefen.

War das nun ein Ritual der Schamanen oder eine Hymne auf den Kapitalismus? Wir wussten es nicht genau und auch wenn das Ganze ein wenig albern und fragwürdig war, dieses Ritual blieb uns in Erinnerung.

Als dann die freie Verfügungszeit anbrach und alle anderen Touristen aus unserer Gruppe sich auf den Weg zum Felsen machten, blieben wir noch ein wenig auf der Aussichtsplattform. Wir bemerkten, dass es von Minute zu Minute mehr aufklarte.

Der Nebel wurde durch die hervortretende Sonne immer mehr aufgelöst und musste den Rückzug antreten.

Innerhalb der nächsten 15 Minuten verfolgten wir nun ein Naturschauspiel das fast ein wenig so anmutete, als wie wenn eine höhere Instanz von oben auf die von Nebel und Wolken verhangene Welt blickt, und plötzlich den Blick frei macht, weil sich der Dunst nach seinem Wunsche verziehen sollte.

Von Moment zu Moment wurde es nun spürbar sonniger und wärmer und wir machten unendlich viele Fotos von der vor uns ablaufenden Zeremonie. Am Schluss hatten wir in jedem Nebelstadium Fotos von diesem Felsen.

Anfangs konnten wir nur den Gipfel des Schamanenfels in einem Nebelmeer fotografieren.

Mit der Zeit wurde der Felsen größer, Boote tauchten in der Bucht auf, bis schließlich auch die enge Landzunge am Wasser, vom Dunst freigegeben wurde.
Zu Beginn sahen wir diese Landverbindung des Schamanenfelsens mit dem Festland noch gar nicht. Dies war ein wirklich erhabener Moment gewesen, der auch unsere Stimmung enorm beflügelte.
In der Sonne wurde es uns gar schließlich so warm, dass wir die Jacken zum ersten Mal auszogen und an der Steilküste entlang zum Felsen gingen.

Kurz bevor die Küste steil zu der Landzunge zum Felsen hinabfiel, waren auf einem Plateau noch große Holzpfähle aufgestellt.
Sie waren ähnlich wie die Bäume hier äußerst bunt mit Schals behangen. Das Ganze erinnerte ein wenig an eine Reihe von alten indianischen Marterpfahlen, die mit bunten tibetischen Gebetsfahnen geschmückt waren.
Es sollte jedoch ein andächtiger Platz der Einkehr sein und viele Leute gingen langsam und in Gedanken versunken umher und manche betten hier sogar, bevor sie zum Fels hinabstiegen.

Wir setzten uns auf einen Stein, genossen den Ausblick auf die Bucht und beobachteten die umherlaufenden Menschen. Nach dieser kleinen Rast gingen wir zur einem Wiesenfeld voller Steine, welches gleich in der Nähe lag. Wir sahen, dass die Wiese mit den verschiedensten Symbolen und Buchstaben aus den umherliegenden Steinen beschrieben worden war.

Auch wir hinterließen hier etwas selbst gelegtes, einfach weil wir Lust darauf hatten. Von hier eröffnete sich der Blick auf den langen dünenartigen Sandstrand von Olchon, der dem Schamanenfelsen im Küstenverlauf folgte.
Neben dem Felsen war der Strand die weitere Berühmtheit der Insel. Solch einen im großen Abstand mit Bäumen bewachsenen Sandstrand hatten wir zuvor auch noch nicht gesehen. Der Strand sah sehr gemütlich aus und am liebsten wären wir gleich dort geblieben.
Es lagen einige Menschen am Strand, jedoch sah man auch hier keinen einzigen im Schwimmen. Das Wasser war einfach zu kalt!

Bevor die zwei Stunden um waren, marschierten wir noch zum Felsen hinunter. Wir sammelten ein paar Steine aus der Bucht und kühlten uns die Füße in dem eiskalten Wasser.
Es war schön hier und wir hätten uns gewünscht etwas länger bleiben zu können. Auch 2 - 3 ganze Tage auf Olchon hätten uns sehr gut gefallen. Eigentlich war das ja auch unser Plan gewesen, jedoch fanden wir keine buchbare Unterkunft mehr im Vorfeld. Das einzige Hostel der Insel war bereits seit Langem ausgebucht.

Auf dem Weg zurück zum Sammelpunkt hatten wir noch Kontakt mit einem kleinen russischen Mädchen. Sie war schon im Bus vor uns gesessen und hatte mit der Zeit großes Interesse an uns beiden entwickelt. Immer wieder wurden wir von ihr etwas verstohlen und doch penetrant beobachtet. Schließlich ärgerten wir sie, indem wir ihr Grimassen hinwarfen. Ihr Interesse stieg dadurch nur und so sollte sie uns mit ihrer schelmischen Art den ganzen Tag über begleiten.

Wir vertraten uns noch ein wenig die Beine bevor die holprige Rückfahrt starten würde und bewunderten die hier überall umherstehenden Kühe, bis wir schließlich zwei deutsche Campervans mit eindeutiger Aufschrift sahen.
Beide hatten ein Berliner Kennzeichen, aber leider war bei beiden keiner da mit dem wir hätten sprechen können. Zwei Campingvans aus Deutschland waren hier auf Olchon jedoch schon Sensation genug.
Von Deutschland hierher zu fahren - das beeindruckte!
Wir hatten die vielen Kilometer ja mit Flugzeug und Zug zurück gelegt und gerade durch die Erfahrung mit der Eisenbahn wussten wir von den Dimensionen dieses Landes.
Auch einige Straßenverhältnisse außerhalb der Städte kannten wir mittlerweile schon recht gut. Bis hierher selbst zu fahren bedeutete viele Tage holpriges vorankommen.
Zudem hätte unser 30 Tage Visum dazu sicherlich nicht aus gereicht. Ein solcher Trip mit dem eigenen Campervan durch nahezu ganz Sibirien zu fahren, stellte noch mal ein ganz anderes Abenteuer dar.
Es war bestimmt viel intensiver und faszinierender als wie mit der Eisenbahn hierher zu kommen.

Aber sicherlich auch mit ganz anderen Schwierigkeiten und Erlebnissen einhergegangen.

Wir fuhren an den Dörfern ja nur vorbei, aber mit dem Auto musst du hindurch fahren, suchst nach Tankstellen, Orientierung und Lebensmitteln. Und wie würden wohl die Plätze ausgesehen haben an denen sie gecampt hatten?
Man musste sicherlich etliche Stops einplanen bis hierher. Dabei hat man die Möglichkeit noch mal ganz anders mit den Menschen ins Gespräch zu kommen.
Wie ein solch großer Camper überhaupt diese „Straßen" bis nach Olchon schafft, war uns sowieso ein Rätsel. Mit unserem Auto hätten wir das sicherlich nicht gepackt, bzw. wie John aus Irkutsk sinngemäß erzählte: „Ein BMW nur in Stadt mit Werkstatt gut, in Prärie schlecht!"

Irgendwann wurden wir endgültig von Ludmilla eingesammelt und nach dem Abzählen ging es auf den Nachhauseweg.
Wir fuhren zurück zur Fährstation und das Wetter begann sich wieder konstant zu verschlechtern.
Es war schon etwas Besonderes gewesen, dass wir gerade am Felsen, die besten 2 Stunden des Tages erleben durften. Als wie wenn unsere weite Anreise belohnt werden sollte.
Die Autoschlange die dieses Mal an der Fährstation auf uns wartete, war viel länger als bei der Hinfahrt am Morgen. Wir nutzten die Zeit für ein paar Landschaftsaufnahmen von dieser baumlosen Gegend und den Gang zur Toilette.

Martina kam dieses mal regelrecht traumatisiert zurück und sprach bis zum Ende der Reise vom ekeligsten Plumpsklo der Welt, was sie hier auf Olchon an der besagten Fährstation gesehen hatte.
Auch die Männerecke war schrecklich, jedoch toppten die Frauen das noch. Und es sei gleich vorweg gesagt, dass wir noch viele schreckliche Toiletten auf unseren Reisen sahen, gerade in China, Nepal und Indien.
Martina rannte diesmal förmlich aus der Toilette und war erst mal voller Ekel die nächsten Minuten. Danach allerdings schien sie viel abgehärteter im Nehmen der Plumpsklos im Chara Resort.

Zurück auf dem Festland machte der Bus auf der Heimfahrt noch einen Halt bei einer Robbenshow.
In drei kleinen, weißen und rundlichen Jurten wurden hier die Robben in kleinen Becken gehalten. Wir verweigerten nach Martinas Intervention die Show, auch wenn wir hier die kleinen Baikalrobben, die Nerpas, gesehen hätten.
Zum einen wollte aber keiner von uns beiden dafür Extra Eintritt zahlen und zum anderen waren die Robben in einer Art Whirlpoolgröße untergebracht, so das man von tierfreundlicher Haltung wirklich nicht sprechen konnte.
Wir wussten ja wie die Robben hier aussahen, da wir schon viele Bilder von ihnen gesehen hatten.
Auch im Museum hangen einige Bilder von der Robbenjagd.
Martina fanden unsere Entscheidung nur konsequent, denn genau wie wir in Deutschland

nicht ins Nürnberger Delfinarium gehen, so gingen wir hier auch nicht zur Robben - Ausstellung.

Während die Gruppe in die Jurten verschwand gesellte sich Vitaly, der Busfahrer, zu unserem Sitzplatz und verwickelte uns in ein Gespräch. Es war schon bezeichnend wie oft man als Tourist doch unfreiwillig in ein Gespräch verwickelt wurde.
Er erzählte, dass er eine 8 jährige Tochter hat und die Sommermonate mit den Touristen ganz viel hier auf Olchon und um den See mit seinem Bus umher fährt.
Eigentlich lebt die Familie in Irkutsk und er wohnt nur während der touristischen Hochsaison in Karma, einem Ort indem anscheinend viele Angestellte wohnten.
Natürlich wollte er aber auch von uns etwas wissen. Er fragte uns wieder einmal nach dem Verdienst in Deutschland und wir gaben wieder etwas Bescheiden Auskunft.
Er erzählte, dass er je nach Monat zwischen 10000 Rubel (ca. 250€) und 70000 Rubel (ca. 1850€) verdiene. Das war ganz schön viel für einen Arbeitsplatz auf Olchon und allgemein am Baikalsee dachten wir uns.
Er betonte jedoch das sein Jahresgehalt insgesamt deutlich niedriger liege. Er müsse von den wenigen guten Monaten durch das ganze Jahr kommen.
Uns wurde dadurch klar, wie schwer es wohl war hier in der Gegend einen guten Arbeitsplatz zu finden, der nicht hunderte von Kilometer weit weg war.

Nach diesem Gespräch mit Vitaly kam auch schon die Gruppe zurück und weiter ging die Heimreise. Ziemlich müde und mit Eindrücken gesättigt kamen wir in unserem Zimmer an.
Wir waren froh die Insel gesehen zu haben und freuten uns nun auf den entspannenden morgigen Tag.

<u>Der faule Freitag</u>
Am Freitag war Entspannung angesagt. Bewusst nichts zu tun hieß mal wieder die Devise.
Schön daran war, dass es ein heißer Tag wurde und wir uns am See entspannen konnten. Am Morgen lernte ich jedoch zuvor Juri beim öffentlichen waschen unter einer großen Kiefer am dort aufgehängten Waschbecken kennen.
Dieser Gang zum „Gemeinschaftsbad unter freiem Himmel" war allmorgendlich derselbe, da die Zimmer ja keinerlei sanitäre Ecken hatten. Wir kamen miteinander ins Gespräch und da er nett zu sein schien und wir etwa im gleichen Alter waren, machte ich mit ihm ein gemeinsames Mittagessen aus.
Freundlich wie er war, half er uns beim Essen schließlich gleich noch die Speisekarte zu übersetzen. Später gingen wir am Nachmittag noch gemeinsam zum See und er sollte auch der Grund sein, warum ich doch noch im Baikal schwamm.

Juri war ein 29 jähriger Banker aus Moskau wie er erzählte, der nach nicht allzu langer Zeit auch in meine zielstrebig angebahnte Diskussion über den Kapitalismus und den Kommunismus einstieg. Auch ihn schien dieses Thema zu interessieren.

Im Gespräch meinte er, dass Russland in vielen Belangen sicherlich noch Entwicklungsbedarf habe, keine Frage.

Er betonte jedoch auch, dass das Land schon sehr viel in wirtschaftlichen Fragen dazu gelernt habe seit der GUS Krise.

Auch den Kapitalismus haben die Russen übernommen entgegnete ich ihm, aber ob das so nachahmenswert sei, stellte ich in Frage.

Der Kapitalismus sei für ihn doch das einzig Wahre und funktionierende System auf der Welt. Was hätte sonst solch ein Entwicklungspotenzial wie das Konkurrenzdenken?

Jegliche weitere Kritik unsererseits an dem System, beispielsweise das Geld zur wahren Geißel der Menschen geworden sei mit einem sprunghaften Anstieg von z.B. psychischen Erkrankungen in der ach so modernen, westlichen Gesellschaft, wollte von ihm nicht wirklich verstanden werden. Ebenso dass ein fortwährendes Wachstum bei endlichen Ressourcen schon alleine logisch nicht funktionieren kann.

Er befand sich klar in einer Aufbruchstimmung. Juri liebte das „höher, schneller, weiter" und sah vor allem die Möglichkeiten die sich ihm und seinem Land durch die Öffnung der Wirtschaft boten. Über Gefahren des ausufernden, zerstörenden Kapitalismus wollte er nichts hören.

Wir dachten uns, dass vielleicht gerade die Russen nichts von endlichen Ressourcen hören wollten.

Schließlich leben sie in einem riesigen und dünn besiedelten Land. Wenn Russen aus der Stadt fuhren sahen sie eigentlich nur noch grün. Und da war vieles noch sehr Grün im ganzen Land.
Was machte da schon eine „lokale Umweltsünde" mit tropfenden Pipelines beim Öl- oder Gasabbau? Wieso Klimaziele und die Diskussion über Aufforstung weltweit führen, wo doch noch so viele Millionen Bäume in Sibirien herum stehen? So viele (noch) klare Bäche fließen.
Die Umwelt war doch in Russland vielerorts noch intakt und das bisschen Verschmutzung durch die Wirtschaft - was macht das schon? Viel wichtiger war es doch, dass es den Menschen gut ging, sie alle Strom und Autos hatten. Arbeit und ein Haus, das war wichtig. Wer da immer nur pessimistisch an die Zukunft denkt, vergisst das Leben im Hier und Jetzt?

Ja - man konnte so denken.

Aber gerade junge Menschen, die in der Informationswelt mittels Internet aufgewachsen waren, und das konnte man auch von jungen Russen und gerade wohl von jungen Moskauern behaupten, sollten doch auch die Globalisierung nicht nur einseitig wirtschaftlich und kapitalistisch betrachten.
Jeder Schornstein, egal ob er in Brasilien oder auf Kamtschutka steht, belastet die gleiche Luft und das gleiche Wasser. Wir teilen mit allen Menschen. Das verstand man wohl noch besser, wenn man sich aufmachte diese eine Welt zu erleben.

Nun ja - wir merkten jedenfalls das in Russland eine grüne, oder sagen wir besser, nachhaltige Bewegung wohl erst noch im entstehen war. Es gab im Zeitraum unserer Reise ja auch keine grüne Partei die im Parlament saß.
Auch im für uns so undemokratischen Russland saßen mehrere Parteien im Parlament wie ins damals Viktor schon erzählt hatte. Es gab eine Opposition - zumindest auf dem Papier. Eine grüne Partei allerdings fehlte im Land.

Um das erhitzende Gespräch abzukühlen ging ich mit Juri schließlich noch gemeinsam schwimmen im Baikalsee. „Wenn nicht heute, wann dann?", war die Devise.
Martina packte es auch heute nicht. Ihr war es viel zu kalt und auch ich musste mich ganz schön überwinden.
Beim hineingehen dachte dich an die verrückten Russen, die sich extra Löcher bohrten um mitten im Winter im Eis schwimmen zu können. Ich hoffte der Gedanke würde mich etwas wärmen. Dem war allerdings nicht so.
Nach ganzen 90 Sekunden im eiskalten Wasser, schwamm ich schnell und bibbernd zurück zum Festland und legte mich wärmesuchend zu Martina unters Handtuch.

Die Wanderung ins Sarma Valley

Am Samstag, unserem letzten ganzen Tag am und um den See, entschlossen wir uns zu einer kleinen Abschlusswanderung. Noch einmal galt es die einzigartige Natur hier aufzusaugen und auf uns wirken zu lassen.

Unser Ziel sollte das „Sarma Valley" sein, welches nah am Ort Sarma lag, durch den das Bächlein Sarma floss.

Hier war einfach alles Sarma wie wir erfuhren, vielleicht sogar auch die Menschen.

Diese identischen Namen für Täler, Dörfer, Flüsse und einfach alles, machte es uns nicht unbedingt einfacher. Was war jetzt mit der Wegbeschreibung zu „Sarma" gemeint? Der Fluß? Das Dorf? Die Straße?

Im Grunde war es uns dann auch schnell egal. Wir hatten ein Dorf das uns interessierte bereits bei unserer ersten Wanderung auf den Mount Eagle gesehen. Und dorthin sollte die Wanderung nun gehen. Uns interessierte, wie die Menschen hier lebten die nicht als Touristen hierher gekommen waren.

Diesmal gingen wir direkt am Seeufer entlang. Wir wussten das dieser Weg uns ins besagte Dorf führte. An steilen Küsten schlängelte sich ein Trampelpfad ein weiteres mal an inoffiziellen Campinplätzen vorbei. Wir waren erneut begeistert von der schroffen, felsigen Landschaft direkt am Ufer und dem Blick auf den See. Immer wieder blieben wir zwischendurch ganz aufgeregt stehen und machten Fotos. Es war eine ganz besondere Mixtur aus Sand

und Stein. Einige Felsschichten schienen von weit unten wie von einer mystischen Kraft, steil nach oben an die Oberfläche gedrückt worden zu sein.
Alles hier war so mystisch und wie aus einer Sagenwelt entsprungen. Auch die Insel Olchon war an Mystik kaum zu überbieten gewesen.
Nahezu synchron ragten auch hier die unterschiedlichen Gesteinsschichten aus dem Boden.

Bevor wir nach einer guten Stunde ins Dorf kamen, liefen wir über eine großangelegte Wiese auf etwas seltsam umzäuntes zu. Es war ein kleiner Friedhof. Er bestand aus vielleicht 20 Gräbern und die Grabsteine standen nur zum Teil senkrecht. Oftmals waren sie auch als eine Art Deckel darauf gelegt worden.
Jedes Grab war vor einem eigenen kleinen Metallzaun umzäunt und wir konnten uns das nur mit dem Schutz der Gräber vor grabenden Tieren erklären. Aber welche Tiere räumen wohl Gräber aus? Vielleicht der Bär? Gab es hier überhaupt Bären? Oder waren es doch irgendwelche verwilderten, frei laufenden Hunde?
Da die Gräber nicht in den Boden eingearbeitet waren, wirkte es als wie wenn die Toten hier auf die Erde gelegt wurden und dann mit einer Art steinernem Sarkophag umschlossen wurden. Vielleicht war der Boden insgesamt zu steinig oder zu fest gefroren im Winter?
Ein Blick auf die Inschriften der Gräber genügte und wir sahen, dass die Menschen alle nicht recht alt geworden waren. Sie waren alle in unserem

Jahrhundert gestorben. Das Dorf konnte wohl noch nicht all zu lange bestehen.
Wir liefen an einem nackten Rinderschädel und weiteren Tierknochen, die umherlagen wie im wilden Westen, vorbei ins Dorf hinein. Sarma war direkt an der vom Berg aus gesehenen Schotterstraße gelegen und wirklich sehr klein.

Unser erstes Ziel war die Suche nach einem „Magazin", einem Supermarkt. Tatsächlich hatten wir sogar das Glück und fanden einen. Es gab selbst hier einen kleinen Laden an dem man etwas Obst und Gemüse und sogar Eis kaufen konnte.
Eis gab es wirklich überall zu kaufen. Das sollten wir auf unserer weiteren Reise immer wieder feststellen. Egal wie kalt und arm ein Land auch war, Eis gab es überall. Genau so wie es das Internet überall gab.

Wir gönnten uns sogleich ein Eis und schauten uns die massiven Vollholzhäuser an. Zum Teil waren die Häuser in einer Art finnischen Blockhaus Stil noch aus ganzen Baumstämmen erbaut.
Gerade die älteren Häuser wirkten jedoch noch sehr einfach, klein und improvisiert.
Diejenigen, die das Geschäft betrieben, hatten ein etwas größeres, gemauertes Haus und manche Häuser hatten sogar einen gemauerten Zaun.
Es wirkte seltsam hier in dieser menschenleeren Gegend gemauerte Zäune zu sehen. Vielleicht gab es ja wirklich wilde Tiere? Die Gräber, die Tierknochen und jetzt die Zäune - all das musste doch einen Grund haben.

Im Dorf, mit unserem Eis in der Hand, kreuzten schließlich ein paar Jugendliche unseren Weg. Verstohlen schauten sie zum Boden, als sie an uns vorbei gingen. Fremde zu grüßen, oder gar wildfremden ein freundliches Lächeln zu schenken, war hier wohl nicht üblich.
Nur ein kleines Mädchen sah uns im Geheimen genauer an und warf für Sekunden einen neugierigen Blick auf uns.
Nachdem wir an dem Bächlein Sarma im gleichnamigen Ort unser Eis gegessen hatten, gingen wir ein wenig am Bach entlang. Flussabwärts kamen wir an einer Waschstelle der Frauen im Bach vorbei. Ein flacher, großer Stein, der entweder absichtlich in den Bach gelegt wurde, oder schon immer dagelegen war, diente als Zugang zum eiskalten Wasser. Es war ein wenig wie bei einer Zeitreise in ein vergangenes Jahrhundert.
Der kleine Bach hatte im Laufe der Jahrmillionen eine Tiefe Schneise in das dem See umgebende Hügel- und Bergmassiv gegraben. Dieses Tal war unser neues Ziel.
Wie vor einem hohen Dreieck mit der Spitze nach unten standen wir nun vor dem Valley und gingen weiter darauf zu.
Die Pflanzenwelt war hier erneut ganz anders, als wie auf unserem sonstigen, steinigen und ausgetrockneten Weg.
In Bachnähe wuchsen viele Laubbäume, der Boden war mit Gras und Blumen bedeckt und es gab leider sehr, sehr viele Stechmücken.
Bedingt durch deren stechen machten wir nur eine kurze Pause, ehe wir dem Fluß weiter Richtung

Berg folgten. Erstaunlich war das Beengte in dem Tal.
Zusammen mit dem Grünstreifen am Fluß war hier eine ganze andere Natur entstanden.
Nur ca. 10 m auf jeder Seite des Flusses gab es eine grüne Vegetation. Nach fast 3 Stunden Hinweg wählten wir, erschöpft von der Hitze, jedoch nun den Rückweg. Wir hatten die Wegstrecke bei unserem Blick vom Berg doch ordentlich unterschätzt.
Über das Dorf und die Schotterstraße gingen wir schließlich den schnellsten und weiterhin schweißtreibenden Weg nach Hause.

Am letzten Abend gingen wir noch Mal mit Juri essen. Er würde insgesamt 2 Wochen hier bleiben und er wollte ebenfalls noch die Gegend erwandern.
Zum Essen bestellte ich diesmal eine Art Kartoffelpuffer. Auch nach Juris Englischübersetzung war es mir nicht so ganz klar was das sein sollte. Der Name klang jedenfalls interessant.
Der Geschmack war dann auch ganz okay, eher aber durchschnittlich. Noch einmal müsste es nicht sein und satt wurde ich leider nicht.

In der Nacht von Irkutsk nach Ulan Ude
Unsere Zeit am Baikalsee war schon vorbei und wieder einmal verging eine Woche wie im Flug. Zu diesen wehmütigen Gedanken an dieses besondere Naturerlebnis, gesellte sich jedoch auch ein wenig Erleichterung.
Die gemeinsame Zeit mit dem scheußlichsten Plumpsklo, welches wir auf der gesamten Reise je sehen sollten, war damit auch vorbei.
Nach dem wir an einem Sonntag vormittag zusammengepackt hatten, fuhr gegen Mittag ein Minibus zurück nach Irkutsk. Wieder stand uns die holprige, langwierige und magenverstimmende Fahrt bevor.
Erst kurz vor 20 Uhr und nach abermals fast 6 Stunden Fahrt, kamen wir am Busbahnhof in Irkutsk an. Mit unserem schwerem Gepäck führte unser erster Weg direkt zu Subways für ein Sandwich. Es war einfach unschlagbar nahe gelegen.
Anschließend gingen wir die geschätzten 800m zum Bahnhof. Mit über 20 Kilo auf den Schultern war ca. 1 Kilometer eine weite Strecke. Dementsprechend verschwitzt kamen wir am Bahnhof an.
Zeitlich hatten wir gut geplant und so fuhr unser Zug noch am selben Abend weiter. Wir wollten nicht noch mal eine Nacht in Irkutsk bleiben. Die Tage waren nun zu kostbar, da wir in 5 Tagen außer Landes sein mussten und noch immer nicht genau wussten, wie es in Ulan Ude weitergehen würde. Auch wenn wir der mongolischen Grenze

dort schon sehr nahe waren, irgendwie mussten wir die letzten 250 Kilometer auch noch schaffen.

Der Zug kam gegen 21 Uhr in Irkutsk an und sollte Ulan Ude morgens um 6 Uhr erreichen. Die 10 Stunden Fahrt kamen uns schon fast zu kurz vor. Wir würden erneut früh aufstehen müssen. Wieder einmal führten wir den Ortswechsel über Nacht durch. Das Reisen über Nacht gewann dieses mal leider nicht an Attraktivität, denn die Panoramastrecke an der die Gleise direkt am Baikalsee entlang verliefen, würden wir mitten in der Nacht passieren.

Wie es in Ulan Ude weiter gehen sollte war eine spannende Frage. Auf Grund der ausverkauften Zugtickets in die Mongolei, kamen wir leider nicht direkt in die Hauptstadt Ulan Bator.

Zum Glück hatten wir einen zeitlichen Puffer für etwaige Reiseverzögerungen eingeplant. Diese Voraussicht lernten wir jetzt sehr zu schätzen. Der Respekt vor den Russen und dem bestimmt nicht nur gefühlten autoritären Regime, war auch nach über 3 Wochen im Land, immer noch sehr präsent.

Es wäre bestimmt nicht angenehm, wenn man gegen russische Visa Regeln verstoßen würde.

So saßen wir ein wenig aufgeregt und wohl zum letzten Mal in unserem Leben in dem kleinen, schönen Bahnhofsgebäude von Irkutsk. Wir saßen auf den letzten beiden freien Plätzen in der überschaubaren Wartehalle. Neben uns hatten zwei deutlich asiatisch aussehende Russen Platz genommen.

Ich kam mit den zwei älteren Herren schließlich durch das Rauchen in Kontakt und schenkte Ihnen

eine selbst gedrehte Zigarette, nachdem sie mich so fasziniert beim Drehen beobachtet hatten. In Russland zog man durch das selber Drehen noch eine Menge Aufmerksamkeit auf sich. Das fiel mir schon des Öfteren auf.
Alle rauchen hier die relativ billigen Fertigzigaretten und dabei am liebsten die amerikanischen Marlboro. Das fand ich sehr bezeichnend, dass gerade diese amerikanische Zigarettenmarke bei den Russen so hoch im Kurs stand.

Wie sich herausstellte kamen die beiden aus Usbekistan und auch wenn keiner die Sprache des Anderen sprach, war ein einfacher Austausch doch wieder einmal möglich.
Eine von beiden erzählte schließlich in englischen 1 - Wort Sätzen, dass er mit der Armee schon mal in Deutschland gewesen sei. Es sei ein gutes Land. Nachdem wir erzählten was unsere nächsten Ziele waren, warf sein Begleiter daraufhin ein, dass er mit der Armee schon mal in China gewesen sei.
Das passte irgendwie ganz gut zu den Informationen aus dem Reiseführer. Die Armee sollte schließlich der größte Arbeitgeber im Land sein. Viele Russen erzählten im Gespräch von einer Zeit in der Armee und meist war das auch die Zeit gewesen, in der die Leute etwas rumkamen.
An zweiter Stelle der größten Arbeitgeber im Lande war übrigens die staatliche Eisenbahngesellschaft, mit ganzen 1,5 Millionen Beschäftigten.

Nach fast einer Stunde warten, kam endlich der Zug eingefahren. Immer wieder war es spannend einen Zug zu betreten. Hoffentlich wars der Richtige schoß einem durch den Kopf.
Und erstaunlich auch, dass trotz der riesigen Distanzen die Züge bis auf ein paar Minuten immer pünktlich waren.

Im Zug hatten wir ein weiteres Mal die beiden oberen Liegen in einem „54er all open" Wagon. Es waren eben die billigsten Plätze. Leider wurde die Nacht aber keineswegs so erholend wie erhofft. Es war sehr heiß als wir einstigen. Der Zug hatte sich tagsüber gut aufgeheizt und so schwitzte ich extrem in dieser Nacht.
Martina hingegen lag genau unter der Klimaanlage und fror sogar. Was für eine verquerte Welt das war.

Vielleicht war mein Schlaf aber auch deshalb so unruhig, weil ich als vorausplanender Mensch es gerne habe, zu wissen wies weiter geht?
Auch wenn vieles bislang sehr gut geklappt hatte in den ersten Wochen und wir dadurch an Selbstbewusstsein gewonnen hatten, so waren derartige Komplikationen in der Reiseplanung immer verunsichernd.

Ich konnte lange nicht einschlafen und als ich Musik hörte und in die Dunkelheit hinausblickte, sah ich sogar den See ein wenig. Ein klein wirkender, beleuchteter Ort war zu erkennen, der sich an der Küste des Sees und entlang der Gleise, dahin schlängelte.

Auch der Mond schien hell in dieser Nacht und half mir ein wenig im Erkennen.
Es war ein schönes, beruhigendes Bild im rhythmisch, vibrierenden Zug. Irgendwann schlief ich ein.
Das wir genau diesen Transsib Abschnitt während der Nacht absolvierten, war schon etwas Schade.
Hätten wir nur schon in Sankt Petersburg alle Zugtickets gekauft…

Ulan Ude - die Stadt mit dem größten Leninkopf der Welt *(29.7.2013 - 30.7.2013)*

Ulan Ude war unsere letzte größere Stadt, die wir vor der mongolischen Grenze besuchten.

Die Stadt galt als ein Drehkreuz für die transsibirische bzw. transmongolische Eisenbahnstrecke.

Während die transsibirische Strecke von hier wieder etwas Richtung Norden und dann nur noch nach Osten bis Wladiwostok am Pazifik verläuft, zweigt die transmongolische Strecke hier nach Süden Richtung Mongolei ab.

Eigentlich wäre die transmongolische Strecke nach Ulan Bator, unser Ziel gewesen. Die Züge waren jedoch voll und so hielten wir nun als erstes nach den uns oftmals beschriebenem Busverkehr Richtung Mongolei Ausschau.

Wir erreichten Ulan Ude ziemlich knülle und müde, aber pünktlich um 6.30 Uhr morgens.

Von Moskau aus waren es bis hierhin 5609 Kilometer die wir mit dem Zug zurück gelegt hatten.

Bis nach Wladiwostok wären es immer noch 3679 Kilometer gewesen. Insgesamt war die längste Eisenbahnlinie der Welt damit 9288 Kilometer lang.

Ulan Ude war die Hauptstadt der russischen Teilrepublik „Burijatien" und hatte ca. 400.000 Einwohner. An insgesamt 7 von 12 Monaten im Jahr herrschte hier laut Klimatabelle des Reiseführers eine Durchschnittstemperatur im Minusgradbereich.

Nur an 3 Monaten im Jahr - Juni, Juli und August - erreichte die Durchschnittstemperatur um die 10°, wobei Juli als der heißeste Monat des Jahres galt, mit Tageshöchsttemperaturen von bis zu 25°.
Wir sollten die Stadt am 28. Juli erreichen und genau so einen heißen Tag erwischen.
Es wurde ein heißer Tag, das spürten wir bereits um 6.30 Uhr morgens. Nachdem wir aus dem Bahnhof schlaftrunken hinaus gefunden hatten, machten wir uns bei strahlendem Sonnenschein und mit schweren Gepäck auf, den schweißtreibenden Weg Richtung Innenstadt hinter uns zu bringen. Nicht nur das Gepäck sollte uns aber heute erhitzen. An diesem Tag sollten es sogar deutlich über 25° werden.

Geschichtlich war die Stadt die Fortführung einer russischen Kosakensiedlung. Hier am Fluß Uda wurden bereits 1666 in den Wintermonaten immer wieder nomadische Siedlungen gegründet, aus denen sich irgendwann Ulan Ude entwickelte.
Zudem galt die Stadt als das Zentrum des russischen Buddhismusses.
Etwas außerhalb der Stadtgrenzen, ca. 30 Kilometer, sollten eine ganze Reihe von buddhistischen Klöstern und Tempeln diese religiöse Minderheit repräsentieren.
Nirgendwo sonst im ansonsten so erzkonservativ - katholischem Russland, war die „religiöse Minderheit" der Buddhisten so groß wie hier in Ulan Ude.

Leider hatten wir aber für eine Besichtigung der Tempel keine Zeit mit gebracht, auch wenn es uns interessiert hätte.
Wir „verschoben" den Erstkontakt mit dem Buddhismus also in die Mongolei. Hier wussten wir von der staatstragenden Rolle der Religion bereits im Vorfeld.

Als wir uns auf den Weg in die Stadt begaben, merkten wir bald, dass wir nun an einer „europäischen Ethno - Grenze" angekommen waren.
Immer mehr asiatisch aussehende Menschen waren auf den Straßen zu sehen. Die einzelnen Volksstämme der Burijaten, der Tartaren, der Mongolen, oder auch der Chinesen, waren für uns jedoch noch nicht auseinander zu halten.
Gerade vom Volk der Burijaten und Tartaren hatten wir so gut wie noch nichts gehört.
Die europäisch aussehenden Russen waren dennoch die stärkste Volksgruppe, wenn auch nicht mehr ganz so zahlreich wie in Irkutsk.
Unser Weg führte uns zuerst in ein Reisebüro um möglichst schnell das Busticket zu kaufen. Anfangs hatten wir noch die Hoffnung gehabt, vielleicht sogar am gleichen Tag nach Ulan Bator zu kommen.
Am Bahnhof hatten wir noch überlegt, ob wir es doch noch mal beim Zugschalter probieren sollten und uns dann dagegen entschieden.
Es war zum einen zum Scheitern verurteilt und zum anderen hatte so früh am Morgen noch kein Schalter offen gehabt.

So gingen wir zur erstbesten „Travel Agency" die im Reiseführer genannt wurde und auf unserem Weg Richtung Innenstadt lag.
Bis wir das Büro fanden, waren wir schweißgebadet von unserem Gepäck.
Etwas enttäuscht erfuhren wir, dass es für heute leider keinen Bustransfer nach Ulan Bator mehr gab, bzw. das alle Plätze bereits ausgebucht waren.
Na schöne Scheisse dachten wir - in Ulan Ude gestrandet.

Eigentlich wären wir gerne weiter gezogen, da uns Russland in den letzten Tagen immer mehr anstrengte.
Die großen Distanzen und die damit verbundenen langen Anreisen, kosteten Kraft. Gerade nach dem holprigen Transfer vom Baikalsee zurück nach Irkutsk, sowie nach der Zugfahrt über Nacht hierher. Die Erholung von der Auszeit am See war damit leider schnell dahin.

Zum Anderen gab uns aber auch das mäßige Essen in Russland schön langsam aber sicher, den Rest.
Wir schienen zunehmend gesättigt zu sein von russischen Städten und russischer Esskultur.
Auch Ulan Ude wirkte von der Architektur insgesamt noch sehr vertraut. Typisch russisch waren für uns mittlerweile die Gebäude, die Plätze und die Hotels. Und wir konnten die Instant Nudeln einfach nicht mehr sehen. Hätte es wenigstens ein paar Sorten mehr gegeben.

Vielleicht war aber auch unsere Neugier und Vorfreude, auf all das was uns in der Mongolei erwarten sollte, schon zu groß.

Allein der Name „Mongolei" versprühte für uns schon etwas archaisches und wildes.
Wir freuten uns auf Ulan Bator und die ersten ruhigen Tage die wir dort verbringen wollten. Sie galt laut Reiseführer zwar als die kälteste Hauptstadt der Welt, jedoch sollten wir auch im Hochsommer dorthin kommen.
Ebenso rückte die Wüste Gobi im Süden der Mongolei, mehr und mehr als Sehnsuchtsort in unsere Gedanken.
Wir sehnten uns sozusagen nach der Stille der Wüste, gerade nach den großen Metropolen hier in Russland.

Leider konnten wir aber vorerst nichts anderes machen, als uns in Ulan Ude eine Unterkunft zu suchen.
Etwas entnervt organisierten wir uns. Wir setzten jedoch alles daran, maximal 1 Tag in dieser Stadt zu bleiben.
Zum Glück hatten wir noch den Spielraum, bevor unser Visa in zwei Tagen ablaufen würde.

Unser erster Gedanke bei der Organisation galt dem schweren Gepäck. Wir waren eindeutig zu wenig mobil damit. Es würde zu viel Kraft und Nerven kosten, über 20kg in der heißen Stadt umher zu schleppen.

Mir kam die Idee, bei der Rezeption eines gleich neben dem Reisebüro gelegenen Hotels, unser Gepäck aufbewahren zu lassen.
Dazu gingen wir ins Hotel und taten so, als wie wenn wir Interesse am einchecken hatten. Da es noch früh am Vormittag war und man erst gegen Mittag die Zimmer beziehen könnte, fragten wir ob es in der Zwischenzeit mögliche wäre, ein paar Stunden auf unser Gepäck aufzupassen.
Für die Dame an der Rezeption war das absolut kein Problem und bereitwillig durften wir die schweren Rucksäcke im Hotel deponieren. Glück im Unglück konnte man sagen.

Wir packten also alles wertvolle in den kleinen Rucksack, nahmen nur diesen mit und schauten weiter nach einer billigeren Unterkunft.
Natürlich war es erstmal beruhigend zu wissen, dass wir im Notfall einen Platz im Hotel haben konnten, aber 50€ für uns beide wollten wir nicht zahlen. Das lag deutlich über unserem Budget und gerade in Ulan Ude wollten wir nicht mehr viel Geld ausgeben.

Etwas ratlos und hungrig liefen wir nun in der immer heißer werdenden Stadt umher. Wir brauchten einen Plan und so strandeten wir schließlich in einer Art Cafe, welches uns mit kostenlosem Wi-Fi zur Tür hinein lockte.
Es gab nicht viele Cafe´s in Ulan Ude und insgesamt schien die Frühstückskultur in der Stadt ziemlich spärlich entwickelt zu sein.

Wir bestellten uns einen gemeinsamen Kaffee und recherchierten nebenbei ein wenig im Internet nach Hostels. Im Cafe saßen tatsächlich auch noch andere europäische Urlauber, ich glaubte es waren Spanier. Wir wollten sie aber nicht gleich um Hilfe fragen und glücklicherweise fanden sich auch ein paar Hostels in der Stadt.

Nachdem drei verschiedene Hostels gefunden waren, machten wir uns auf den Weg diese abzuklappern.
Im ersten, auch im Lonely Planet genannten Hostel, hätten wir uns sofort sehr wohl gefühlt. Viele junge Leute gingen hier ein und aus, das Personal sprach gutes Englisch und ein vorhandenes, kostenloses Internet, hatten uns sofort überzeugt. Uns wurde abermals klar, wie groß unsere Abhängigkeit von den Informationen, die ein Hostel bereit stellte, war.
Leider war auf Grund der Hochsaison in Ulan - Ude, jedoch kein Platz mehr frei.

Freundlicherweise bekamen wir vom Personal eine kleine Stadtkarte zugesteckt, sowie eine weitere Hostel Adresse bei der wir es probieren sollten.
Aber auch das zweite, gleich in der Nähe gelegene Hostel, war voll belegt.

Der nächste Gang sollte nun zum Zen Hostel führen.
Eigentlich wollten wir da nicht so gerne hin, denn es fanden sich keinerlei Bewertungen und

Meinungen darüber im Internet. Jedoch es war unsere letzte Adresse.

Wir hatten es im Cafe recherchiert und fanden es trotz Wegbeschreibung und intensiven Suchens leider nicht alleine.

Immer wieder fragten wir uns bei Passanten durch. Es lag aber circa 20 Minuten außerhalb des Stadtkerns und unsere Stadtkarte reichte gar nicht in diese Außenbezirke hinein.

Wir waren sozusagen etwas „blind" ohne Karte unterwegs und so zeigten wir vielen vorbeigehenden Russen einfach das im Handy gespeicherte Foto der Hosteladresse.

Diese schickten uns nur immer weiter raus aus dem Stadtzentrum, als sie die Straße lasen. Immerhin waren sich bezüglich der Richtung jedoch alle einig. Ideal war das natürlich nicht gerade.

Der Abfahrtsort des Busses lag wie wir schon wussten, am renovierten Theater in der Nähe des Stadtplatzes. Auch der Supermarkt und alle anderen Sehenswürdigkeiten der Stadt, waren mehr oder weniger in der Stadtmitte platziert.

Wenn wir nun schon einen Tag unfreiwillig hierbleiben mussten, wollten wir die Zeit wenigstens etwas nutzen und nicht nur im Zimmer rumliegen. Gerade an diesem schönen Tag.

Vom Hostel aus waren wir aber nun von allem sehr weit entfernt.

Schließlich hatten wir das Haus inmitten einer in die Jahre gekommenen Plattenbausiedlung

gefunden. Die Adresse schien tatsächlich zu stimmen.
Wir klingelten an der besagten Hausnummer, und waren dennoch total ungläubig hier eine Unterkunft zu finden. Bis jemand tatsächlich die Haustür öffnete.
Vor uns stand ein mindestens 1,90m großer und sehr hagerer Burijate, kaum schwerer als 60 Kilo. Sein lang gezogener und großer Kopf fiel uns sofort auf.
Zusammen mit der extremen Schlacksigkeit seiner Gestalt und dem hochgeschossenen Körper, wirkte der Kopf ein wenig wie aus einem Zombiefilm. Ich hatte sofort das Bild Frankensteins vor meinem inneren Auge und auch Martina verspürte die unheimliche Aura des Mannes.
Der Typ hätte ohne weiteres in einem Horrorfilm mitspielen können, da waren wir uns einig.
Immerhin sprach er ganz gut englisch und tatsächlich hatte er in seiner Plattenbauwohnung eine Art Hostel installiert.

Es wirkte von Anfang an so, als wie wenn er in einer ganz normalen Wohnung mal schnell ein Hostel aufgemacht hatte.
Beim gemeinsamen Rundgang durch die Räume, sahen wir in der Gemeinschaftsküche ein weiteres, europäisches Pärchen mit einem Kind sitzen. Das beruhigte uns natürlich gleich etwas.

Er zeigte uns nun ein sauberes, sehr einfach ausgestattetes 4 - Bett - Zimmer, mit zwei metallenen Stockbetten und einem großen Fenster.

Außer den Betten und dem Fenster war nichts in dem Raum, aber für eine Nacht brauchten wir auch nicht mehr.
Für alle Interessierten stellt ein Video auf Youtube das Zen Hostel in Ulan Ude mittlerweile übrigens vor.

Als nächstes handelten wir den Preis auf Grund der schwierigen, weit außerhalb gelegenen Lage, noch etwas herunter und einigten uns auf 7€ / Person.
Das war um ein vielfaches billiger, als wie das Hotel, welches unser Gepäck beherbergte.
Der Komfort im Zen Hostel war natürlich spartanisch. Doch auch wenn die Betten etwas wackelten, so waren die Matratzen gut und das Kissen sah frisch bezogen aus.
Vor allem mir machten Abstriche im Komfort mittlerweile immer weniger aus und auch Martina war da nicht recht empfindlich.
Das war im Übrigen eine Eigenschaft, die ich noch sehr an ihr zu schätzen lernen sollte.
Mit einer sehr anspruchsvollen und vielleicht auch noch ängstlichen Frau, wäre eine solche Reise sicherlich nicht in diesem Rahmen möglich gewesen.

Nachdem wir die Nacht organisiert hatten, besorgten wir uns nun das Busticket. Der Bus sollte am nächsten Morgen um halb 8 am Theater starten und 1300 Rubel, also ca. 28€, pro Person kosten. Bis zur mongolischen Grenze sollte es von hier noch 220 km sein. Nach dem Grenzübertritt sollten wir weitere 600 km in die Hauptstadt Ulan

Bator vor uns haben. Insgesamt waren dafür 12 - 13 Stunden Busfahrt eingeplant. Das sollte die bis dahin längste Busfahrt für uns werden und gemeinsam mit unserem ersten Grenzübertritt waren wir sehr gespannt auf den folgenden Tag.

Die Busplätze in die Mongolei schienen insgesamt recht begehrt zu sein. Obwohl es erst gegen Mittag war, hatte das Reisebüro nach eigener Aussage erneut nicht mehr viele Tickets.
Ob das nun eine geschickte Verkaufsstrategie des Reisebüros war, um damit einen Preisvergleich mit anderen Büros zu verhindern, oder ob es wirklich so begrenzte Plätze gab, konnten wir nicht herausfinden. Es war uns aber auch egal in dem Moment, ob wir vielleicht woanders noch günstiger über die Grenze gekommen wäre. Es zählte unser Ziel in die mongolische Hauptstadt zu kommen und das war zum Glück gesichert.

Die ersten turbulenten Stunden in Ulan Ude gingen damit zu Ende. Das war auch gut so, denn gerade nach der ziemlich schlecht geschlafenen und wackeligen Zugnacht, waren unsere Kräfte limitiert. Jetzt galt es ein wenig Ruhe und Erholung zu finden.

Gegen Mittag war es nun ein richtig heißer Tag geworden, mit um die 30°. Als Mittagsmahlzeit gönnten wir uns einen russischen Burger mit Pommes, direkt am Stadtplatz von Ulan Ude. Dazu gab es ein Eis von einem fliegenden Händler.

Auch wenn wir müde waren, so ließ uns der sonnige Tag und der Stadtplatz erstmal ein wenig Verweilen. Auf der Suche nach Hostels hatten wir den Platz schon mehrmals überquert, und immer waren wir dabei am weltgrößten Leninkopf vorbei gelaufen. Nun wollten wir ihn uns etwas genauer ansahen.

Die riesige Lenin - Büste stand wohl vor dem regionalen Regierungsgebäude.

Einige Treppen führten vom ebenen Stadtplatz zu einer kleinen Terrasse, auf der links und rechts gepflegte, bunte Blumenbeete lagen.

Ein kleiner, schmaler Grünstreifen lud hier zum Verweilen und Ausruhen ein. Von hier führten erneut einige Treppen zu dem Podest, auf dem der monumentale Kopf des Revolutionsführers platziert war.

Wir lasen im Reiseführer, dass der Kopf auf dem Sovjetskaja Platz bereits seit 1970 platziert war.

Nicht nur nach unserem eigenen Gefühl wies die Büste deutlich mongolische bzw. burijatische Gesichtszüge auf. Auch der Reiseführer erwähnte diese leichte Entfremdung von Lenins Gesichtszügen. Er sollte wohl den hier Lebenden ähnlicher sein und damit die Identifikation erleichtern. Lenin war einer von Ihnen sozusagen.

Die Büste war insgesamt 7,7 Meter hoch und wog angebliche 42 Tonnen. Ein richtig, massives Monument.

Viel bezeichnender aber war, das gerade hier, im hintersten Winkel Russlands und nahe der mongolischen Grenze, das weltweit größte

Konterfei des russischen Revolutionsführers stand.
Was hatte das für einen Symbolcharakter.
Lenin - der großer Führer und Staatsmann - lässt niemanden allein - egal wie weit Moskau auch entfernt ist. Lenin - sieht alles - hört alles - und wacht dabei natürlich über alle.
Das sollte wohl Identifikation und Patriotismus in dem riesigen Vielvölkerstaat fördern.

Mit der fast schon obligatorischen Müdigkeit während unserer ganzen Russlandtour, machten wir uns nach einem kurzen Fotostop in Lenins Schatten, auf die Stadt ein wenig zu erkunden.

Unser nächstes Ziel sollte ein im Reiseführer beschriebener Stadtstrand am Stadtfluß Uda sein.
Das klang entspannend.
Wir gingen am imposanten Stadttheater vorbei, welches den Eindruck erweckte, als sei erst gestern seine Renovierung abgeschlossen worden. Das war schon kennzeichnend, wie gepflegt öffentliche Gebäude in Russland wirkten.
In einem gediegenen weiß - orange war es in einer diagonaler Linie zu Lenins Kopf gelegen.
Auf dem Vorplatz des Theaters war ein großer Springbrunnen installiert, der sein Wasser abgestimmt zu klassischer Musik, springen ließ. Es war schon besonders, oder eben russisch, wie hier mit öffentlicher Kultur umgegangen wurde. Etwas das uns in ganz Russland beeindruckt hatte.
Alles in Ulan Ude - also die Häuser, die Straßen, die Autos - sahen so aus, als wie wenn sie eine Restauration gebrauchen hätte können.

Anscheinend wurde das Geld aber erstmal für die Schönheit der Kunst, fürs Theater und für den Brunnen ausgegeben. Was würde da wohl der deutsche Bund der Steuerzahler dazu sagen?
Wir rasteten ein wenig am Brunnen an einem dort stehenden Pavillon und lauschten der Musik.
Die Russen die um uns herum saßen, schienen von der Hitze ebenso geplättet wie wir.

Schließlich setzten wir unseren Gang zum Stadtstrand fort.
Wir gingen durch ein großes, gemauertes Tor, das quer über den Straßenverkehr gespannt war und wohl ein wenig den „Arc de Triumphe" in Paris kopieren wollte.
Diese Parallele zu ziehen gelang aber wirklich nur mit viel Vorstellungskraft.
Gleich hinter dem Tor ging die Straße bergab und wir liefen auf eine T - Kreuzung zu, an die sich eine Fußgängerzone anschloss. Die Geschäfte in der autofreien Zone erschienen uns allesamt nicht recht spannend. Beim hindurch schlendern beeindruckten uns mehr die Fassaden der Gebäude und Gemäuer, als wie die Auslagen der Schaufenster.
Ähnlich wie schon in Irkutsk, sollte uns auch in Ulan Ude immer wieder die typisch, sibirische Bauweise begegnen. Die für diese Region so typischen Holzhäuser standen teils etwas verloren zwischen den moderneren Häuserreihen. Auch hier waren einige europäisch - klassizistische Gebäuden mit viel Stuck am Außenputz und um die Fenster zu sehen.

Vielmehr beeindruckte uns allerdings diese schiefe Holzbauweise mit den nahezu ebenerdigen Fenstern. Wieder wirkte es so, als wie wenn sie im Laufe der Jahre langsam aber sicher, immer weiter in den Erdboden versinken würde.
Bei einem dieser Holzhäuser war die Holzfassade im Laufe der Jahre schon so verzogen, dass es einen uralten Eindruck hinterließ. Gerade eine äußerst hübsch, mit Schnitzereien verzierte Eingangstür war im Laufe der Zeit derart schief geworden, dass man sich beim Besten Willen nich vorstellen konnte, wie eine solche Tür noch geöffnet werden konnte.
Der obere Querbalken in dem die Tür saß, war von der linken oberen Seite bis zur rechten oberen Seite, um mindestens 15cm verschoben. Das Haus wirkte, als sei es von einem daherkommenden Riesen einmal hochgehoben und ausgewrungen worden, ähnlich wie man es mit einem nassen Tuch macht, und anschließend wieder an Ort und Stelle zurück gestellt.

Schließlich erreichten wir den im Reiseführer als Stadtstrand etwas glorifiziert bezeichneten Flussabschnitt.
Es war ein zum Teil sehr sandiges und mit Büschen bewachsenes Flussufer, so dass die Bezeichnung Strand nicht ganz falsch war. Tatsächlich waren auch einige Einheimische auf ihren Motorrädern hier hergekommen, um etwas Abkühlung vom heißen Tag zu suchen. Es aber als Stadtstrand zu bezeichnen war sicherlich übertrieben. Leider war

er insgesamt sehr schmal und auch ohne schattenspendende Bäume.

Man hätte es auch als einen Feldweg bezeichnen können, der relativ nah am Fluss entlang führte.
Zudem war es nicht gerade sehr sauber am Fluß und erneut wurden wir mit dem Andernorts schon erlebten, fehlenden Umweltbewusstsein in Russland konfrontiert.
Das erträumte Bad wurde gedanklich somit schnell gestrichen. Wir zogen jedoch unsere heiß gelaufenen, staubigen Schuhe aus und gingen bis zu den Unterschenkeln ins angenehm kühle Wasser.

Insgesamt war der Ausflug jedoch etwas enttäuschend, da wir uns vorgestellt hatten, wir könnten am Fluß Uda baden wie wir es von der Donau, der Ilz oder der Alz kannten.
Einmal mehr stellen wir etwas bedrückt fest, dass die Russen einfach kein Badevolk waren. Außer uns beiden kam auch sonst niemand auf die Idee ins Wasser zu gehen - trotz der Hitze.
Bei den allgemein üblichen klimatischen Bedingungen im Land, konnte man das ja auch nachvollziehen.
Und wenn die Russen dann doch mal baden gehen, dann muss es so abgehoben pompös sein, wie im von uns angesteuerten Luxus Hallenbad in Moskau mit 20€ Eintritt / Person.

Noch wollten wir aber nicht klein beigeben. Der Reiseführer erwähnte nämlich neben dem Stadtstrand, auch noch ein privat geführtes

Freibad. Für 250 Rubel / Person wurde hier ein kleiner privater Strand mit Swimmingpool angeboten. Wir standen dafür und überlegten.
Es wären insgesamt 11 € für uns beide gewesen. Auch wenn wir bei der Hitze sehr große Lust gehabt hätten uns abzukühlen, so war es uns wieder einmal zu teuer. Heute konnte man es uns aber auch nicht recht machen.
Geschafft von der Nacht und dem unfreiwilligen Aufenthalt in der Stadt waren wir einfach zu müde und schon wieder zu hungrig, um mit irgendetwas zufrieden sein zu können.

Wir entschieden lieber zum Zen Hostel zurück zu gehen und zu entspannen. Nach ungefähr einer Stunde warteten wir aber erst einmal ewig vor der Haustür weil keiner die Tür aufmachen wollte. Unser burijatischer Frankenstein hatte das Haus wohl verlassen und da wir lediglich einen Schlüssel für unseren Safe und zur Zimmertür hatten, standen wir jetzt vor der Haustür.
Normalerweise klärten wir immer ab, wie wir wieder ins Haus kommen konnten, aber an diesem turbulenten Tag vergassen wir selbst das.

Trotz Hunger im Bauch und durchgeschwitzt sein auf der Haut, warteten wir vorm Haus. Ich wurde mit der Zeit immer ungeduldiger. Warten war einfach nicht meine Stärke, auch nicht in Russland. Ich verfluchte in dem Moment alles.
Schließlich beruhigte ich mich wieder und bat eine vorbeigehende Nachbarin beim Zen Hostel anzurufen. Freundlich wie sie war, machte sie das

auch. Irgendwann nach einer halben Stunde kam schließlich eine alte Oma auf uns zu, wohl die Mutter des Vermieters dachten wir, schloss uns auf und wir waren wieder im Zen Hostel.

Schön war die Plattenbausiedlung übrigens beileibe nicht. Ähnlich wie der Leninkopf hatte die gesamte Siedlung im Randbezirk Ulan Ude´s wohl um die 30 - 40 Jahre auf dem Buckel. Im Gegensatz zu Lenins Kopf, wurde hier wohl jedoch nicht viel in die Instandhaltung und Renovierung gesteckt.
Ein großer Müllberg lag nicht wirklich gut versteckt in einem einsehbaren Hinterhof. Russland war im Osten eindeutig dreckiger und ärmer.

Wir duschten, kochten eine Kleinigkeit (was wohl - Instant Nudeln mit Gemüse und Brot - das übliche halt) und gingen ziemlich ausgebrannt gegen 21 Uhr ins Bett. Draußen war es noch hell - aber das war heute egal. Es war mehr als genug Anstrengung für einen Tag gewesen.

Zurückblickend mussten wir jedoch sagen, dass auch wenn die Nerven an dem Tag in Ulan Ude mehrmals blank lagen, der Eindruck der Stadt in den uns zur Verfügung stehenden paar Stunden, doch recht umfangreich und insgesamt positiv gewesen war. Bis auf den Stadtstrand fanden wir die Stadt gut und richtig russisch pragmatisch. Mehr hatten wir von einer Grenzstadt auch nicht erwartet.
Und eigentlich hatte hier trotz diverser Problemchen, alles doch irgendwie wie am

Schnürchen geklappt. Wir lagen früh in einem weichen Bett und morgen Abend würden wir in der Mongolei schlafen. Zum erstenmal...

Leaving Ulan Ude - Welcome Mongolia
Nach einer verhältnismäßig langen Nacht mit insgesamt 9 Stunden erholsamen Schlaf im Plattenbau von Ulan Ude, klingelte morgens um 6 Uhr unerbittlich der Wecker.
Was wirklich angenehm war, war die Tatsache, dass wir dieses Zimmer die ganze Nacht für uns alleine hatten. Das war sicherlich ein großer Pluspunkt dieses insgesamt doch sehr abgelegenen und unscheinbaren Hostels. Ganz bestimmt war das bislang unsere kurioseste Hostelerfahrung.

Es war bereits hell als wir aus den Federn krochen und das war auch gut so. Die Sonne machte es uns doch immer wieder bedeutend einfacher, auch morgens schon geschäftig unterwegs zu sein.
Da unsere Vorräte alle aufgebraucht waren, gingen wir diesmal ohne Frühstück aus dem Haus und machten uns auf dem Weg zum Theater.
Die Stadt war auch heute erneut sonnenbeschienen und ein strahlend blauer Himmel begleitete uns auf unserem Irrweg durch die Gassen in der noch schläfrigen Stadt.
Gerade morgens war der Himmel immer besonders blau wie wir fanden. Er wirkte so rein und erholt über die Nacht. Keine Wolken und keine Kondensstreifen der Flugzeuge störten das tiefe blau.

Sehr vereinzelt sahen wir erste Autos und Fußgänger auf unserem Weg durch die Vororte.
Insgesamt schien 6 Uhr morgens nicht unbedingt Ulan Ude´s Zeit zu sein - und unsere war es normalerweise auch nicht.
Gerade am Morgen und noch dazu ohne Frühstück, schienen die voll bepackten Rucksäcke immer noch schwerer als sonst zu sein.

Etwas unsicher manövrierten wir durch die Stadt und waren dabei voller Anspannung auf die kommenden Ereignisse. Sollten wir die Abfahrtsstelle tatsächlich rechtzeitig finden? Kam dann auch der versprochene Bus? Und wenn ja - wie würde der erste Grenzübertritt verlaufen? Würden wir Probleme bekommen weil wir uns nicht in jeder Stadt registrieren hatten lassen?

Wir mussten mal wieder Vertrauen finden. Vertrauen in uns, Vertrauen auf unsere bisherigen Erfahrungen und Vertrauen in die Russen.
Wildfremden Menschen zu Vertrauen war zwangsläufig immer wieder eine Notwendigkeit wenn man auf Reisen war. Andernfalls hatte man oftmals gar keine Chance vorwärts zu kommen. Dabei kam es oftmals auf ein sehr subjektives Menschengespür an.
Den Eindruck den eine Person innerhalb der ersten Sekunden hinterließ, war oft darüber entscheidend, ob wir uns an die Aussagen desjenigen hielten oder skeptisch lieber noch weiter suchten.
Dabei konnte es sich um die Aufbewahrung des Gepäcks handeln, oder um Informationen bei

Buchungen, Eintritten, Ausflügen oder Spaziergängen, das war egal.
Vertrauen finden schien das Stichwort der ersten 30 Tage und der gesamten weiteren Reise. Natürlich gehörte auch das Vertrauen in uns beide dazu. Vertrauen in Martina, Vertrauen in die Beziehung, Vertrauen auf eine liebevolle, partnerschaftliche Zusammengehörigkeit, die uns helfen würde alles kommende zu meistern.
Insgesamt hatten wir mit unserem „Vertrauen" und unserem Menschengespür, bislang gute Erfahrungen gemacht in Russland. Wir wurden von den Russen nie gelinkt oder übers Ohr gehauen. Oder wir haben wir es schlichtweg nicht bemerkt und sie haben uns sehr geschickt abgezockt.

Als wir nach gut 20 Minuten verschwitzt am Abfahrtsplatz hinter dem Theater ankamen, standen wir zu Beginn erstmal alleine am bereits so früh sprudelnden Brunnen. Ein Bus oder andere Reisende waren noch keine zu sehen.

Nun ja - dachten wir - der wird schon noch kommen. Vertrauen eben.
Schließlich kamen nach ein paar Minuten noch ein, zwei weitere Menschen hinzu und setzten sich ganz in die Nähe auf die Bänke. Waren das nun welche, die ebenfalls auf den Bus warteten? Wir hätten fragen können - wenn wir russisch gekonnt hätten.
Mit der Zeit trudelten immer mehr Menschen ein, was uns schließlich doch bestärkte, das wir hier richtig waren und der Bus irgendwann kommen wird.

Wir saßen gerade in der wärmenden Sonne auf einer Bank, warteten aufgeregt auf unseren ersten Grenzübertritt und unterhielten uns ein wenig, als sich plötzlich eine Buriatin Anfang 40 grinsend vor uns hinstellte.

Nach einem offensichtlich, kurzen freudigen Moment für sie, grüßte Sie uns schließlich zu unserer größten Verwunderung auf Deutsch. Perplex wie wir im ersten Moment von ihrem Auftritt waren, erwiderten wir den Gruß und der von ihr gewünschte Beginn des Gesprächs nahm so seinen Lauf.

Die Frau erzählte, dass sie Deutsch in der Schule gelernt habe und darüber hinaus auch eine zeitlang in der DDR gelebt und gearbeitet hatte. Auch Köln hatte sie schon einmal besucht.

Wir waren ein weiteres Mal ziemlich Baff, dass uns gerade hier, kurz vor der mongolischen Grenze in der Hauptstadt der buriatischen Teilrepublik, jemand auf Deutsch ansprach.

Ihr Deutsch war zudem wirklich gut.

Wir waren etwas erstaunt über die vergangene, russische Bildungspolitik, da sie wohl auch in vielen entfernten Winkeln des Landes, Deutsch als Zweitsprache in den Schulunterricht integriert hatte. Ob das heutzutage auch noch so war? Heutzutage könnte auch bei den Russen, Englisch als Zweitsprache wohl beliebter sein, als wie Deutsch.

Die für uns leider namenlos gebliebene Frau erzählte weiter, dass sie mit Ihrem Freund für ein verlängertes Wochenende nach Ulan Bator fahre. Sie wollte dort Familie besuchen und länger wie ein Wochenende, hatten beide leider nicht Zeit.
Für uns war das mal wieder sehr eindrucksvoll, wie viel Aufwand Russen doch betrieben um jemanden zu besuchen. Wir dachten an John und Max die uns im Zug bis Irkutsk begleitet hatten und auch tausende Kilometer von Ihren Familien entfernt lebten und arbeiteten.
Insgesamt sollte die Busfahrt von Ulan Ude nach Ulan Bator 13 Stunden dauern und wenn man genau so lang zurück brauchte, wovon natürlich auszugehen war, bedeutete das insgesamt 26 Stunden An- und Abreise für ein verlängertes Wochenende mit der Familie. Das war schon sehr hart wie wir fanden.

Wirklich interessant und erwähnenswert war zudem ihr strohblonder Begleiter aus Sankt Petersburg, der obendrein deutlich jünger war als sie. Ihr Freund wie sie uns erklärte, war insgesamt so Anfang 30, hatte eine recht hagere Gestalt und einen Mittelscheitel, der uns an die Pagenfrisur der Beatles aus den 70ern erinnerte.
Ihr Begleiter war bereits so früh am Morgen, oder immer noch, total betrunken. Wackelnd und etwas debil grinsend leerte er sein Dosenbier, während seine Freundin sich mit uns unterhielt. Als wir ihren Begleiter etwas skeptisch musterten, erklärte sie, dass sie gerade von einer Feier kamen. Die beiden

hatten noch gar nicht aufgehört zu feiern wie es schien. Beide rochen noch stark nach Schnaps.
Obwohl wir insgesamt doch relativ wenig Alkoholleichen in Russland wahrgenommen hatten (vor allem ich), so erfüllte dieser Bursche wirklich noch mal alle russischen Klischees.

Interessant fanden wir, dass er nach eigenen Angaben auch aus Sankt Petersburg kam. Wir konnten gut nachvollziehen, welches Stück Weg er hinter sich gebracht hatte.

Dennoch war uns nicht nach Small Talk mit den beiden zumute. Zum Einen waren wir beide noch ziemlich müde und fertig von den letzten Tagen und zum Anderen stresste uns die wirklich penetrante Alkoholfahne von den Beiden.
Um 7 Uhr morgens wollte ich so etwas nicht aushalten müssen.
Auch sein deutliches Gelalle auf englisch war ziemlich anstrengend.

Irgendwann kam endlich Bus und beendete das nicht gewünschte Gespräch mit den Beiden. Der Busfahrer stieg gemeinsam mit seiner Frau aus, stellte sich breitbeinig vor die Tür des Busses und kontrollierte jedes Ticket einzeln, bevor man Einsteigen durfte. Als Martina in der Schlange wartete, lief ich noch schnell zu einem gerade öffnenden kleinen Kiosk auf der anderen Straßenseite und kaufte uns ein minimalistisches Frühstück (Twix und Brot) für die nun beginnende Fahrt.

Endlich ging die Fahrt los. Beim Weg hinaus aus der Stadt, überquerten wir zuerst eine große, alte Eisenbrücke, die über den dort mächtig wirkenden Stadtfluß Uda führte. So breit war er uns bislang gar nicht vorgekommen.
Martina und ich hatten uns den Platz ganz vorne beim Einstieg gegenüber des Busfahrers gesichert. Wir wollten einen guten Ausblich während der Fahrt haben, auch wenn wir dafür mehrmals mit dem Zigarettenrauch des Busfahrers auskommen mussten.

Die Straße Richtung mongolischer Grenze führte uns zuerst durch schmucklose, ärmlich wirkende Vororte der Stadt. War das hier noch durchschnittlicher russischer Lebensstandard oder eher „Dritte Welt" Standard? Eher das Letztere.

Nachdem wir die Stadt hinter uns gelassen hatten, schien die Gegend sehr schnell recht menschenleer zu werden. Wir fuhren nun lange, schnurgerade Highways entlang, die zwar recht holprig geteert, aber immerhin asphaltiert waren.
Dies war keine Selbstverständlichkeit in Russland wie wir mittlerweile wussten.
Mit jedem Kilometer den wir zurück legten, wurde die Landschaft nun weiter und offener. Die Vegetation links und rechts der Straße war relativ dicht, mit sehr vielen Kiefern, die aber allesamt noch nicht recht hoch gewachsen waren. Entweder wuchsen hier die Bäume ähnlich langsam wie am Baikalsee oder sie waren erst vor kurzem neu angepflanzt worden.

Der Busfahrer war dem äußerlichen Anschein nach Burijate oder Mongole und hatte seinen Bus recht kitschig geschmückt wie Martina fand. Bunte, lila Vorhänge mit Fransen hingen komplett um die Fensterfront. Zudem war es wohl seine Frau die neben ihm saß und ihn während der Arbeit begleitete. Sie zündete immer wieder mal eine Zigarette an und reichte sie ihm, so dass er während der Fahrt genüsslich aus dem Fenster hinaus rauchen konnte.

Immer wieder fuhren wir über langgezogene Hügel und wenn es auf der anderen Seite leicht bergab ging, sah man weit ins unbewohnte und meist baumlose Land hinein. Nur selten störten Strommasten die Landschaft.

Noch viel seltener waren mittlerweile einfache, feste Holzbehausungen zu sehen. Die Anzahl von mongolischen Jurten, diese typischen weißen Rundzelte wie sie von den Nomaden verwendet wurden, nahm hingegen zu.

Nach ca. 3. Stunden Fahrt erreichten wir unser erstes Ziel, die mongolisch - russische Grenze.

Mittlerweile waren wir sehr aufgeregt. Es war unsere erste Über - Land - Ausreise und auch wenn noch viele weitere kommen sollten, so waren wir sehr angespannt, als der Bus anhielt und wir aussteigen mussten. Sollte alles gut gehen? Und wenn nicht, was würden wir hier in dieser Einöde zur Lösung des Problems schon machen können?

Martina machte mich dabei mit ihrer Anspannung noch mehr verrückt als ich ohnehin schon war.

Ihre Sorge galt den Infos im Reiseführer. Im Buch war nämlich ausdrücklich vermerkt, dass man sich als Russlandreisender in jeder besuchten Stadt bei den örtlichen Behörden, sprich der Polizei, registrieren lassen musste.
Das hatten wir jedoch nicht gemacht und so stieg nun, gegenseitig angesteckt, die Aufregung bei uns Beiden.
In Irkutsk hätte es sogar das Hostel für uns übernommen (für 5 € / Person), jedoch verzichteten wir darauf, da für mich eine Registrierung ab Irkutsk keinen Sinn mehr machte.
Zudem hatten das andere Backpacker auch nicht gemacht, wie wir im Gespräch immer wieder erfuhren.

Martina war nun überzeugt, dass wir deshalb nicht über die Grenze gelassen würden.
Ich versuchte cool zu bleiben und machte mir eigentlich die ganze Reisezeit über in Russland, überhaupt keine Sorgen. Auch war ich immer derjenige gewesen, der sich gegen eine solche Registrierung aussprach. Wie umständlich wäre den das gewesen in jeder Stadt erstmal zur Polizei laufen zu müssen?

Wie immer war das Gefühl der Angst aber ein wenig ansteckend. Was für eine Kraft die doofe Angst doch hatte.

Für eine Änderung der Situation war es aber ohnehin zu spät und so blieb uns nichts anderes übrig als abzuwarten und sich gedanklich schon ein

Argument zurecht zu legen, warum wir uns nicht registriert hatten.
Als wir uns in die Warteschlange zur Zollkontrolle begaben, zog von der Angst getrieben, noch ein weiteres Problem in uns herauf. Wir waren von der Reiseroute die auf dem Visum vermerkt war abgewichen. Eigentlich hätten wir gar nicht in Ulan Ude sein dürfen. Hier rechneten wir nun ebenfalls mit unangenehmen Fragen der Grenzbeamten. Und wenn die Grenzschützer schon mal Unstimmigkeiten bemerken würden, dann wären wir fällig…
Martina hatte schon im Vorfeld angekündigt, mir die Schuld zu geben, da ich mich nicht registrieren lassen wollte.

Das Warten vor dem russischen Kontrolleur war dementsprechend schweigsam. In kleinen Gruppen wurden wir in einer Wartehalle abgefertigt.
Probleme mit den grimmig dreinsehenden, russischen Beamten - das wollte wohl keiner der hier Anwesenden haben.
Die russische Autorität hatte immer noch eine kalte und bedrohliche Ausstrahlung.
Was eine Uniform doch ausmacht, dachte ich mir.

Schließlich wurden wir aufgerufen. Unser Gepäck wurde durch die Röntgenmaschine geschoben und wir traten zum Pult des Grenzbeamten und reichten ihm die Pässen.
Aufgeregt wie wir waren, rechneten wir mit Allem.
Jedoch passierten wir ohne jeglichen Probleme oder Zwischenfragen die Pass- & Visakontrolle.

Die Beamten sahen uns kurz an, kritzelten ein wenig auf Blättern umher und stempelten die Pässe. Kein Mensch wollte irgendetwas wissen.
Wir bekamen den Stempel der Ausreise aus Russland am 30.7 in den Reisepass. Damit verließen wir das Land genau einen Tag bevor unser Visa ablief. Perfekt geplant würde ich da sagen.

Es war ein sehr besonderes, seltsam vermischtes Gefühl an dieser Grenze zu stehen. Die Angst im Vorfeld war nur ein Teil des ganzen emotionalen Gefühlsmixes.
Gleichzeitig fühlten wir auch Stolz es bis hierher allein geschafft zu haben. Das gab uns spürbar mehr Selbstbewusstsein, für alles was noch vor uns lag. Zudem spürten wir eine Vorfreude und Neugier auf das uns nun erwartende, neue Land.
Ein wahrer Hormoncocktail befand sich somit während des Grenzübertritts in unserer Blutbahn.

Nachdem wir alle bis auf einen Reisenden wieder in den Bus gestiegen waren, fuhren wir geschätzte 500m durch offizielles Niemandsland. Warum einer nicht mit mehr durfte, gab uns viel Raum für Spekulationen.
Vielleicht war im harmlosesten Falle sein Pass abgelaufen, oder saßen wir gar die ganze Zeit mit einem gesuchten Kriminellen im Bus? Keiner konnte uns die Fragen beantworten.

An der mongolischen Grenze angekommen, wiederholte sich das Ganze, wenn auch bedeutend schneller.
Wir wurden erneut kontrolliert, ob wir auch ein mongolisches Visum besaßen, und kamen dabei mit unserem ersten, tatsächlich lächelnden, Mongolen in Kontakt.
Unser Gepäck wollte von mongolischer Seite her niemand mehr kontrollieren.

Gleich hinter der Passkontrolle sahen wir eine Wechselstube, bei der wir die restlichen Rubel in die neue Währung, mongolische Tugrik, wechseln ließen.
Damit war Russland nun abgeschlossen und unwiderruflich hinter uns in der Vergangenheit. Ein erstes, beendetes Reisekapitel.

Hinter der mongolischen Wechselstube ging es auf einen sonnigen, großen Parkplatz hinaus, an dem wir auf den Rest der Gruppe warteten. Erstmals blickten wir nun auf mongolisches Land.

Zu unserem großen erstaunen sahen wir einen „So nah - So gut" LKW auf dem Parkplatz stehen. Was machte dieser deutsche Schriftzug hier auf dem Lastwagen? War er gar von Deutschland gekommen um hierher Waren zu transportieren? Das konnten wir uns nicht vorstellen. Was würden das für Transportkosten sein!

Dennoch waren wir erstaunt, wie uns die Heimat zu begleiten schien.

Unser erster Grenzübergang verlief also absolut problemlos und wir waren im zweiten Reiseabschnitt angekommen. Wir waren in der Mongolei.
Was sollte uns im Land der wilden Reiterhorden von Dschingis Khan wohl alles erwarten?
Wir stiegen in den Bus mit der Gewissheit, noch ca. 10 Stunden Fahrt vor uns zu haben, bis wir die mongolische Hauptstadt Ulan Bator erreichen würden…

Das war Russland für uns in Stichpunkten:
- Lenin & Stalin waren omnipräsent
- schnuckelige, besondere Holzhäuser in Sibirien
- Der Fjodr Dostojevski Tag in Sankt Petersburg
- viele, viele Museen und stolze russische Kultur
- manchmal wilde und manchmal auch vertraute Architektur
- Eine Straßenreinigung mit viel Wasser (in St. Petersburg & Moskau)
- viele protzige Autos (in St. Petersburg & Moskau)
- ein enger Schlafwagon im Zug
- viele prachtvolle, öffentliche Gebäude
- einiges an Müll in der Natur
- Datschen am Stadtrand repräsentierte den russischen Lebensstil
- Instantnudeln und Fertiggerichte die uns aus den Ohren wuchsen
- großer Nationalstolz mit viele Statuen zum vaterländischen Krieg im ganzen Land
- Musik in öffentlichen Parkanlagen
- mit einem PIN - Code verriegelte Wohnungstüren
- die große Weite und Stille am beeindruckenden Baikalsee
- Kopeken und Rubel lagen auf den Straßen
- Babuschkas
- kurze Röcke und hohe Schuhe bei flotten Damen
- Jogginghose und weiße Tennissocken im Unterhemd bei den Herren
- ständig irgendwelche Besen vor den Füßen (in St. Petersburg & Moskau)
- breite Straßen (Prospects) und großzügige Fußgängerwege
- Metrofahren mit wunderbaren Haltestellen
- Zug, Zug, Zug, Zug, Zug, Zug, Zug…
- Birken, Birken, Birken…
- Bernstein Wunderland an der Ostsee bei Sankt Petersburg
- Subway? - überall Subway!
- „Capitalism welcome to Russia"

Kosten:
ca. 1250€ (28 Tage) // 1 Euro ca. 45 Rubel (Juli 2013)

Vielen Dank das Sie mein Buch gelesen haben!

Ich bitte mir die sicherlich zahlreichen Fehler in Rechtschreibung und Grammatik zu verzeihen.
Während des Schreiben des Buches spürte ich erstmals am eigenen Leib, was es heißt ein Buch zu schreiben.
Manche mögen Ihre Geschichte perfekt niederschreiben. Bei mir war das nicht so.

Insgesamt 3 mal fand ich Zeit das Buch zu lesen und Rechtschreibfehler sowie konfuse Satzstellungen zu korrigieren.
Dennoch würde dieser Prozess nie stoppen und man könnte ewig weiter lesen und verbessern.

Wie dem auch so - ich wäre froh wenn Sie das Buch weiterempfehlen könnten, gerne auch im Internet!

E N D E...

Herstellung und Verlag:
BoD - Books on Demand, Norderstedt
ISBN 978-3-7392-0422-2